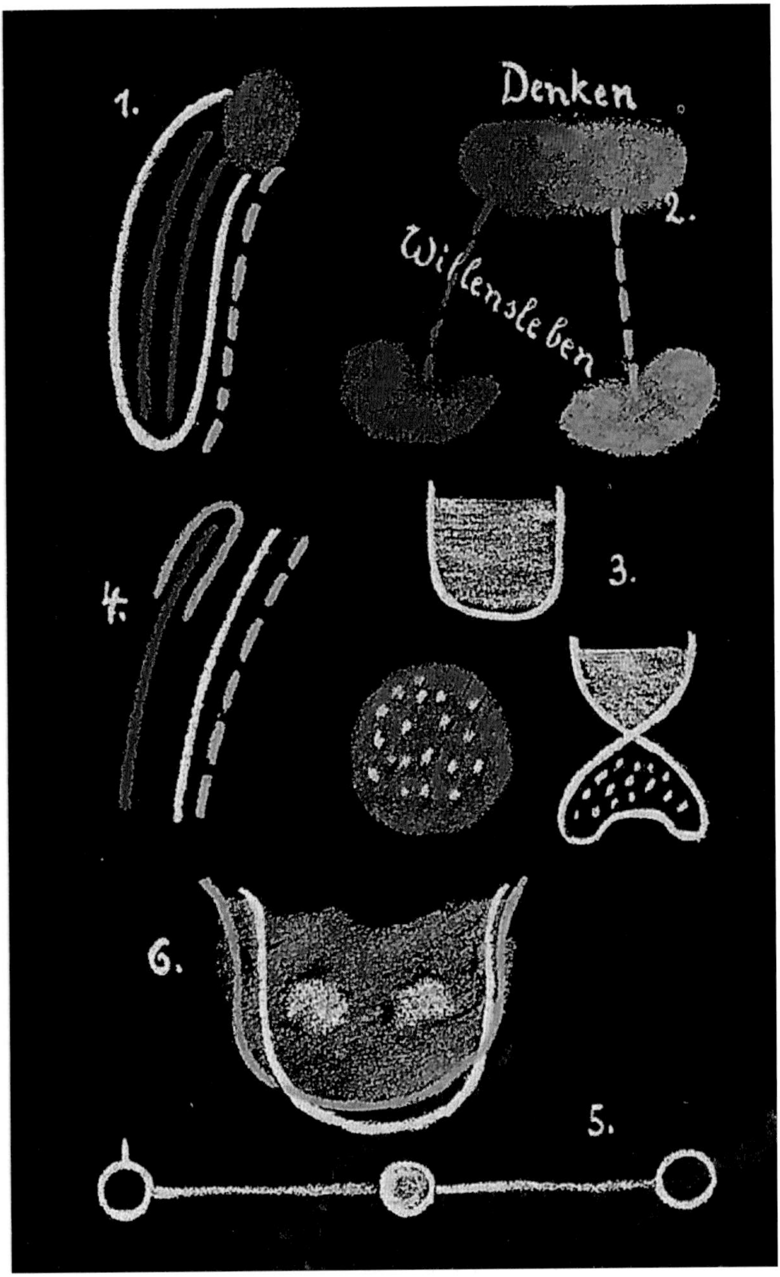

▲ 그림 1~6

Denken : 사고思考, Willensleben : 의지활동意志活動

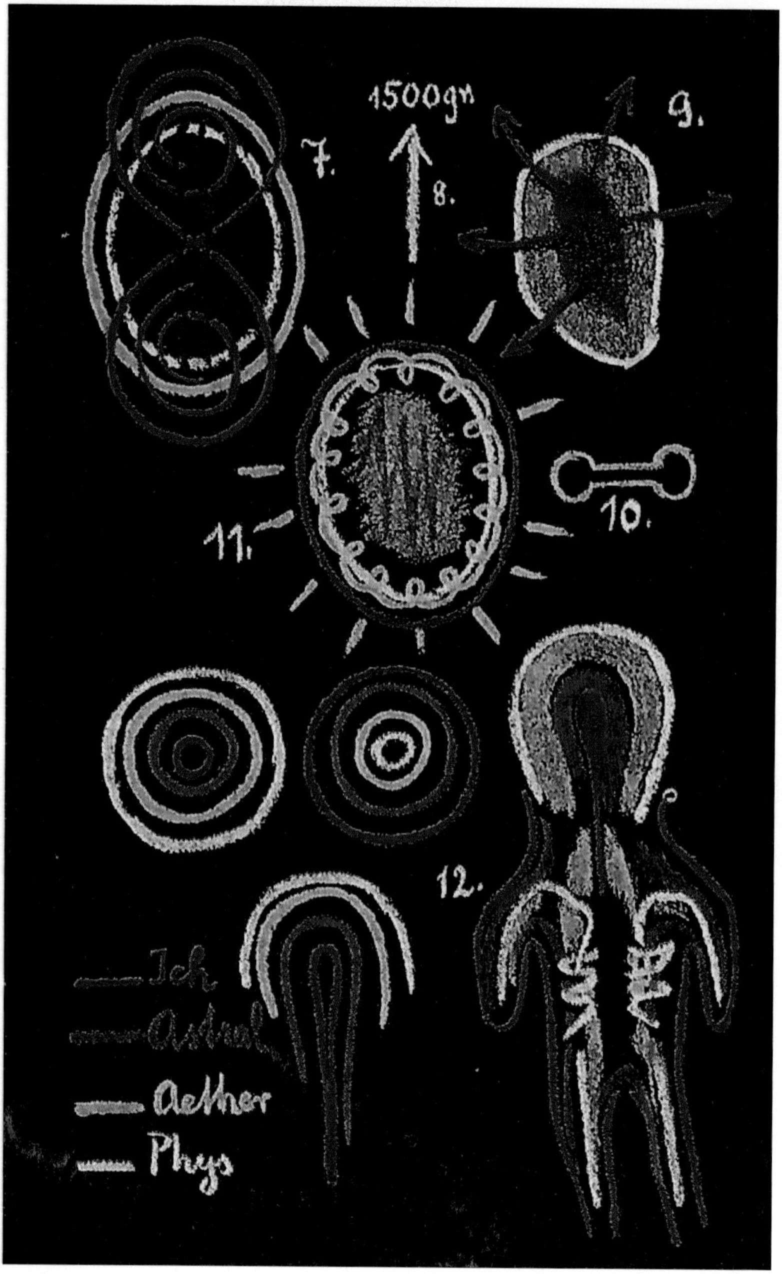

▲ 그림 7~12
적색 : 자아自我, 보라색 : 아스트랄체, 노란색 : 에테르체, 흰색 : 육체

슈타이너의 치료교육 강의

교육은 치료다

"교육은 예술이며, 교사는 영혼의 예술가이다!"

-루돌프 슈타이너

슈타이너의 치료교육 강의
교육은 치료다

1판 1쇄 인쇄 2001년 2월 28일
1판 1쇄 발행 2001년 3월 10일
2판 1쇄 발행 2017년 3월 31일

지은이 루돌프 슈타이너
옮긴이 김성숙·다카하시 이와오

펴낸이 류희남
교정·편집 천지영
본문디자인 강지원
펴낸곳 물병자리

등록 1997년 4월 14일(제2-2160호)
주소 우) 03173 서울시 종로구 새문안로 5가길 11, 801호(내수동, 옥빌딩)
전화 02-735-8160 팩스 02-735-8161
이메일 aquari@aquariuspub.com
트위터 @AquariusPub
홈페이지 www.aquariuspub.com

ISBN 978-89-87480-35-0 03770

슈타이너의 치료교육 강의

교육은 치료다

루돌프 슈타이너 | 김성숙, 다카하시 이와오 옮김

물병자리

| 차례 |

• 읽기 전에 _ 11

• 추천의 글 _ 14

제1강

치료교육의 기본적 관점

치료를 필요로 하는 어린이의 본질 _ 19

진단의 기준 _ 21

마음과 몸의 다양성과 통일 _ 23

유전체遺傳體와 개성체個性體 _ 25

의지의 결함과 사고의 결함 _ 28

카르마의 통찰 _ 30

제2강

인간의 마음 활동

현대과학은 이상심리異常心理의 영역에서 어디로 가야만 하는가 _ 39

시인 프리드리히 실러의 경우 _ 41

사고思考와 그 근저에 있는 두뇌의 종합 활동 _ 45

살아 있는 사고와 거울상〔鏡像〕 _ 47

사고와 에테르체 _ 49

비의秘儀로서의 교육 _ 54

오컬트 생리학의 필요성 _ 58

명상 _ 61

제3강

지각장애와 간질

에테르체의 불규칙한 현상 _ 65
자아와 아스트랄체 _ 67
자각시의 자아와 아스트랄체는
육체와 에테르체에 어떻게 결합되는가 _ 68
아스트랄체와 지각체험 _ 71
지각장애와 간질 _ 74
간질성 경련의 원인 _ 75
간질에 필요한 처치 _ 76
치료교육과 의료 _ 79
도벽 _ 83

제4강

히스테리의 본질

혼의 상처와 아픔의 본질 _ 91
야뇨증과 발한 _ 97
어린이의 히스테리증 _ 100
히스테리증의 어린이에 대한 교사의 대응 _ 102
깊은 관심이 최고의 자기 교육이다 _ 105

제5강

유황과다의 아이와 유황부족의 아이

인체조직의 양극성과 그 도식 _ 111
두부계, 율동계, 대사·지체계 _ 113
수줍음이 많은 아이 - 유황과다 _ 117
강박관념에 시달리는 아이 - 유황부족 _ 122
유황과다 아이의 치료교육 _ 124
유황부족 아이의 치료교육 _ 124
정신박약과 조급병(躁症) _ 125

제6강

치료교육의 실제 I

사례 1 - 주위에 무관심한 10세 소년 _ 131
체형의 관찰 _ 133
슈타이너가 20대에 경험한 치료교육 _ 137
사고하는 방법 기르기 _ 138
치료 오이리트미Eurythmie의 적용 _ 144
의료적인 치료 세 가지 _ 145

제7강

치료교육의 실제 II

사례 1의 계속 - 특별한 심리적 징후 _ 151
사례 2 - 신체 발달이 늦은 7세 소년의 병력 _ 152
임신중인 어머니의 생활 _ 154
약한 아스트랄체를 치료하는 방법 _ 155
사례 3 - 경련을 일으키는 12세 소년의 병력 _ 157
경련 발작의 처치 _ 160
3세 반의 나이가 갖는 의미 _ 161
식물과 인체 조직과의 대비 _ 163
체격이 작은 채로 있는 어린이의 아스트랄체는 비대해진다 - 지나치게 활발한 아이 _ 166

제8강

치료교육의 실제 III

사례 4 - 수두증이 있는 11개월된 남자 아기 _ 173
얼굴이 파랗게 질린 상태로 태어났을 때 _ 175
어머니의 자궁은 지상의 영향으로부터 보호받는다 _ 177
어머니의 감정과 어린이와의 관계 _ 178
어린이의 지체계脂體系는 아버지로부터, 두부계頭部系는 어머니로부터 영향받기 쉽다 _ 179
사례 5 - 도벽이 있는 12세 소년 _ 181
사례 6 - 금발인 유황질의(난폭한) 소녀 _ 183

제9강

치료교육의 실제 IV

사례 5의 계속 _ 189
초감각적 세계에서는 도덕적 판단은 의미가 없다 _ 189
의지의 장애에서 도벽이 시작된다 _ 191
신뢰의 힘, 도둑질을 할 여지가 없는 가정환경 _ 192
뇌하수체와 벌꿀(蜂蜜)의 약 _ 195
사례 4의 계속 - 수두증의 치료 _ 196
신경·감각계의 과민이 수두증으로 된다 _ 197
편마암의 내복약과 케시 온욕법 _ 197
아연의 작용력과 하수체 연고 _ 200
심리요법의 원칙 - 난폭한 소녀 _ 203
언령言靈의 힘과 명상 _ 206

제10강

치료교육의 실제 V

사례 7-지각 능력이 떨어지는 16세 소년 _ 213
두부계에서 대사·운동계로의 통로의 장애와 그 치료 _ 215
단시간에 장애의 본질을 보는 눈 _ 216
사례 8-간질이 있는 15세 소년 _ 217
간질성의 무관심에 대한 치료 _ 218
사례 9-아스트랄체 장애가 있는 15세 소녀 _ 219
'영을 보는 능력이 없기 때문에' 라는 핑계 _ 221
작은 일에의 외경 _ 223
치료교육자를 위한 명상 1 _ 224
사례 10-선천성 색소결핍증의 자매 _ 231
출생천궁도에 의한 진단-풍토병 _ 233

제11강

치료교육의 실제 VI

사례 11-기억력 감퇴의 10세 소녀 _ 239
기억력 감퇴의 치료 -메기 습포와 치료 오이리트미 _ 240
사례 12-도벽이 있는 16세 소년과 음악 오이리트미 효과 _ 241
사례 13-몽상증이 있는 소년과 그 치료 _ 244
사례 10의 계속-출생천궁도 _ 246
사회운동하는 사람의 기본적인 사고방식 _ 252
치료교육자를 위한 명상 2 _ 255
카르마에 대한 사고방식 -교황 그레고리우스 7세와 생물학자 헤켈 _ 257

제12강

마지막 강의

괴테가 식물 연구에서 직관한 기형의 의미 _ 265
교육의 본질은 극단의 치우침을 균형화하는 데 있다 _ 266
어떤 어린이에게도 교육은 치료이다 _ 266
'좋은 미라'와 '나쁜 미라' _ 267
모유에는 아스트랄체의 힘이 작용하고 있다 _ 268
인간의 성격과 동물의 성격과의 유사점 _ 270
명상에 의해 얻어지는 아스트랄 비전 _ 271
치료교육자의 교훈 _ 273
인지학운동이란 무엇인가 _ 274
다양한 분야와의 조화 _ 276

• 후기 _ 281
• 슈타이너 연보 _ 290

읽기 전에

이 책은 '교육예술'을 주창하고 '인간의 내면 속에 죽어 있는 부분, 굳어진 부분을 생생하게 다시 살리는 일'을 교육의 과제로 삼았던 루돌프 슈타이너(Rudolf Steiner, 1861~1925)가 일생에 단 한 번 강의한 치료교육 강의(Heilpadagogischer Kurs, 1924)를 전문 번역한 것이다.

그가 최만년인 63세에 행했던 이 연속 강의는, 장애를 가진 어린이들의 치료와 교육을 위해 교육 관계자들을 대상으로 13일(1924. 6. 25~7. 7)동안 계속되었다. 그의 교육에 대한 열정과 어린이에 대한 깊은 이해와 사랑의 온기가 느껴지는 제1강의에서 제12강의까지, 본서는 각기 다른 테마로 그 내용을 정리·기술하고 있다.

인간에 대한 심오한 연구와 우주적 통찰에 기초하여 국내외 약 6,000회의 강의와 354권의 《루돌프 슈타이너 전집》을 남긴 20세기의 거성 슈타이너. 당대의 메신저로서 불가사의할 정도로 동분서주하던 그는 본 강의 이후 이듬해(1925), 그를 필요로 하는 많은 사람들과 해야 할 많은 일들을 남겨둔 채 세상을 떠났다.

철학자·괴테연구가·교육사상가·예술가·인지학자 등으로 활약했던 그의 사상과 업적은 오늘날 교육 분야는 물론이고, 철학·예술·과학·의학·농학·사회학·종교학 분야에 이르기까지 두루 지대한 영향을 미치고 있다. 그의 강의는 우주의 생명법칙과 인간, 학문, 사회, 나아가서는 개인과 세계와의 관계를 보다 전체적이고 통합적인holistic 관점에서 접근하여 근본적으로 해결해가는 새로운 지혜의 비밀스런 가르침이다.

《루돌프 슈타이너 - 그 인물과 비전》(RUDOLF STEINER, The Man and his Vision:1985)을 저술한《아웃사이더》의 작가 콜린 윌슨은 '20세기의 중요한 사상가들 중에 아마도 루돌프 슈타이너는 가장 연구하기 어려운 인물일 것이다.'라고 기술하고 있다. 덧붙여 슈타이너의 비전의 광대함에 대하여 '인정할 수 없는 부분이나 반발을 불러 일으키는 곳이 여러 군데 있지만, 거의 문제가 되지 않는다. 우리들의 마음을 온통 뺏아갈 정도로 열중시키는 것은, 경탄할 정도로 폭 넓은 내적 체험이 가능했던 한 인간의 정신을 만날 수 있다는 바로 그 사실이다.'라고 후기에 쓰고 있다.

실제로 슈타이너의 저작물은 인간의 신체와 정신활동에 관한 신생어가 많고 군데군데 내용이 낯설고 난해한 점이 있지만, 거듭 고쳐 읽을 때마다 전혀 새로운 사고와 깨달음에 접하게 되는 것이 그 특징이다. 따라서 인간의 정신활동에 관한 깊은 이해와 통찰이 선행되지 않은 채, 단지 언어의 해석만으로 그의 저서의 내용과 의미를 바르게 옮기기란 여간해선 쉽지 않다는 것이 일반적인 견해이다.

이 책의 텍스트로는《治療教育講義》(루돌프 슈타이너/다카하시 이와오 1988년 초판 발행본〔원문 ; Heilpadagogischer Kurs, Dornach 1924년 6월 25일~7월 7일 von Rudolf Steiner, Rudolf Steiner Verlag, Haus Duldeck, CH-4143 DornachSchweiz Swiss〕)을 사용하였다. 다카하시 이와오(高橋巖)는 일본 게이오대학의 미학·미술사 교수를 역임한 슈타이너 연구의 권위자로 현재 약 20여 권

의 슈타이너 관련 저술이 있다.

본서는 번역상에 있어, 당시의 강의 분위기를 최대한 그대로 전달하고자 노력하였다. 또한 독자들의 이해를 돕기 위해 한자 및 영문, 역자주 등을 본문에 삽입하고, 슈타이너 연보를 추가하였다.

이 책은, 어린이나 자녀교육에 관심 있으신 분들, 교육 및 심리·상담·예술치료 관계자들, 특히 정신적·신체적 장애가 있는 어린이를 가진 모든 부모들과 교사들을 위한 것이다.

"결코 완전한 선생은 있을 수 없다. 어떤 어린이도 나름대로 새로운 과제이고 새로운 수수께끼이기 때문이다. 어린이를 본질적으로 이해하려는 것, 그것은 대단히 힘든 작업이지만 유일한 진실한 작업이다. 깊은 관심을 가지고 어린이의 병적 징후를 더듬어 갈 때, 우리들은 최상의 자기 교육을 행하는 것이다."

보다 밝고 건강한 교육을 소망하는 분들이 많다. 부디, 이 책을 통해 면면히 가슴으로 전해오는 슈타이너의 생생한 메시지와 만나시길 바란다. 그동안 도움주신 나의 어머니, 다카하시 선생님, 양억관 님, 그리고 물병자리 출판사의 류희남 사장님과 편집관계자 여러분께 감사를 전하며, 독자들의 성원과 질책을 기대한다.

옮긴이 김성숙

루돌프 슈타이너의《교육은 치료다(원제: 치료교육강의)》가 김성숙 박사에 의해 한국어로 번역, 출간되었다. 한국 교육계에 몸담고 있는 분들과 특히 장애아 학교 관계자분들에게 슈타이너의 인간관 및 세계관을 소개하는 중요한 기회가 온 것이라 진심으로 기쁘다.

루돌프 슈타이너는 독일의 위대한 철학자로서, 전대미문의 장대한 우주론·인간론을 주창했다. 그는 어릴 적부터 장애를 가진 동생을 보살폈고, 20대에는 빈의 슈페히트Specht 가의 가정교사로 살면서 그 집네 형제 중 막내 에른스트의 중증 수두증水頭症에 전력을 기울였었다. 에른스트를 의사로서 활약할 수 있도록 가르친 경험이 있다. 이 책은 그가 치료교육자와 의사들 앞에서 상세하게 강의한 내용의 연속기록을 기초로 하고 있는데, 이 분야에서는 그의 유일한 문헌이다.

역자인 김성숙 박사와는 그녀가 일본의 국립 사이타마대학 대학원과 츠꾸바대학 대학원에서, 슈타이너의 예술교육과 한국의 미술교육에 관한 연구를 하고 있을 무렵부터 친밀하게 만나온 사이이다. 그녀의 연구는 슈타이너의 사상을 동양의 관점에서 깊게 파헤치고 있으므로, 본서의 역자로서는 가장 적절한 인물이라고 생각한다.

본서는, 결코 단순히 읽어 내려갈 수 없는 책이다. 거듭 반복해서 읽어 내려가면서, 자신의 체험을 통해서, 언어의 의미를 해독해가지 않으면 안 된다. 본서 자체가 일종의 마음의 수행을 닦는 도를 보여주는 면이 있다.

김성숙 박사의 번역문을 통해서 그러한 슈타이너의 생각이 독자에게 전해질 수 있기를, 그리고 독자가 슈타이너의 정신과학Spiritual Science 그 자체에도 관심을 넓혀갈 수 있기를 은근히 기대해본다.

일본 인지학협회 대표
다카하시 이와오

HEILPADAGOGISCHER KURS

제1강

치료교육의 기본적 관점

_ 치료를 필요로 하는 어린이의 본질
_ 진단의 기준
_ 마음과 몸의 다양성과 통일
_ 유전체遺傳體와 개성체個性體
_ 의지의 결함과 사고의 결함
_ 카르마의 통찰

치료를 필요로 하는 어린이의 본질

사랑하는 여러분, 우리 주위에는 불완전한 발육단계에 머물러 있는 어린이들이 많이 있습니다. 그러한 어린이들도 좋은 교육을 받지 않으면 안 되고, 가능한 한 바른 치료를 베풀어 주어야 합니다.

이곳 임상치료원[1]에도, 라우엔슈타인에도 그러한 어린이들이 있습니다. 그 어린이들에게 매우 도움이 될 만한 강의를 지금부터 시작하려 합니다. 또한 베크만 박사[2]가 그곳의 어린이들을 데리고 올 것입니다. 우리들 사이에서라면 그러한 일이 허용되리라 생각되므로, 이 기회에 사례를 직접 보고 배울 수 있게 하고 싶습니다.

오늘은 우선, 이러한 어린이들의 본질에 대해 말하려고 합니다. 당연한 말이지만, 발육부전發育不全의 어린이들을 교육하는 사람은 누구나, 건강한 어린이에 대한 교육의 실제를 사전에 깊이 알고 있어야 합니다. 이것은 매우 중요한 사항입니다. 왜냐하면, 발육부전의 어린이들에게 일어나는 모든 일은, 정상적이라고 생각되는 정신활동(혼의 영위) 속에서도 보여지는 것들이기 때문입니다. 이 점을 확실히 해두고자 합니다. 그래서 우리는 건강한 혼魂[3]의 활동도 관찰할 수 있어야 합니다.

---

1 1924년 3월 2일 프란츠 레후라, 지그프리드 피켈트, 알프렛트 슈트로샤인 등 3인에 의해 이에나 리히텐하인에 설립된 치료교육 시설. 니치스 정권 확립 후 폐쇄되었다.

2 Ita Wegman(1876~1943)은 만년의 슈타이너의 주치의. 1923년의 크리스마스 회의(인지학협회 설립회의)에서 이사로 선출되었다. 아레스하임의 '임상치료원'(현재 이타베크만 병원) 및 치료교육 시설 '존넨호프'의 설립자. 슈타이너와 공저한《영학 인식에 의한 의술 개혁의 기초》(1925)가 있다.

3 고대 그리스에서는 몸(體)과 혼魂과 영靈은 Soma, psyche, pneuma(또는 nous)라고 확실히 구별되어 있었다. 그러나 중세 유럽에서는 인간은 몸과 혼으로 이루어진 존재이고, 영은 교회라는 공동체 안에서만 공존할 수 있는 것으로 되었다. 이후 현재까지, 유럽 학문에서는 psyche(영어의 soul)와 pneuma(영어의 spirit)의 구별은 애매한 채로 되어 있다. 또한 교회에 속하지 않은 인간은 '헤매는 양', 즉 영靈을 갖지 않은 존재라고 생각하는 편협한 사고방식도 나왔다. 동양에서는 옛부터 영靈은 모든 사람에게 내재하는 것으로 여겨, 인내천人乃天, 천인합일天人合一 또는 여래세如來歲의 사상이 오늘까지 살아 있다. 그 경우, 영靈

모든 사람은 정신(혼) 활동의 어느 한구석에 정상이 아닌 것을 내포하고 있습니다. 예를 들면, 말하려고 하는 것이 갑자기 기억나지 않거나, 갑자기 빠른 템포로 떠들어대거나, 또는 다음 말이 나올 때까지 한참 뜸을 들이기도 합니다. 의지나 감정의 영역에 있어서도 그러한 이상성異常性이 대부분의 사람들 속에서는 인정됩니다. 이러한 이상성에 대해서도 뒤에 언급할 예정입니다. 왜냐하면, 교육자나 치료가가 더욱 두드러진 이상성을 대할 때에 도움이 되기 때문입니다.

우리들은 증후症候를 잘 연구해야 합니다. 의사가 병의 증상을 진단하듯이 말입니다. 의사는 증후에 따라 병인지 아닌지를 조사하고, 그 증후의 복합에 의해 병명을 결정합니다. 그러나 증후의 복합증상과 병 그 자체를 혼동하지는 않습니다. 그러므로 발육부전의 어린이의 경우도, 그 혼魂의 영위營爲 속에서 인정되는 것을 증후 이외의 것이라고 생각해서는 안 됩니다. 소위, 심지법心誌法도 바로 증후학입니다. 현대의 정신병리학은 혼의 이상 현상을 처음부터 끝까지 사고와 감정과 의지에 따라 기술합니다. 따라서 정신병리학이 이룬 진보는 증후복합에 관한 정확한 기술일 뿐, 그 이상의 심지를 초월하여 병의 본질에 접근하는 것은 불가능했습니다.

이란 우주 창조의 예지이며 사랑이다. 한편, 혼魂이란 인간과 동물이 공유하는 의식의 주체이며, 의식적·무의식적 정신 생활의 전체로서, 공감과 반감·쾌감과 불쾌감의 양극에서 생기는 모든 마음mind의 작용이라고 생각된다. 그러나 영과 혼은 확실하게 구별할 수 있는 것이 아닌, 영적인 혼, 혼적인 영으로서 나타난다. 본서에서 슈타이너는 혼의 본질을 인간 속에서 생명 활동을 유지해가며 확대 발전되어 온 의식으로 보고 있다. 우리나라의 경우 대체로 Soul은 영혼, Spirit는 정신으로 해석하여 통용하는 경향이 있다. 또한, 리브고드(B. Lievegoed 1997)는 영혼의 세 가지 심리적 기능(사고하기〔thinking, 느끼기 Feeling, 의지하기 willing〕) 때문에 영혼을 심리라고도 말하고 있다. — 역자 주

진단의 기준

우리들은 병의 본질 속으로 깊이 들어가지 않으면 안 됩니다. 그러기 위해선 먼저 하나의 관념을 확실히 파악해야 합니다. 우리가 가려 하는 길을 잘 인도해줄 테니까요.

예를 들어 설명하겠습니다(그림 1). 성장기에 있는 유아의 육체(신체, body)가 있습니다. 이 육체에서 혼의 활동(보라색)이 생겨나 보여집니다. 우리들은 이 혼의 활동을 정상 또는 이상이라고 말하지만, 그것을 결정할 근거는 어디에도 없습니다. 원래 어린이의 혼, 또는 인간의 혼을 평균해서 '정상'이라고 하는 것 외에는. 상식인의 눈으로 보아 '정상'인 혼의 활동이 아닌 것은 모두 '이상異常'인 혼의 활동입니다. 상식인의 눈이 일반적으로 통용시키는 것 외에 다른 판단 기준은 없습니다. 따라서 우리들이 '이상'에 대한 것을 확정지으려는 시도를 하면 할수록 그 판단은 더욱 혼란스러워집니다.

바른 판단을 하고 있다고 생각하는 사람이, 그 반대로 천재적인 소질을 밀어 내버리는 일을 하게 될지도 모릅니다. 그러한 평가의 시도를 아무리 한다해도 시작되는 것은 아무것도 없습니다. 해야 할 일은 먼저, 의사와 교육자가 영리하다든가 이치에 맞는다든가 등으로 평가하는 사고의 수준을 넘어서는 것입니다. 실제 이 분야에서야말로, 선부르게 판단하지 말고 사항을 순수하게 관찰하는 것이 가장 필요합니다. 인간의 어느 곳에 문제가 숨어 있는 것일까 하고 말입니다.

지금 이야기한 것은 표면에 확실하게 나타나는 혼의 영위營爲로 교육자라면 누구라도 이해할 수 있는 것들입니다. 그것과는 별도로 신체의 배후에 존재하는 또 하나의 영혼의 작용에도 눈을 돌려보고자 합니다. 그것은 수태受胎와 탄생 사이에 영계靈界[1]로부터 내려오는 것으로, 지상의 의식으로는 그것을 볼 수 없습니다. 나는 그것을 그림에서 배후에 그려두겠습니다(그림 1의 노란선). 이 영혼은 영계로부터 내려와 선조대대로 유전의 힘에 의해 만들어지는 신체에 작용합니다.

이 작용이 이상한 방식으로 행해지면, 예를 들어 간장肝臟의 경우 병적인 간장을 만듭니다. 또한, 유전적으로 육체와 에테르체Etheric body[2]에 병적인 곳이 있을 경우에도 신체는 일정한 병을 나타냅니다. 이러한 일은 그 밖의 신체기관에도 똑같이 적용됩니다. 어떤 신체기관도 영계로부터 내려온 것과 적합치 않은 결합을 하는 일이 있습니다. 그리고 영계로부터 내려온 것과 유전된 것과의 결합이 이루어졌을 때, 사고thinking와 감정feeling과 의지willing로서 관찰되는 우리들의 혼(보라색 부분)이 생겨납니다.

사고와 감정과 의지는 마치 거울의 상像과 같아 잠이 들면 사라져 버립니다. 본래의 지속적인 혼은 그 배후에 있습니다. 배후로 내려와 전생轉生을 거듭하는 지상생활을 통해서 계속 존재하는 것입니다. 그것은 신체조직 속에 존재하는데, 과연 어떤 방법에 의해서일까요?

---

1 물질계를 넘어선 제2의 존재계. 넓은 의미로는 에테르계, 아스트랄계, 신계의 총칭. 슈타이너는《신지학 Theosophy》속에서, 물질계와는 완전히 다른 법칙에 지배된 영계의 모든 상태를 상세하게 논하고 있다.

2 생명체life body. 생물 속의 생명의 형성력으로 눈에 보이지 않는 생명력의 작용을 말한다. 동양의 기氣에 해당하는 신지학의 용어로 신체, 아스트랄체, 자아와 함께 인간 존재의 네 가지 기본 요소 중의 하나이다.

마음과 몸의 다양성과 통일

우선, 인간을 신경·감각계, 율동계, 대사·지체계代謝·肢體系 이 세 부분으로 관찰해봅시다. 먼저 신경·감각계(The Nerve-Sense System)에 대하여 말하는 것은 주요 작용이 머리 부분에 위치하고 있으므로, 두부조직頭部組織에 대해 말하는 것과 같습니다. 이것은 특히 어린이의 경우에 잘 들어맞습니다. 어린이의 신경·감각계의 성장방법은 머리 부분에서 시작되어, 성장함에 따라 점차 다른 신체조직 전체에 이릅니다. 신경·감각계는 두부頭部를 중심으로 한 하나의 종합적인 조직입니다.

여기서 종합적이란 어떠한 의미일까요? 생명체生體, life body의 모든 활동을 총괄하고 있다는 의미입니다. 실제로, 두부頭部에는 인간의 모든 것이 어떠한 방법으로든 포함되어 있습니다. 예를 들면, 간장肝臟의 작용 역시 두부頭部 속에 있습니다. 눈에 보이는 간장이라는 장기는 간장활동의 고정화된 부분입니다. 장기로서의 간장은 물론 배의 오른쪽 윗부분에 있지만, 두부頭部 속에도 장기의 기능에 대응하는 활동이 존재합니다. 그것을 그림으로 나타내면 다음과 같습니다.(그림 예2)

여기에 간장의 장기가 있다고 합시다. 이 간장의 작용에는 인간의 머리 혹은 뇌의 작용이 대응하고 있습니다. 간장은 신장, 위, 그 밖의 다른 장기로부터 분리되어 있습니다. 그러나 두뇌 속에서는 모든 것이 혼합되므로, 간장의 작용도 다른 여러 가지 작용과 서로 협력하고 있습니다. 그와 같이 머리는 생명체 전체 활동의 위대한 통합자이며, 이 통합 활동이 행해질 때 생명체生體는 체내에 붕괴과정을 만들어 체내 성분을 배출합니다.

종합과정이 두부頭部에서 행해진다면, 분석과정은 그 밖의 생체조직 특히 대사·지체계(The Matabolic-Limb System) 속에서 행해집니다. 그곳에는 머리와는 반대로 모든 것이 구별되어 있습니다. 머리 속에서는 신장이나 장의 작용이 함께 이루어지지만, 그 밖의 다른 조직에서는 모든 것이 구별되어 있습니다. 따라서 이 그림에서도 간장의 작용과 위의 작용은 따로따로 보여지지만, 두부頭部에서는 그 전체 활동이 서로 결합되어 통합되고 있습니다.

신체성분이 끊임없이 밖으로 배출되는 과정을 수반하고 있는 이 머리의 통합활동이야말로, 본질상 모든 사고 활동의 근저에 존재하는 것입니다. 인간이 생각할 수 있다고 하는 것, 인간이 어떤 상황 속에 매몰되지 않고 빠져 나와 그것을 대상화할 수 있다고 하는 것, 그 일을 위해서는 영과 혼의 작용이 두부頭部에서 이 통합기능을 받아들여, 유전성분을 종합적으로 체계를 세워야 합니다. 그렇게 종합적인 체계가 세워진 유전성분 속에 의식의 거울이 만들어집니다. 결국, 이 영적·혼적 작용에 의해 두부頭部가 종합적으로 조직되면, 두부에 대상을 비추는 거울이 만들어집니다. 그리고 그것이 일상의 사고思考를 만들어내는 것입니다.

그러므로 우리는 여기서 두 가지의 사고를 구별해두어야 합니다. 배후에서 의식 그 자체를 만들어내는 지속적인 사고와, 생각할 수 없을 때나 잠이 들면 사라지는 오직 비추어낼 뿐인 사고를 말입니다. 후자는 체내의 장기처럼 실재하는 것은 아닙니다.

한편, 영혼은 분석적인 작용으로 대사·지체계를 구성합니다. 우리

신체 속에는 각각 다른 모양의 기관들, 예를 들면 간장, 폐, 심장 등이 있습니다. 이러한 물질성분으로 채워져 있는 것들은 모두 대사·지체계와 관련을 가집니다. 뇌 속에서 볼 수 있는 것 역시 신진대사의 작용입니다. 이러한 각각의 기관은 인간의 모든 의지의 기초가 되고, 그것들의 종합활동이 사고의 기초가 되는 것입니다.

그러면 여기서 다음과 같은 고찰을 해볼까요. 한 사람이 있습니다. 이 사람은 아마도 일곱 살쯤에 새 이가 나고, 열네 살쯤에 사춘기를 맞고, 그리고 스물한 살쯤에는 인격이 확고하게 형성되었을 것입니다. 인간은 이처럼 7년마다 커다란 전환점을 맞습니다. 우리들이 어린이의 발달을 이해하기 위해서는 새 이가 나기 전과 후를 확실히 구별해야 합니다. 이 전환기에 나타나는 상이점은 실은 지금까지도 나타나 있던 것입니다. 인체는 매년 변화해갑니다. 체내에서는 무언가가 끊임없이 밖으로 배출되고 있습니다. 체내성분을 배출하는 이 작용은 밖으로 향한 끊임없는 원심적인 흐름입니다. 그렇게 해서 신체는 7년에서 8년에 걸쳐, 가지고 있던 성분의 모든 것을 새롭게 바꾸게 됩니다.

유전체遺傳體와 개성체個性體

여기서 생각해야 할 것은, 신체 성분의 갱신이 새 이가 나는 7세 경에 특별히 중요한 의미를 가지고 있다는 것입니다.

태어나서 새 이가 날 때까지의 신체는 단순한 모델에 지나지 않습니다. 우리들은 부모에게서 이 모델을 받아들입니다. 그 신체는 유전의 힘을 가지고 있고, 그 힘을 통해 선조가 신체 형성에 협력합니다. 우리들은 최초의 7년 동안 이 신체 성분을 밖으로 배출합니다. 그렇게 함으로써 어떤 일이 일어날까요? 완전히 새로운 신체가 생겨나는 것입니다. 새 이가 난 후의 신체는 유전의 힘에 의해서가 아닌, 영혼의 힘에 의해 만들어진 것입니다. 그러므로 우리들은 유전에 의해 얻은 신체를 실제로는 새 이가 날 때까지만 가지고 있고, 새 이가 나면서 신체성분을 배출하는 한편, 그 사람의 개성의 힘으로 새로운 신체를 만들어 내는 것입니다. 우리들은 본래 치아교체기부터 자기 자신의 신체를 갖게 됩니다. 결국, 우선은 유전자가 모델로서 이용되지만, 그 후 영혼의 작용이 강한가 약한가에 의해 제2의 신체가 결정됩니다. 즉 영혼이 유전의 형성력에 보다 개별적인 방법으로 작용하는가, 아니면 유전의 힘에 굴복하여 최초의 신체가 부모에 의해 만들어졌던 것처럼, 만들어지느냐가 결정되는 것입니다.

일반적으로 알려져 있는 유전에 관한 이론이 전부 옳은 것은 아닙니다. 그 이론대로라면 새 이가 나기까지의 성장의 법칙이 그 후까지 그대로 이어집니다. 그러나 유전의 작용은 새 이가 나기까지만 유효할 뿐, 그 후에는 개성이 주도권을 잡고 제2의 신체를 만들어냅니다.

이와 같이 우리들은 어린이를 대할 때 유전체遺傳體와 그 후에 생기는 개성체個性體를 구별해야 합니다. 개성체는 점차적으로 만들어지지만, 특히 7세부터 14세 사이에 가장 집중해서 만들어집니다. 그때, 개성의 힘이 유전의 힘을 누르면 새 이가 나는 시기에 유전의 힘으로부터 자유로워집니다. 그러나 오히려 개성의 힘이 모델로서 존재하는 유전의 힘에 밀리면, 7세가 지난 후에도 유전의 힘에 의해 부모와의 유사성이 존속하게 됩니다. 이런 일은 확실하게 인식할 수 있으므로, 교육자는 이 점에 주의를 기울여야 합니다.

예를 들면, 누군가가 화가인 나에게 모방할 그림을 보여주고 내가 그것을 매우 다른 풍으로 그렸다고 합시다. 그때 나에게 그림본을 보여준 이유로 그 사람이 '이 그림은 내가 그렸다'고 말할 수는 없습니다. 마찬가지로 7세 이후에 갖고 있는 신체를 유전된 것이라고 말할 수는 없습니다. 우리들은 그것을 영적인 힘으로 우리의 것으로 하여야 합니다. 그러기 위해선 이성이 얼마만큼 강하게 작용하고 있는가를 알아야 합니다.[1]

그런데, 7세부터 14세까지는 그 사람의 개성의 작용이 가장 강하게 나타납니다. 그 결과, 이 시기에 인간은 외부에 대해 비교적 폐쇄적인 반응을 보입니다. 이 시기야말로 개성의 놀라운 힘의 발로가 보여지는 것입니다. 만약 누군가가 이 시기의 발달과정을, 그 후에도 그대로 계속 이어간다면 매우 무뚝뚝한 사람이 될 것입니다. 또한 외부에 대해 감수성이 결여된 사람이 될 것입니다.

이 시기에 인간은 세 번째로 신체 갱신을 하게 됩니다. 이 세 번째 신체는 성적性的 기관이 성숙하는 사춘기에 이르러 겉으로 드러나지만, 그것은 지상의 환경세계와의 깊은 결속을 보여줍니다. 그 경우, 성적인 것과 관련하여 나타나는 것만이 전부는 아닙니다. 성적인 작용을

1 다만, 어린이의 개성이 자신에게 어울리는 부모에게서 태어날 경우 7세 이후에도 부모와 닮아가는 경우가 종종 있다. 그 경우의 유사성 역시 유전의 힘에 의한 것이 아니고, 개성의 힘에 의한 것이라고 말할 수 있다.

과대평가하는 것은 우리들의 유물론적인 사고방식에 의한 것입니다. 사춘기에 나타나는 외부세계와의 다양한 관계는, 근본적으로는 성에 대한 관심과 작용에서 시작됩니다. 그러므로 성性의 성숙에 대해서 말하기보다, 지상생활의 성숙에 대해서 말하는 편이 옳습니다. 지상생활의 성숙과정에는 감성의 성숙이나 호흡활동의 성숙도 포함됩니다. 성의 성숙은 그 일부분에 지나지 않습니다. 이 시기에 인간은 지상생활을 성숙시키는 일환으로 예민한 감수성을 가지고 주위의 환경을 받아들이는 능력을 발달시킵니다. 지금까지는 이성에게 매력을 느낄 수 없었고, 환경 속의 다른 것들에서도 깊은 인상을 받아들일 수 없었습니다. 그러나 이제, 제3의 신체를 만들어내면서 20대 초반에 이르게 됩니다.

영계로부터 내려온 것은 이미 새 이가 나는 시기에 하나의 종지부를 찍습니다. 마찬가지로 사춘기를 맞이하는 시기, 그리고 20세가 된 무렵에도 그 작용을 완성시켜 갑니다. 그렇게 해서 모든 기관을 형성하고, 신체를 성숙시키면서 지상생활을 성숙시켜 갑니다. 그런데 그 발달과정에서 혼에 이상異常이 나타났다고 합시다. 그것이 모든 기관이 형성될 때 대응하여 그 후의 생애를 규정하게 되면 혼魂의 이상異常이 생기게 됩니다.

의지의 결함과 사고의 결함

그러나 21세 후에 간장이나 그 밖의 기관에 이상이 나타난 경우라면, 그 기관은 충분히 독립된 상태이므로 의지라고 하는 혼의 작용이 그것에 의존하지는 않습니다. 그래서 혼은 지금까지와 마찬가지의 작용을 계속할 수 있습니다. 그러나 나이가 어리면 어릴수록 혼의 이상은 문제가 됩니다. 어른의 경우에는 모든 기관이 이미 각각 특정한 방식으로 존재하고 있기 때문에 혼의 영위營爲는 비교적 독립되어 있습니다. 그래서 기관에 이상異常이 생긴 경우에는 그다지 영향을 받지 않은 채 그냥 기관의 병으로서 치료할 수 있습니다. 그러나 어린이의 경우에는 모든 것이 밀접하게 관련되어 있어 한 기관이 병에 걸리면 그것은 아주 강력한 방법으로 혼(마음 작용)에까지 영향을 주게 됩니다.

여러분, 현재의 병리학이 진단하는 여러 가지 병은 병의 조잡한 부분에 불과합니다. 그 미묘한 부분은 조직학이 미치지 못하는 곳에 존재합니다. 예를 들면, 간장의 경우 장기 속을 흐르는 액체 부분이나 또는 간장 속을 흐르는 기화氣化된 부분에 존재합니다. 그러한 경우, 장기를 따뜻하게 해주는 일 또한, 혼의 영위를 돕는 좋은 작용을 합니다. 그러므로 어린이에게 의지의 결함이 보일 경우, 제일 먼저 다음과 같은 질문을 해야 합니다.

"이 의지의 결함은 어느 기관의 어떠한 병과 관련되어 있는 것인가?"

이것은 대단히 중요한 물음입니다.

사고의 결함은 그 정도로 중요하지는 않습니다. 대부분 결함의 문제는 의지의 결함에서 비롯됩니다. 실제, 사고에 결함이 있다 해도 그것이 얼마만큼 의지의 결함에 의한 것인가를 주의 깊게 관찰해야 합니다. 예를 들어 너무 빨리 혹은 너무 느리게 생각하는 사람의 경우에도 그 사고의 내용 자체는 옳을 수도 있습니다. 단지, 사고내용을 결합할 때의 의지의 작용에 결함이 있을 뿐일지도 모릅니다. 그러므로 어느 정도까지 의지가 작용하는지를 잘 관찰해야 합니다.

사고에 결함이 있는 것은 의지로부터 독립한 사고 내용 그 자체가 비뚤어져 있거나 착각이 생기는 경우뿐입니다. 외부 세계에 대한 태도가 문제될 경우, 그러한 비뚤어짐이나 착각이 무의식중에 겉으로 드러나기 때문입니다. 그것은 강박관념과 같은 것이며, 강박관념은 의지로부터 생깁니다. 어떻든, 의지의 결함인가 사고의 결함인가를 구별하려면 주의 깊은 태도가 필요합니다. 대부분 사고의 결함은 개별적인 치료가 필요합니다. 장애가 있는 어린이들을 교육할 경우에는 주로 의지의 결함이 문제가 됩니다.

여기서 인간존재가 어떠한 발달을 이루어 가는가를 생각해 봅시다. 인간의 발달에 있어서 무엇이 장애가 되는가를 생각해 보면, 최초의 7년 간은 유전상의 결함이 문제가 됩니다. 본질적으로 유전상의 결함만이 고찰의 대상이 되는 것입니다. 그러나 이러한 결함을 오늘날의 과학과 같은 불확실한 방법으로 고찰하는 것은 인정할 수 없습니다.

카르마의 통찰

유전상의 결함은 우연의 결과가 아니라, 카르마Karma[1]에 의한 필연입니다. 우리들이 결함을 가진 신체를 갖게 되는 것은 영계에 대한 지식이 부족해서입니다. 따라서, 결함이 있는 유전체가 존재하는 곳에는 수

1 운명을 지배하는 법칙. 불교에서 말하는 '업'으로, 슈타이너는 이것을 윤회전생과의 관련으로 언급하고 있다.

태受胎 이전에 이미 인체조직에 대한 인식이 부족했던 것입니다. 우리들은 지상에 몸을 받기(受肉)[2] 이전에 인체조직에 대해 정확히 알고 있어야 합니다. 그렇지 않으면 영계로부터 바른 방법으로 내려올 수가 없고, 최초의 7년 간 생명체를 바른 방법으로 발달시킬 수도 없습니다.

죽음에서 새로운 탄생까지의 사이에 획득되는 생명체의 지식은 오늘날 생리학이나 조직학을 통해서 얻는 물질체에 대한 지식에 비하면 놀라울 정도로 엄청난 것입니다. 생리학이나 조직학에서 얻는 지식은 거의 무無에 가깝다고 할 수 있습니다. 그러나 아쉽게도 영계에서 획득하는 우리들의 지식은 수육과정incarnation process 속에서 잊혀져 버리고 맙니다. 왜냐하면, 그것은 체내에 매몰되어 감각을 통한 외부 세계의 인식에 이용되는 일이 없기 때문입니다. 이 지식은 실제로 헤아릴 수 없을 정도로 큽니다. 그러나 만약 우리들이 지상생활에서 주위의 환경에 대해 어떠한 흥미도 갖지 않거나, 흥미가 있어도 그것이 방해가 된 경우에는 그 지식은 손실됩니다.

생각해 보십시오. 어떤 문명사회가 사람들을 특정한 공간에 가두어 놓고 밖의 세계에 대한 흥미를 전혀 갖지 못하게 한다고 합시다. 그 결과 그 문명은 사람들에게 어떠한 영향을 미칠까요? 외부 세계에 대한 인식이 막혀 버리므로, 누군가가 만약 그러한 상태로 죽음을 맞아 너무나도 준비없이 영계 속으로 들어가면, 인체의 생명조직을 배우는 데

---

2 육화(肉化, incarnation), 육체를 받는 일. 인간의 형태나 모습을 취하는 일을 말한다. 본서에서는 텍스트에 준하여 이를 수육受肉으로 표기한다. 슈타이너는 인간의 영혼이 신체와 결합하여 개성체를 형성해가는 과정인 수육 과정incarnation process을 중시하고 있다. — 역자 주

필요한 모든 것이 영계에 준비되어 있음에도 불구하고 그것을 수용할 수 없게 되는 것입니다. 그 결과, 다시 지상에 내려 올 때는 주위 환경과 관계를 잘 맺은 사람에 비해 인체에 대한 지식이 부족한 채로 태어납니다.

이렇게 비유를 들면 이해하기 쉬울 것입니다. 여러분이 인생을 살아가는데, 예를 들면 하루를 보낸 후에 그 날이 중요한 날이 아니었다고 생각한다고 합시다. 분명 일상의 의식으로는 중요한 일이 없었을지도 모릅니다. 그러나 일상의 배후에서 작용하는 잠재의식에서 본다면 중요한 날이었을 수도 있습니다. 왜냐하면 만약 여러분이 단 하루라도 이 세상을 보통 때보다 정확하게 관찰한다면, 그것만으로도 이미 인간의 내부를 영계에서 인식하기 위한 조건을 갖춘 것이기 때문입니다. 이 세상에서의 외계外界는 저 세상에서의 영적인 내계內界인 것입니다.

그러니 이 세상에서 외부세계에 대해 폐쇄된 생활방식을 하고 있는 사람은 모두, 언젠가는 인체조직에 대한 인식이 부족한 채로 이 세상에 내려올 것입니다. 아니면 그 사람들은 임신할 리가 없었던 모체를 선택할 것입니다. 좋지 않은 신체를 제공할 수밖에 없는 사람이 부모로 선택되고, 한편 좋은 신체를 제공할 사람은 불임의 상태가 계속됩니다. 실제 영계로부터의 하강下降에 즈음하여 어떠한 인간이 다시 태어나는가는 시대의 발전 전체와도 관련이 있습니다. 우리들은 어린이를 볼 때, 그 어린이 속에 어떠한 전세前世의 영향이 나타나 있는가를 보지 않으면 안 됩니다. 왜 이 어린이가 유전적으로 병들어 있는 기관을 택했는가, 게다가 발달이 불완전한 개성을 가진 그 어린이가 왜 그와 같은 불완전한 신체에 작용했는가를 이해해야만 합니다.

새 이가 나기까지 어린이가 어떠한 발달을 이루는지 생각해 봅시다. 실제로 영계로부터 내려오는 영혼은 그것을 받으려는 신체와 반드시 완전한 적응을 한다고는 말할 수 없습니다. 예를 들면, 어떤 아이에게 우수한 간장肝臟의 모델이 존재한다 해도 그것을 그 아이의 개성이 이해할 수 없다면, 그 아이의 제2의 7년기에는 그 간장모델은 불완전한 방법으로 활용될 것입니다. 그 결과 본질적인 의지의 결함이 나타납니다.

앞의 예처럼 간장을 자신의 우수한 간장모델에 따라 형성할 수 없는 경우에는 의지의 결함이 생기고, 그 때문에 의지가 있음에도 불구하고 그 의지를 실현할 수 없는 어린이가 됩니다. 의지가 사고 내용 속으로 계속 매몰되는 것입니다. 그 어린이는 무언가를 시작하면 금방 그것과는 다른 무엇인가를 의지意志하기 시작합니다. 의지는 정체하기도 하고 빠져나가 버리기도 합니다.

본래 간장은 오늘날의 생리학이 기술하고 있는 것 같은 장기만이 아니라, 생각한 사항들을 실제 행위로 옮길 수 있는 용기를 주는 기관이기도 합니다. 예를 들면, 전차를 타야 하는 데도 그냥 보내는 사람이 실제로 있습니다. 바젤(스위스의 지명)까지 전차로 가지 않으면 안 된다고 알고 있으면서도 전차가 눈앞에 멈춰도 끝까지 거기에 탈 수가 없습니다. 무엇인가가 그 사람을 멈추게 해 전차를 탈 수 없게 하는 것입니다. 이렇게 상당히 특징적인 의지의 정체를 통하여 분명히 드러나는 것은 미묘한 간장의 결함이 있다는 것입니다. 간장은 언제라도 마음에 품고 있는 관념을 팔 다리로 행하는 행위로 바꾸는 중개 역할을 합니다. 그런 의미에서 모든 기관이 무언가의 중개 역할을 하는 것입니다.

전에 들은 이야기입니다만, 어떤 젊은이가 다음과 같은 병을 가지고 있었습니다. 그는 전차의 바로 옆에 서 있었는데 돌연 멈춰 서버려 전차를 탈 수 없었습니다. 그가 왜 타지 않았는지는 아무도 모릅니다. 본인도 왜 그랬는지를 모릅니다. 그는 그대로 멈추어 섰습니다. 의지가 정체했던 것입니다. 도대체 그와 같은 경우 무엇이 원인이었을까요? 이것은 대단히 복잡한 문제입니다.

이 젊은이의 부친은 철학자였습니다. 그는 대단히 독특한 방법으로 혼魂의 능력을 표상과 판단, 공감과 반감의 작용으로 나누었습니다. 그러나 의지를 혼의 작용 속에 넣지 않았습니다. 의지는 혼의 작용에서 누락되고, 혼의 작용을 열거할 때 그는 결코 의지를 추가하지 않았습니다. 그가 의지를 혼의 작용에서 제외한 이유는 의식의 표면으로 나타나는 것만을 혼의 작용으로 간주했기 때문입니다. 이렇게 해서 그는 의지에 대해서는 아무것도 생각하지 않는 것을 당연하게 여겼습니다. 이 철학자는 비교적 만년에 아들을 얻었습니다. 아버지가 된 그는 의지에 대한 것은 영원히 생각하려고 하지 않은 채, 자신의 의도를 행위로 옮기려고 하지 않은 소질을 간장肝臟에 심어 넣었던 것입니다. 이 일이 아들의 경우에는 병이 되어 나타난 것입니다. 따라서 여러분은 이 아들의 개성이 왜, 이 사람을 아버지로 선택한 것인지 이해할 수 있을 것입니다. 그것은 이 아들의 개성이 간장肝臟의 내부 구조와 전혀 관계될 수 없었기 때문입니다. 결국 이 개성은 자신을 위해 간장의 내부조직에 대하여 이런저런 노력을 할 필요가 없는 체질을 택한 것입니다. 본인은 간장의 기능을 알지 못한 채 내려 왔기 때문에, 그 어린이의 간장은 제대로 된 기능을 갖추고 있지 않았던 것입니다. 이와 같이, 어린이를 이해하고자 할 때에는, 정말 미묘한 방법으로 카르마에 대한 통찰을 심도있게 해나가야 합니다.

오늘은 우선 이상의 일을 말씀드리고 싶었습니다. 내일은 같은 시간에, 이 문제를 한층 더 전개시켜 보겠습니다.

HEILPADAGOGISCHER KURS

제2강

인간의 마음 활동

_ 현대과학은 이상심리異常心理의 영역에서 어디로 가야만 하는가
_ 시인 프리드리히 쉴러의 경우
_ 사고思考와 그 근저에 있는 두뇌의 종합 활동
_ 살아 있는 사고와 거울상鏡像 사고와 에테르체
_ 비의秘儀로서의 교육
_ 오컬트 생리학의 필요성
_ 명상

현대과학은 이상심리異常心理의 영역에서 어디로 가야만 하는가

근본적인 문제를 먼저 언급한 후에, 실천적인 사항을 이야기하려 합니다. 어제는 표면적으로 드러나는 어린이의 혼의 영위는 단순한 징후라고 말했습니다. 어린이의 정신병 또는 정신박약의 근저를 탐구하려 할 경우, 기존에는 표면적인 혼의 상태만을 보았을 뿐, 본래의 혼의 영역까지는 눈이 미치지 못했음을 느끼게 될 것입니다. 오늘날 심리고찰의 방법은 모두 이와 같은 고민을 안고 있습니다.

이 자리에서 성인의 정신병에 대해 언급할 수는 없습니다. 성인의 치료에는 항상 어찌할 수 없는 문제가 있기 때문입니다. 그러나 어린이의 경우, 할 수 있는 것은 모두 이 연속강의에서 다루어질 것입니다. 표면적인 혼이라고 할 때 이 '표면적'이라는 말은 부정적인 의미에서가 아닌, 오직 공간적인 의미로 사용됩니다. 그 표면적인 혼의 고찰이 얼마나 틀린 방향으로 가고 있는지를 보여주는 극단적인 예를 소개하겠습니다. 이 예는 여러분의 과제에 특히 중요한 의미를 가질 것입니다.

에리히 비르휀[1]이라는 전직 검사가 있습니다. 그는 범죄 심리학적 관점에서 온갖 종류의 정신 이상에 대한 책을 내기도 했습니다. 의학에서 출발하지 않은 이 사람은 과연 어떠한 방법으로 논하고 있을까요? 물론

1 1862년 출생. 범죄 심리학자.

그는 검사로서 직업상 이상한 혼魂의 예를 많이 알고 있었고, 후에 의학에 관한 공부를 하기도 했습니다. 그렇게 직업을 통한 경험과 책에서 얻은 지식들을 결합해 하나의 이론을 창안해냈습니다.

그 이론은 소위 과학적인 조건을 만족시키는 데 필요한 표현형식으로 만들어졌습니다. 그러나 실제 우리들이 이 이론을 진지하게 받아들인다면 비르휀의 이론을 통용시킬 수밖에 없고, 진지하게 받아들이지 않으면 인지학[2]의 관점에서 출발해야 합니다. 그리고 그 중간에는 매우 의혹스런 타협이 있게 됩니다.

비르휀 검사는 최근 취리히에서 강연했습니다. 그는 범죄 심리학적 관점에서 이상한 혼의 상태를 논했습니다. 우리들은 이러한 일에 주의를 기울이는 것도 중요합니다. 왜냐하면, 여러분은 여러 기회에 이러한 사고방식을 자주 만나게 될 것이기 때문입니다. 여러분이 과학적인 사고 방식을 알려고 하면, 도처에서 이 검사가 특별히 과격하게 표현하고 있는 사고의 형태나 방법들을 만나게 될 것입니다. 그러므로 현대 과학이 이상심리의 분야에서 어디로 갈 수밖에 없는지를 알아둘 필요가 있는 것입니다. 지금부터 신문의 한 기사를 읽어 드리려고 합니다. 그 전에, 비르휀 검사가 이 기사를 쓴 기자보다 훨씬 위대

---

2 인지학人智學, Anthroposophie은 인간anthropos과 예지sophia의 그리스어 합성어로, 인간에 관한 종합적 학문이라고 할 수 있다. 슈타이너는 피히테와 트로크스라의 사상 위에 자신의 독자적인 사상을 가미하여 인지학을 수립하고, 1912년 인지학협회를 설립, 인지학운동을 전개하기 시작했다. 슈타이너에 의하면, 인지학은 수행에 의해 강화된 내적의식을 의미하며 그 근본은 영적세계에의 통찰에 두면서도, 실천은 인간의 생활과 행위의 모든 분야에 있어서 내적·외적으로 성장해 가는 것이다. — 역자 주

한 정신의 소유자이며, 보다 정당한 의견의 소유자라는 것을 밝혀둡니다.

이 기자는 매우 빈정거리는 논조를 취하고 있는데, 그것은 아마 정신병리학이나 범죄심리학에 적의를 둔 구독자가 많아서 일 것입니다. 따라서 이 기사의 논조는 전혀 중요하지 않습니다. 비르휀에 비교한다면 이 기자는 매우 무능합니다. 조소적인 태도로 밖에 취급할 수 없으므로. 그는 이러한 조소가 현대 과학을 말할 수는 있어도, 비르휀을 언급할 수 없다는 것을 전혀 깨닫지 못하고 있습니다. 그러나 실제 비르휀이 근거로 삼고 있는 과학에 대해서라면, 이와 같은 방법으로 말할 수밖에 없을 것입니다.

시인 프리드리히 쉴러의 경우

이 기사의 제목은 '검사의 정신분석에 의한 쉴러[1]'입니다. 그러나 내용대로라면 '현재의 심리학 혹은 교육 심리학의 정신분석에 의한 프리드리히 쉴러'가 더 적합하지 않을까요?

> 지난주 금요일, 1924년 2월 29일 슈와벤 출신의 무자산가이자 전 이에나 대학의 역사교수이며, 수많은 혁명극의 작가인 프리드리히 쉴러의 사건은 평판 높은 드레스딘의 검사 E. W. 비르휀 박사의 훌륭한 강연 '프리드리히 쉴러[2]에 대한 범죄심리학'이 법정으로 옮겨져, 츄리히 법률협

1 〈신취리히신문〉 1924년 3월 7일자.

2 Friedrich von Schiller(1759~1805). 독일문학 사상에서 괴테와 함께 쌍벽을 이루는 시인·극작가. 독

회의 다수의 청중이 지켜보는 가운데 논고 구형을 받았다. 피고는 죽었으므로 법정에 출석할 수가 없었고, 그래서 고작 생전에 써둔 책의 내용을 가르키는 정도로 그쳤다.

검사 각하 비르휀은 실로 멋지고도 빈틈없는 논고를 행했다. 논증에는 한치의 모순도 발견할 수 없었다. 검사는 쉴러의 사적인 통신문조차 압류하여 보았던 것 같다. 그리고 지금, 이 비르휀 박사에 의해 출석자들은 마치 눈이 번쩍 뜨이는 것 같은 체험을 하였다. 쉴러에 대한 우리 국민의, 특히 젊은이들의 사랑이 그 추한 근성을 폭로 당한 것이다. 쉴러가 유명하게 된 것은 태어날 때부터 가지고 있던 그의 잔혹함에 기인한다. 이 일은 그가 기괴나 공포의 어두운 쾌락에 변질되어 있던 사실에 잘 나타나 있고, 또한 수많은 그의 시 〈유아살해의 여자〉, 〈이뷰크스의 학〉, 〈잠수부〉, 〈장갑〉, 〈제철소에의 길〉 등을 썼던 동기로도 되고 있다. 지금 열거한 마지막 시에는 다음과 같은 조소의 말도 나오고 있다.

"녀석의 시중은 충분히 들어 왔다. 백작님이라면 칭찬해주시리라." 이 말에는 허약한 육체를 등에 지고, 그것과의 싸움 속에서 자란 쉴러의 잔혹함이 여실히 드러나고 있다. 관중에게 공포와 동정을 불러 일으키는 쉴러의 비극이, 왜 무대에 세워지면 저 정도로 폭발적인 반응을 불러 일으키는가. 그것은 인간에게 숨겨진 범죄 소질에 호소하기 때문이며, 위험한 본능을 안전한 방법으로 발산시켜 주기 때문이다.

일의 '질풍노도'와 '고전주의'를 대표하는 작가로서 〈군도〉(1781), 〈돈 카를로스〉(1787), 〈발렌슈타인〉(1796), 미완성작 〈데메트리우스〉 등이 있다. 덴마크의 아우구스텐부르크 왕자에게 보낸 27통의 연속서한(1793~1794)인 '인간의 미적 교육에 관한 서한'을 통해 미적 교육에 의한 인간 완성을 역설하였다.

검사 각하 비르휀은 이와 같이 말한 후에 결론으로, 자신은 쉴러의 흔들림 없는 숭배자임을 언명하고 마지막으로 시 〈종鐘〉을 위한 괴테의 발문의 일절을 빌어 강연을 마치고 있다.

'신이여, 벗으로부터 우리들을 지켜주소서.'

물론 검사 각하 비르휀은, 압도적인 정황 근거가 있음에도 불구하고 정상참작의 여지를 인정하고 있다. 즉, 쉴러에게는 자유의 감정이 강하게 작용하고 있고 그것이 초기의 괴로운 생활이나 열등감과 결속되어 〈군도群盜〉에서 격하게 불타 올랐고, 점차 순화되어 〈텔〉에서는 질서하의 혁명을 찬미하기까지 되었던 것이다. 이를테면, 선악에 대한 쉴러의 태도는 본질적으로 미적인 관점에서 이끌어내진 것이라고 한다. 그리고 이미 말한 것처럼, 쉴러의 문학 속을 흐르는 동맥은 비르휀 박사에 의해 그것이 잔혹함과 자유충동임이 명확히 밝혀졌다. 쉴러는 시작詩作을 통한 이러한 충동들과의 싸움이 그를 완성기까지 이끌어 주었던 것이라고 한다.

이상의 문장에는 쉴러의 열등감이 언급되어 있습니다. 물론 유아기의 것이기는 하지만. 여기서 한 가지 확실히 해두어야 할 것이 있습니다. 오늘날 과학의 관점으로 수업을 하는 교실에 여기서 언급된 어린 쉴러가 있다고 합시다. 과연 그곳에서 어떠한 교육성과를 기대할 수 있을까요?

여기서 어제 말한 것을 정리해보면, 어떤 병은 그 증상에서 원인까지 거슬러 올라갈 수 있도록, 혼의 영위인 사고, 감정, 의지에서도 혼의 본질에까지 거슬러 올라갔다가 다시 되돌아올 수가 있습니다. 우리는 간장肝臟을 예로, 무엇인가 행하려는 의도가 있으면서도 실제 행동으로 옮길 수 없는 혼의 이상의 원인을, 간장의 미묘한 이상異常 속에서 찾았습니다. 그리고 그곳에서부터 교육적·치료적인 처치가 이루어져야 한다는 것을 이해했습니다.

그러면 개개의 구체적인 예로 들어가기 전에, 다시 한 번 어린이의 혼의 영위로 눈을 돌려봅시다. 우리들은 생후 7년 간의 신체가 하나의 모델을 보이고, 이어서 그 모델에 따라 새 이가 나면서부터 사춘기까지의 개성이 제2의 신체를 만들어 낸다는 것을 고찰했습니다.

개성의 힘이 유전의 힘보다 강한 경우, 어린이는 유전의 힘을 극복해서 새 이가 날 무렵에 개성적인 신체와 정신이 만들어질 것입니다. 그렇지만 어린이의 개성이 약하다면, 정신도 신체도 유전에 의한 모상模像만을 나타내게 됩니다. 그러므로 유전적인 특징이 보여지는 경우는 그 경우에만 나타납니다. 대개 새 이가 나는 시기부터 사춘기까지의 어린이는 개성으로부터 생겨나기 때문입니다. 그러므로 이 시기에 유전적인 특징이 나타나는 것은, 개성이 그것을 극복하기에는 너무 약해서 카르마가 구하는 개성적인 작용이 가능하지 않고, 그 때문에 본래의 카르마 충동이 유전적인 특징에 의해 지배받고 있는 경우입니다.

사랑하는 여러분, 그러면 과연 자라고 있는 어린이의 사고와 의지는 서로 어떠한 관계가 있는 것일까요? 이미 어제 이 일을 징후의 관점에서 고찰하였습니다. 그 결과, 표면적인 혼의 영위로 나타나는 사고의 근저에는 종합적인 활동이 존재하고 그것이 두뇌조직을 형성하는 것,

그리고 의지의 근저에는 분석적으로 구별하는 작용이 있어 그것이 제기관, 특히 대사·지체계를 형성하고 있는 것을 알았습니다.

사고思考와 그 근저에 있는 두뇌의 종합 활동

그러면 지금부터 사고의 근저에서 두뇌를 형성하는 종합활동에 눈을 돌려봅시다. 그러기에 앞서 사고思考내용이란 무엇인가를 확실하게 해두어야 합니다. 왜냐하면, 사고내용이란 조금씩이기는 해도 끊임없이 밖에서 어린이의 신체조직 안으로 작용하는 것이기 때문입니다. 어른의 주위에도 내용이 다소간에 단편으로서 항상 존재합니다. 어떤 사람의 주위에는 보다 많이, 또 어떤 이에게는 보다 적게 사고내용이 존재합니다. 그러면, 그러한 사고내용이란 과연 무엇일까요?

비르훼주의로까지 퇴화한 오늘날의 견해는, 인간의 사고思考내용은 진화 과정에서 인간의 내부에서 생겨난 것이라고 생각하고 있습니다. 도움이 되는 사고내용을 갖게 된 사람은 그것을 자신이 만들어낸 것이라고 생각합니다. 그렇지만 인지학적인 관점에서 보면, 인간 속에는 사고내용이 생겨날 만한 곳이 어느 한 군데도 없습니다. 사고내용이 인간의 내부에서 생겨난 것이라는 시각은 다음과 같이 비유할 수 있습니다.

매일 아침 한 사람이 어디선가 한 항아리의 우유를 구해 손에 넣는다고 합시다. '매일 항아리 속에 우유가 어떻게 만들어지는 것일까'라는 생각을 해봅시다(그림 3). 우리는 항아리의 재질에서는 우유를 만들어낼 만한 그 어떤 것도 발견할 수 없습니다. 우리들은 항아리의 도자기 훍에서 어떻게 우유가 나오는지를 진지하게 생각하는 사람을 바보라고 여길 것입니다. 또한 그런 일은 불합리하다고 생각할 것입니다. 현대과학은 사고내용에 관해 바로 이처럼 생각하고 있습니다. 한치의 의심도 없이 그것이 신체 속에서 나오는 것이라고 생각하는 것입니다. 이미 20여 년 전부터 영학이 밝혀낸 인식 수단으로 음미한다면, 우리들은 신체의 어느 곳에서도 사고내용을 만들어내는 것을 발견할 수 없습니다. 분명하게 그러한 것은 어디에도 없는 것입니다. 우유가 밖에서 항아리 속으로 부어 넣어져야 하는 것처럼, 사고내용 역시 밖에서 인간 속으로 들어가는 것입니다.

그러면 그것은 탄생에서 죽음에 이르는 이 세상의 어디에서 들어오는 것일까요? 그것은 어디에 존재하던 것일까요? 우유의 유래를 연구할 수 있는 것처럼, 사고내용의 유래도 연구할 수 있어야 합니다.

우리들은 물질계 속에 있습니다. 그러나 동시에 에테르계(생명계) 속에도 있습니다. 지상에서 육체를 받기受肉 이전, 우리들의 에테르체(etheric body, 생명체)는 에테르계에서 취해 왔습니다. 인간의 에테르체는 편재遍在하고 있는 우주에테르(우주생명)에서 취해온 것입니다.

사랑하는 여러분, 이 우주에테르야말로 사고내용의 진정한 담당자입니다. 모든 사람이 공유하고 있는 이 우주에테르야말로 사고내용의 제공자이며 사고내용이 존재하는 곳입니다. 우리가 인지학 강연 중에 늘상 언급하는 '살아 있는, 즉 에테르적인 사고내용'이 그 가운데 존재하는 것입니다. 지상에 태어나기 이전의 인간은 그러한 사고내용에 관여합니다. 본래 사고내용은 이 우주에테르 속에 있는 것입니다. 우리들은 탄생에서 죽음까지의 사이에 우주에테르로부터 직접 사고를 끌어낼 수는 없습니다. 인간의 사고내용은 모두, 인간이 영계영역에서 지상으로 내려와 자신의 에테르체를 형성할 때 받는 것입니다. 인체를 형성하고 조직하는 모든 작용에는 살아 있는 사고내용이 존재하고 있습니다.

그러므로 어제의 그림 예를 다시 한 번 그려보면(그림 4), 여기에 인간이 그려지고, 여기(노란 원)에 증후로서 나타나는 혼의 작용인 사고·감정·의지가 있습니다. 그리고 그 배후에 진정한 혼의 작용이 있습니다(노란 점선). 이 혼의 작용의 일부분은 사고내용으로서 존재합니다. 편재하는 우주에테르에서 취해온 이 사고내용은 우리들의 뇌를 형성하고 나아가 신경감각계를 형성합니다. 이 살아 있는 사고는 다음과 같은 방법으로 두뇌를 분해기관으로 형성하고 있습니다.

살아 있는 사고와 그 거울상〔鏡像〕

주위를 둘러보면, 우리들의 환경에서는 여러 가지 물질의 작용이 이루어집니다. 자연계에 작용하고 있는 그 과정은 살아 있는 사고활동에 의해 단계적으로 해체됩니다. 그러므로 여기서도(그림 4) 분해작업이 행해져서 자연과정에 스톱이 걸려져 있습니다.

뇌의 작업의 시작은 그와 같이 자연과정에 스톱을 걸어, 물질을 끊임없이 배출하는 것입니다. 그리고 배출된 물질, 즉 외화外化되어 사용하지 않게 된 물질이 바로 신경입니다. 신경은 살아 있는 사고의 작용을 받아 계속 죽임을 당하고 그로 인해 거울처럼 비추는 능력을 얻게 됩니다. 즉, 주위의 에테르계의 사고내용은 그것에 의해 의식의 표면에 비춰지고 주관적인 사고, 다시 말하면 태어나서 죽을 때까지의 거울상과 같은 모습을 하고 있는 표면적인 사고가 생겨난 것입니다.

우리들은 내부에 살아 있는 사고가 작용하고 있으므로, 신경·감각계를 세계에 대치하여 그것에 의해 주위의 에테르계 인상을 거울상으로 만들어내어, 그것을 우리 의식 속에 던져 넣을 수 있습니다. 그러므로 표면적인 혼의 영위인 사고나 표상활동은 우주에테르계의 사고내용을 비쳐낸 것입니다.

여러분이 자신을 거울에 비춰볼 때, 그 상은 본래의 자신과는 어딘지 다르다고 생각될 것입니다. 우주에테르계의 살아 있는 사고내용도 우리의 의식 속에 반영된 사고내용과는 사뭇 다릅니다. 거울에 비친 여러분은, 살아 있는 여러분에 비해 죽어 있는 것처럼 거울상으로 반영된 사고도 죽어 있는 것입니다. 비뚤어져 있거나, 비논리적인 잘못된 사고내용은 결코 우주에테르에는 존재하지 않습니다. 그러나 표면적인 혼의 영위 속의 사고내용은 우주에테르 속의 사고내용의 거울상에 지나지 않으므로 비뚤어짐이 생깁니다. 그러한 잘못된 사고내용이 생기는 것은 거울이랄 수 있는 두뇌구조 어딘가가 정상적인 작용을 하고 있지 않기 때문입니다.

중요한 것은, 눈에 보이는 비뚤어진 사고내용에서 거슬러 올라가, 살아 있는 사고내용이 만들어낸 인간의 두뇌나 신경계 본래의 작용까지 살펴보는 것입니다. 그래서 여러분은 의식에서 출발하는 것이 매우 중요하다는 것을 이해하게 될 것입니다. 본래의 사고내용 그 자체에는 접근할 수가 없습니다. 그것은 우주에테르 속에서 절대적인 정당함을 가지고 존재합니다.

치료교육자는 자신들에게 맡겨진 어린이가 바른 방법으로 이 우주에테르(우주생명)와 관계할 수 있도록 모든 노력을 기울여야 합니다. 그리고 이것이 가능하려면 우주에테르 속에는 정말 살아 있는 사고내용이 작용한다는 것을 마음으로부터 확신해야 합니다. 이 같은 태도를 취하지 않는 한 어린이를 대하는 올바른 태도는 갖지 못할 것입니다. 이러한 태도를 갖는 것이 매우 중요합니다. 왜 그러한 태도가 중요한 것일까요? 비뚤어진 사고 내용을 가진 어린이 속에서 그 어린이에게 그렇게 시키는 것은 과연 무엇일까요? 또한 그러한 경우 교육자 입장에서 어린이에게 어떤 도움을 줄 수 있을까요?

아시겠지만, 그러한 어린이의 경우, 에테르체가 바른 방식으로 형성되어 있지 않았던 것입니다. 영계에서 지상으로 내려왔을 때에는 바른 사고내용이 우주에테르 속에 존재하고 있었으나, 이 사고내용을 에테르체가 바르게 취하지 않았던 것입니다.

사고와 에테르체

여기서 다시 한 번 우유 항아리의 예로 돌아갑시다. 우유는 용기의 형태를 따르고 있으므로 틀린 형태를 취하고 있다, 라고 말할 수는 없습니다. 새지 않는 용기라면 그 속에 우유를 잘 부어 넣을 수 있습니다. 그러나 비뚤어진 사람이 있어, 항아리를 다음과 같은 형태로 만들었다면 우유를 부어 넣을 수가 없습니다(그림 3).

극단의 경우, 우리들은 우유 항아리라 할 수 있는 신체를 여러모로 서툴게 만들어 내고 있습니다. 예를 들면, 밑을 엉성하게 만들어 1개월간 저장할 수 있는 것이 27일째에 깨져 우유가 전부 쏟아져 버렸다고 합시다. 이처럼 우유의 존재는 용기에 따라 변합니다. 우리의 에테르체(생명체)의 상태는, 인간이 카르마에 따라 영계로부터 지상에 이르고, 에테르체를 수용할 때 그 수용 방법에 달려 있습니다. 그것을 잘 인식해 두어야 합니다. 인간은 이 이상한 우유 항아리와 비슷한 수용방법으로 이 지상계에 내려올 수도 있습니다.

예를 들면 카르마에 의해, 대사·지체계가 정상적인 방법으로 형성되지 않은 채 이 세상에 내려오는 경우, 그 조직은 에테르체의 작용을 충분히 받아들일 수가 없습니다. 따라서 그 사람은 앞의 우유항아리처럼 두부頭部에서는 에테르체를 충분히 수용했지만, 하반신이나 수족手足부분에서는 불충분한 방법으로밖에 수용할 수 없었기 때문에 하반신에 형성되는 사고내용이 결여됩니다. 정신(魂)적으로 뒤떨어진 많은 어린이들의 경우, 이와 같은 불완전한 발육의 에테르체에 대한 인식을 먼저 확실하게 해두어야 합니다. 그리고 다음과 같은 질문을 던져야 합니다.

'무엇이 성장하는 어린이의 에테르체에 건전한 작용을 미치는 것인가?'

여기서 모든 교육에 있어 필요한 하나의 원칙이 문제가 됩니다. 즉,

이 세상에 인간 본성의 어느 부분이 어떻게 나타나든지 그 부분에 유효한 작용을 미칠 수 있는 것은 인간의 본성보다 한 단계 고차원적인 것이라고 하는 것입니다. 인간본성의 어떤 부분도, 그와 같은 고차원적인 부분을 통해서만이 유효한 발달을 이룰 수 있습니다. 육체를 발달시키기 위해서는 에테르체(생명체)의 활동이 필요하고, 에테르체를 발달시키기 위해서는 아스트랄체(감정체)[1]의 활동이 필요하고, 아스트랄체를 발달시키기 위해서는 자아自我[2]의 활동이 필요합니다. 그리고 자아를 위해서는 영아靈我[3]의 활동만이 유효한 작용을 미칠 수 있습니다. 나는 이 관점을 한층 더 영아 이상에 걸쳐서 언급할 수 있지만, 그때에는 이미 비교秘教상의 행법行法에 관계하게 될 것입니다. 그럼 과연, 이 법칙은 무엇을 의미하는 것일까요? 한 어린이의 에테르체가 어떻게 위축해 버렸는지를 알면, 여러분은 자신의 아스트랄체를 사용해서, 그것이 어린이의 에테르체에 좋은 작용을 미치도록 해야 합니다. 따라서 이 교육의 원칙은 다음과 같이 도식화할 수 있습니다.

---

1 Astral body. 인간이나 동물에 있어 지각, 정동, 의식, 충동, 열망, 열정 등을 생기게 하는 눈에 보이지 않는 염念의 작용. 감각 및 감정의 전달자로 감정체sentient body라고도 부른다. — 역자 주

2 The ego. '나' 또는 'self'라고도 한다. 자아는 개체로서의 의식을 갖게 하며, 혼魂의 여러 가지 경험을 총괄한다. 자아에 의해 에테르체와 아스트랄체가 순화·고양되며, 육체에도 영향을 준다. — 역자 주

3 영화靈化한 아스트랄체를 영아靈我라고 한다. 슈타이너에 의하면, 이는 영화한 육체인 영인靈人, 영화한 생명체인 생명령生命靈과 함께 인간에 있어서 영적 본성의 세 가지 본연의 상태이다. — 역자 주

어린이	교육자
육체 ← 에테르체	
에테르체 ← 아스트랄체	
아스트랄체 ← 자아自我	
자아 ← 영아靈我	

교육자의 에테르체는 어린이의 육체에 유효한 작용을 미칠 수 있는 상태여야 합니다. 그리고 이 일을 할 수 있도록 교원양성 학교에서 준비해야만 합니다. 교육자 자신의 아스트랄체는 어린이의 에테르체에, 자아는 어린이의 아스트랄체에 유효한 작용을 할 수 있어야 합니다. 그 다음의 단계가 필시 여러분에게는 걱정되겠지만, 교육자의 영아靈我가 문제가 됩니다. 여러분은 자신의 영아가 아직 발달해 있지 않다고 믿고 있겠지만, 바로 그것이 어린이의 자아에 유효한 작용을 해야 합니다. 이것이 원칙입니다. 가끔 이상적인 교육자가 아닌 그 반대의 교육자의 경우에는, 교육 당사자가 그것을 의식하고 있지 않아도 교육자의 영아가 실제로 어린이의 자아에 좋지 못한 영향을 미칩니다. 이와 같이, 교육 실천은 일련의 비의秘儀로서 존재하고 있는 것입니다.

그렇지만 지금은 어린이의 위축된 에테르체에 교육자의 건전한 아스트랄체가 작용하는 경우를 이야기하려 합니다. 과연 이 관계에 있어서, 오늘날 교육자의 아스트랄체가 어떻게 교육되어야 할까요? 현재의 인지학人智學은 다만 자극이 될 뿐입니다. 모든 사례에 있어, 그것을 위한 양성 학교를 바로 당장 열 수는 없습니다. 교육자의 아스트랄체는, 그것을 교육해서 어린이의 에테르체의 위축된 부분에 본능적인 이해를 가질 수 있도록 해야 합니다.

예를 들면, 어린이의 간장肝臟 부분의 에테르체가 위축해 있다고 합시다. 그 경우, 어린이는 항상 무엇을 하려는 의도를 가지고 있으면서도 그 의지가 행위 직전에 멈춰 버리고 맙니다. 이에 대해 교육자가 감정의 모든 에너지를 쏟아 내적으로 관련지으며, 이것을 함께 느끼며 깊은 동정심을 발달시킨다면 자신의 아스트랄체를 통해 어린이의 상황을 잘 이해할 수 있게 됩니다. 그리고 점차 어린이의 태도에 대한 모든 종류의 주관적인 공감이나 반감을 근절할 수 있게 됩니다. 교육자가 자기의 주관적인 공감이나 반감을 근절하는 일은, 자신의 아스트랄체에 좋은 자기교육적 작용을 합니다.

예를 들면, 가고자 해도 갈 수 없는 어린이의 태도에 대해서 금방 공감과 반감을 품는 한, 아무리 조금이라도 그것에 의해 흥분되면, 효과적인 교육은 할 수 없습니다. 그러므로 어린이의 그러한 태도는 언제라도 병적인 태도에 이를 수 있지만, 완전히 병적인 경우라면 보행능력이 없는 것이라고 생각하게 될 것입니다. 교육자가 그러한 현상을 앞에 두고 객관적으로 바라보고 평정한 태도로 동정심 이외는 품지 않게 되었을 때, 어린이에게 좋은 영향을 줄 아스트랄체를 갖는 일이 가능해집니다. 그러면 그 후에 일어나는 일은 다소간에 올바르게 배려할 수 있습니다.

사랑하는 여러분, 사람이 교육자로서 표면적으로 하는 말이 그리 중요하지 않다는 것을 알게 되면 여러분은 도저히 믿기지 않을 것입니다. 보다 본질적으로 중요한 것은 교육자로서의 자신이 어떠한 존재인가라는 것입니다.

비의秘儀로서의 교육

그러나 어떻게 하면 이것을 이해하게 될까요? 그것은 인간이라는 존재 그 자체의 신비함에 대해 관심을 증대시켜가는 것입니다. 오늘날의 문명은 인간존재의 신비함에 대해 전혀 관심이 없습니다. 그래서 오늘날의 문명으로는 정신질환자의 일을 이해할 수 없습니다. 이러한 사항은 문명의 내부에서만 달성할 수 있는 사항입니다. 그러므로 우리가 오늘날의 문명에 이해를 구한다고 해도, 그 요구를 우리 자신들의 힘으로 모두 관철할 수는 없습니다. 여기서 매우 중요한 것은 여러분이 결코 광신자가 되지 말라는 것입니다. 처음부터 광신자가 되지는 않습니다. 실제생활에서 비교秘教적인 태도를 가지려 할 경우, 어떤 진실이 어디까지 통용되는지를 잘 분별해야 합니다. 오늘날 대부분의 사람들은 기존의 가치 판단대로 하지 않는 일이 왜 필요한지를 이해하지 못하기 때문입니다. 우리들은 그러한 상황을 이해해야 합니다. 그리고 상황을 잘 판단해서, 원칙이 통하는 곳에서는 반드시 통용시켜야 합니다. 이것은 특히 치료교육의 경우에 해당됩니다.

위에 말한 원칙을 가능한 한계 내에서 통용시켜가야 합니다. 그러나 성인의 정신병에 대해서는 이 원칙을 통용시킬 수가 없습니다. 경찰이 개입하기 때문입니다. 완전히 이질적인 법률이 개입되면 치료교육의 원칙을 활용할 수가 없습니다. 법은 일반적인 경우만을 다룰 뿐, 개인의 존재를 전혀 고려하지 않기 때문입니다. 법률은 건강한 정상인이 아닌 사람을 취급할 때에는 어떠한 경우라도 독이 됩니다. 여러분은 법률에 직면해 있으므로, 광신적인 방법으로 문제를 처리할 수는 없습니다. 가능한 범위 내에서 자연스런 방법으로 생활 속에 받아들여야 합니다.

한 중증의 정신병자를 앞에 두고 여러분이 심리묘사를 즉, 징후를 기술한다고 합시다. 현재 통용되는 견해로 말하면 그 사람은 모든 면에서 바보 같은 행동을 합니다. 현대인은 그 경우에 무엇이 문제인가를 전혀 생각해 보려 하지 않습니다. 무엇도 반성하지 않는 것입니다. 그 경우 문제는 다음 사항에 있습니다.

미친 정신병자 한 사람이 있습니다. 그러나 그는 전세前世에 매우 중요한 인물이었거나 천재이었을 가능성이 있는 것입니다. 그런 천재적 인생이 전前의 전 생애前生에 있었다고 합시다(그림 5). 그리고 그 다음 생에 그는 비교적 젊은 나이에 감옥에 갇혔고, 이 세상과 전혀 관계를 가질 수가 없었다고 합시다. 그는 옥사獄死를 했고, 영계에서 계속 살다 정신병자로 다시 지상에 태어난 것일 수 있습니다. 전생에 완전한 육체와 에테르체를 체험하지 못했기 때문에, 인체의 내부조직에 대해 무지한 채 지상에 몸을 받고 온 것입니다.

그는 자신의 육체와 에테르체의 관련을 갖지 못한 채 밖에 머물고 있습니다. 육체를 사용할 수가 없기 때문에 미쳐 버린 것입니다. 우리들이 그 사람의 육체와 에테르체에서, 아스트랄체와 자아로 눈을 돌릴 수 있다면, 그가 누구이며 왜 그런 생활방식을 하는지 이해하게 될 것입니다.

그런 사람을 어렸을 때 우리들이 받아들이게 되었다고 생각해 봅시다. 우리들은 그 아이의 육체와 에테르체에 관계를 가지려고 끊임없이 시도하지만 그때마다 실패합니다. 그것은 그림으로 나타내면, 여기에 그 아이의 육체와 에테르체가 있습니다(그림 6). 그리고 그 속에는 충분한 준비도 없이 형성된, 정상이 아닌 기관이 존재합니다. 아스트랄체와 자아가 그 속에 들어가려고 합니다. 이르는 곳마다 들어가려 하지만 정상적인 방법으로는 들어갈 수가 없고, 들어가더라도 그때마다 고생을 해야 합니다.

예를 들면, 간장과 위 속에 들어가기 위해 그때마다 아스트랄체와 자아가 고생합니다. 이 고생이 심해지면 독특한 방법으로 이상한 리듬이 생깁니다. 고생의 결과, 자아는 순간적으로 강해졌다가 다시 한 번 약해집니다. 어떤 때는 강한 간장과 위의 감정을 가지지만, 그것이 의식되기 전에 이미 약화된 간장과 위의 감정을 가지게 됩니다. 이렇듯 항상 추처럼 강화된 감정과 약화된 감정 사이를 왔다갔다합니다. 그 결과, 정상적인 방법으로 자신의 신체를 사용할 수 없게 됩니다. 왜냐하면, 신체를 사용하는 데에는 이상한 리듬 없이 아스트랄체와 자아가 안정된 상태로 개개의 기관으로 들어가야 하기 때문입니다. 그러나 어떻게 이러한 사항을 이해할 수 있게 될까요? 거의 다음과 같은 방법으로 그 경과전체를 통찰해야만 합니다.

대단히 머리가 좋은 사람이 있었습니다. 그는 시계 수리 따위의 일은 해본 적이 없는데, 어느날 멈춰 버린 시계를 수리해야 했습니다. 그러나 그는 시계를 고치는 대신 완전히 부숴버렸습니다. 머리 좋은 사람에게도 이러한 일은 일어납니다. 머리가 나빠서가 아니라 일의 발생 가능성을 꿰뚫어 보지 못했기 때문에 그러한 실패를 한 것입니다.

마찬가지로, 영계에서 지상으로 내려올 때 한 천재적인 인물이 그 천재성에도 불구하고 몸을 받는 일〔受肉〕에 실패해 버리는 일이 있습니다. 다만 그 실패라는 것이 단기간에 일어나는 것이 아닌, 생애 전체에 걸친 것이지만 말이죠. 그래서 소위 광기狂氣로 나타나는 모든 사항을 애정을 가지고 세밀하게 주시해야 합니다. 그리고 심리묘사나 혼의 영위에 관한 단순한 증후기술을 넘어서, 이 광기 속에 작용하는 카르마와 그 생활과의 결합에 주목하십시오. 그와 같은 경우의 생활 상황은 믿기 어려울 정도로 매우 흥미롭습니다. 그때 필요한 것은 객관적인 방법으로 관찰하는 일입니다. 그러면 광기에 깊은 관심을 기울일 수 있습니다.

광기는 최고의 예지叡智가 일그러진 모상模像입니다. 영계가 스스로 열어 준 그 문은 단지 입구가 일그러진 모양을 하고 있습니다. 우리들이 그것을 과장되지 않게 깊고 내적인 방법으로, 이상異常한 혼의 상태를 흥미로워하면 할수록 그 문은 열립니다. 이상함이 육체와 에테르체를 받아들일 때 위에서 말한 리듬이 나타납니다. 그것은 아스트랄체와 자아가 격하게 작용하여, 육체와 에테르체가 강하게 받아들여져 극복되었다가, 다시 약하게 되는 것에 의해 나타납니다. 이렇게 해서, 강한 간섭과 약한 간섭의 리듬으로서 나타나는 것에 깊은 애정을 갖고 접하면 후에 이 리듬은 극복됩니다. 그래서 보통의 경우보다 훨씬 집중적인 방법으로 간장과 위가 받아들여진 후에, 그러한 광인狂人 속에서 행위의 천재天才가 나타나는 것이 가능한 것입니다. 만약 교육자가 그와 같은 접근방법을 취하지 않는 경우, 이 문제는 죽음과 재생의 사이에서 해결될 때까지 방치됩니다.

오컬트 생리학의 필요성

부디, 생각해 보십시오. 장애가 있는 어린이를 교육한다고 하는 일은 매우 중대한 일입니다. 장애가 있는 어린이를 잘못 교육했을 경우, 그 어린이가 다시 지상에 태어날 때까지 기다려야만 하는 일을 행하는 것입니다. 그 정도로 깊게 어린이의 카르마(Karma, 業)에 관계합니다. 이것을 잘 인식해야 합니다. 장애가 있는 아이의 교육은 어떻게 접근하든지 그 아이의 카르마에 간섭하는 것을 의미합니다. 그리고 당연한 말이지만 간섭해야만 합니다. 카르마에 대한 간섭을 바르게 행하려면 어떤 종류의 사항이 극복되어야 합니다.

어떤 종류의 사항을 극복한다고 하는 것에 대해서, 이곳에도 참가하고 브레스라우에서의 농법강연회[1]에도 참가했던 사람들은 하나의 예를 체험했습니다. 그것을 여기서 말씀드리고 싶습니다. 그것은 이러한 사항에 대한 바른 사고방식을 보여줄 것입니다. 나는 브레스라우의 농법강의에서 바른 농법을 위한 약간의 원칙을 거론했습니다. 그 연속강의에는 전부터 인지학협회 회원인 농업가 한 사람이 참가하고 있었습니다. 그런데 그는 일정한 감정에서 벗어나지 못하고, 강연 도중이나

1 1924년 6월 7일부터 16일까지 카이자링백작 가의 소유인 고벨비츠 농원에서 열린 '생물학적 역동적 농법'을 위한 강연.

논의할 적에 항상 다음과 같이 주장하곤 했습니다.

"그렇지만 그런 일은 오컬트적 수단을 일상생활에 이용하는 것입니다. 그런 일은 도덕적 관점에서 지나친 행위가 아닐까요? 이기적인 방법으로 이용하는 것은 아닐까요?"

이 사람은 이러한 소심한 태도 때문에 앞으로 나아갈 수 없었습니다. 오컬트적 사항을 이용하는 것을 흑마술黑魔術로 여긴 것입니다. 물론 취급하는 방법에 따라 그것은 흑마술이 될 수도 있습니다. 그래서 나는 그 기회에 확실하게 다음과 같이 말했습니다.

"분명, 어떤 사항에서도 도덕이 존재하지 않으면 안 됩니다. 이 강연에 참가한 사람들도 도덕적으로 사회에 봉사하고, 농업의 발전에 기여하려 한다고 생각합니다. 그러므로 이 농법을 행하는 동료들 역시 도덕적인 동료이어야 하고, 그 바른 이용을 의무로서 알고 해나가야 합니다. 신神들도 초자연적인 비술秘術을 행사합니다. 백마술白魔術과 흑마술黑魔術은 차이점은 오직 이점에 있습니다. 백마술은 도덕적인 무사無私의 태도를 취하고, 흑마술은 부도덕하고 이기적인 태도를 취합니다. 그 외의 다른 구별은 없습니다."

장애가 있는 어린이들을 교육할 때도, 경우에 따라 그러한 적용이 불가피할 때가 있습니다. 그렇지 않으면, 어떠한 문제제기도 단지 잔소리가 되어버리고 맙니다. 중요한 것은 책임감을 강하게 갖는 일입니다.

사랑하는 여러분, 오늘의 시대상황 속에서 만약 우리가 좀더 강한 책임감을 갖는다면 보다 많은 일을 할 수 있을 것입니다. 이점을 여러분에게 분명히 말해두고 싶습니다. 그러나 불행히도 우리들의 시대는 양심적인 태도가 그다지 육성되어 있지 않기 때문에, 진정 그런 이유로 많은 것에 대해서 침묵할 수밖에 없는 것입니다. 그러나 무엇인가 할 수 있는 일이 있으면 사람들은 그것을 하려고 합니다. 무언가를 하고자 하는 욕구를 사람들은 가지고 있는 것입니다.

그러나 정말로 새로운 행위가 문제가 되어 지금까지 있었던 충동을 계속하는 것이 아니라, 새로운 충동을 영계에서 가져와야 할 경우에는, 책임감과 양심적인 태도가 요구됩니다. 문제의 본질이 어디에 있는지를 알 때 비로소 책임감이 강해지고 양심적인 태도가 촉진되는 것입니다.

교육은 죽음과 새로운 생生 사이에 일어나는 카르마와 깊은 관계를 갖는 일입니다. 이점을 반드시 알아야 합니다. 장애가 있는 어린이를 교육한다는 것은 미래의 신들이 할 작업을 현재의 우리가 미리 하는 것입니다. 이것을 이론으로만 받아들이지 말고 마음속에 확실하게 작용시킨다면, 우리는 항상, 지금 하지 않으면 안 되는 일을 하고 있는 것인가, 아니면 소홀히 하고 있는 것인가를 결단해야 할 것입니다. 잊어서는 안될 것은, 영적 충동에 의한 어떠한 발걸음도 좌우로 눈을 돌리면서 내적인 용기를 내어 새로운 결단을 재촉하는 것입니다.

사실 지상의 일상생활은 이러한 내적인 용기가 없어도 살아갈 수 있습니다. 그 생활에 익숙해져 있는 것만 행하면 되니까요. 그 속에는 이미 있는 기준만 의지해도 살아갈 수 있으므로 새로운 견해 따위는 필요하지 않습니다. 물질세계에서 영위되는 생활이라면 그것으로 족합니다. 그러나 영적인 충동에 촉진되어 살 때에는 매일, 매시간, 결단 앞에 세워지는 것을 느낍니다.

어떤 행위도 그것을 행할 수도 있고, 행하지 않을 수도 있고, 또는 완전히 중립적인 태도를 취할 수도 있으므로 어떤 방향을 선택하면 좋을까라는 결단 앞에 항시 우리는 서게 됩니다. 그리고 그러한 결단의 때에는, 정말로 내적인 용기가 필요한 것입니다.

명상

우리들의 문제인 교육 분야에서 무언가를 행하려고 할 때에 이것은 더욱 필요한 조건입니다. 문제의 중요성을 충분히 인식하고, '너는 언젠가 그 아이가 죽은 후에 신들이 행할 일을 현재 하려는 것이다.'라고 느낄 때에만 우리들은 눈을 뜰 수 있습니다. 이것을 의식하는 것은 대단히 큰 의미가 있는 것입니다.

이것을 명상을 통해서 받아들이십시오. 그렇게 명상하는 일이 가능하다는 것은 큰 의미를 지닙니다. 하루하루의 기도처럼 매일 그것을 명상할 때, 장애를 가진 어린이를 바르게 대하는 데 필요한 아스트랄체의 바람직한 상태를 우리들 속에 만들어줍니다.

여러분들이 자신을 그와 같이 만들어가야 한다고 믿게 되었을 때 비로소, 우리는 본격적으로 이야기할 수 있습니다. 지금까지는 서론에 불과합니다. 부디, 이 점을 진지하게 생각해 보시기 바랍니다. 우리들이 여기서 언급한 과제에 관련을 가지고 살아갈 작정이라면, 마음의 준비를 하는 일이 가장 중요합니다.

HEILPADAGOGISCHER KURS

제3강

지각장애와 간질

_ 에테르체의 불규칙한 현상
_ 자아와 아스트랄체
_ 자각시의 자아와 아스트랄체는
육체와 에테르체에 어떻게 결합되는가
_ 아스트랄체와 지각체험
_ 지각장애와 간질
_ 간질성 경련의 원인
_ 간질에 필요한 처치
_ 치료교육과 의료
_ 도벽

에테르체의 불규칙한 현상

사랑하는 여러분, 우리는 건강하지 않은 어린이의 에테르체가 육체, 아스트랄체, 자아 등과 상호 어떤 관계를 갖는지 말해왔습니다. 어제는 우주에테르체에 존재하는 사고내용이 적합하지 않은 방법으로 에테르체와 결합했을 경우, 이상한 방법으로 형성된다고 이야기했습니다. 그 결과 여러 곳에서 장애가 나타납니다. 이제부터 그것에 대해 구체적으로 생각해 보고자 합니다.

어떤 혼魂의 기분만을 교육현장에 가져올 수 있다면, 방법론적인 것은 개개의 어린이의 개성에 따라 그때마다 발견할 수 있다고 확신할 수 있습니다. 그러나 우리들은 사전에 필요한 지식을 익혀두어야 합니다. 먼저 우리가 알아야 할 것은, 오늘날의 정신병리학의 방법으로는 소위 정신병에 관해 무엇도 정확히 알 수 없다는 사실을 깨닫는 일입니다. 병의 본질을 인식할 수 있다면 각각의 치료법도 발견될 것입니다. 그러므로 각각의 경우에 필요한 처방을 외우려 하기보다, 원칙적으로 바른 병리학에 의한 올바른 진단이 자연스레 치료법을 알려주리라 생각하는 일이 더 절실합니다.

그러나 성인의 정신병은 여러가지 이유에서 완치가 곤란합니다. 가령, 영학靈學의 관점이 도입된다 해도, 적어도 극히 곤란한 상황을 통과하지 않으면 완전한 치료는 기대할 수 없습니다. 완치를 위해서는 성인 정신병자만을 위한 요양소Sanatorium가 필요하며, 그곳에서라면 설령 중환자라도 완치될 수 있을 것입니다.

제가 여기서 언급하려고 하는 것은, 특히 어린이 환자에 관한 것입니다. 어린이의 경우엔 바른 교육적 조치로도 충분한 성과를 거둘 수가 있습니다. 어른의 간질병은 가장 치료하기 어려운 병이지만, 유아기의 경우라면 차도가 있거나 나아가 완치될 가능성도 충분히 있습니다. 다만, 상황의 본질을 정확히 볼 수 있어야 합니다. 우리들이 이행의 원칙, 근본을 통찰하고 행동으로 옮겨간다는 원칙을 배울 수 있다면 각각에 필요한 지침을 발견할 수 있습니다. 그러므로 우리들은 먼저 병의 근저根底에 무엇이 존재하는지를 알아야 합니다.

오늘의 정신병리학이 이 근저를 캐지 못하는 이유는, 자아조직이나 아스트랄체의 존재를 꿈에도 생각하려 하지 않는 데 있습니다. 에테르체의 개념조차도 오늘날까지 계속 부정되어 왔습니다. 명칭에 구애될 생각은 없지만, 한스 드리슈[1] 같은 사람들이 그것과 닮은 개념에 대해 이론적으로 말할 때에도 에테르체를 인식하고 있는 것은 아닙니다. 그들조차 에테르체를 인정하는 것을 두려워하고 있습니다. 그러나 이미 오늘날의 과학은 물질적인 것에서 출발하여 유기적·에테르적인 것을 인식하기에 이르렀습니다.

오늘날, 아스트랄체와 자아조직에 대한 몰이해로 알 수 없게 된 중요한 문제점은 다음과 같습니다. 먼저 육체와 에테르체의 관련을 생각해 봅시다. 그것은 수태에서 죽음에 이르는 전 생애를 통해서 계속 유지됩니다. 왜냐하면, 자고 있을 때에도 그것은 유지되고 있으니까요. 한편, 아스트랄체와 자아조직과의 관련은 자고 있을 때에는 중단됩니다.

---

1 1867~1941. 철학자이며 동물학자. 뮌헨대학 교수.《유기적인 것의 철학》으로 신생기론을 확립하다. 심령과학에도 정통하여 현재 재평가되고 있다.

원래 소위 정신병의 본질을 바르게 통찰하려면, 각성시의 자아조직과 아스트랄체와 육체, 그리고 에테르체가 어떻게 관계하는지를 알고 있어야 합니다. 정신병에 대해 생각하기 위해서는 이 상호관계를 이해하는 것이 중요합니다. 인지학을 배우는 사람들도 인간이 잠에서 깨어날 때, 아스트랄체와 자아조직이 육체와 에테르체 속으로 들어간다고 믿고 있습니다. 마치 수소와 산소가 결합하는 것처럼 말입니다. 그것은 본래 엄밀한 개념규정을 하는 인지학이 그렇게 가르쳐서가 아니라, 사람들이 낡은 사고습관을 가지고 있기 때문입니다. 사실은 그러한 상태를 하고 있지 않습니다. 영학의 관점에서 보면 이렇습니다(그림 7).

여기에 육체가 있고, 에테르체가 있습니다. 아스트랄체와 자아조직이 그 속으로 들어갑니다. 그렇지만 그 이행 즉, 아스트랄체와 자아조직이 육체와 에테르체를 받아들이는 과정이 전부는 아닙니다. 그때 인간생활에 있어 매우 중요한 또 다른 사실도 시작됩니다.

자아와 아스트랄체

우선 자아조직에 대해 문제삼아 봅시다. 잠에서 깨어날 때 자아는 에테르체와 육체를 받아들이는 동시에 체내에 있어서 외계의 작용도 받아들입니다. 다음과 같은 방법으로 자아는 중력과 관계합니다(그림 8).

잠이 깨어 기상할 때, 우리들은 중력에 반해서 그대로 일어납니다. 이 중력에 대해서는 두 가지의 사고방식이 있습니다. 하나는 자아가 육체를 받아들이려 할 때의 방법입니다. 잠에서 깨어나 자아가 육체를 받아들이려 할 때, 육체는 지구의 중력에 따르고 있으므로 자아는 간접적으로 물질계의 중력과 관계를 갖게 됩니다. 내가 손으로 책을 집을 때, 책의 무게를 통해서 간접적으로 중력과 관계를 갖는 이치입니다. 그러나 이것은 틀린 사고입니다.

또 하나의 사고방식은 다음과 같습니다. 자아가 육체 속으로 들어감으로써 육체는 중력을 잃게 되지만, 잠이 깨어 바로 설 때 우리의 의식에 있어서, 자아에 있어서, 그리고 자아조직의 신체형식인 열유기체에 있어서 중력은 극복되어 있는 것입니다. 이때 자아는 중력과 직접 관계하고 육체를 중력으로부터 차단하는 것입니다. 이점이 중요합니다. 여러분이 걸을 때, 여러분의 자아조직은 지구의 중력 속에 몸을 두지만 육체에 묻혀 관계하는 것이 아니라, 대지의 힘에 직접 관계하는 것입니다.

자아조직自我組織	지地
	수水
	풍風
아스트랄체 ———	열熱 ———
	광光
	화학작용化學作用
	생명生命

자각시의 자아와 아스트랄체는 육체와 에테르체에 어떻게 결합되는가

에테르체도 마찬가지입니다. 에테르체도 여러 가지 물리적 힘과 연결되어 있습니다. 그러한 예를 들어보겠습니다. 종종 참고로 말하는 것이지만, 인간이 대지를 걸을 때 매우 강한 부양력을 이용하고 있습니다. 우리들의 뇌의 무게는 평균 1,500그램인데, 이 무게가 뇌의 밑으로 흐르는 가느다란 혈관을 압박한다면 언젠가는 혈관이 터질 것입니다. 그러나 뇌는 혈관을 압박하지 않고 뇌수에 의해 부양작용을 받습니다. 뇌는 자신이 배제한 물의 무게만큼 무게를 덥니다. 이 배제된 물의 무게는, 뇌 자신의 무게보다 약 20그램 정도 가벼우므로, 뇌는 불과 20그램의 무게로 혈관을 누를 뿐입니다.

무거운 뇌가 부양력에 의해 그 무게를 경감시키고 있지만, 원래 우리들은 이 부양력 속에 살고 있는 것입니다. 우리들의 에테르체도 그 속에 살고 있습니다. 그러므로 우리들의 자아조직이 에테르체 속으로 들어갈 때도 이 자아조직은 부양력 속에 직접 있는 것입니다.

우리들 인간은 지구 위의 모든 힘 모든 물질계의 작용력과 관계합니다. 그것도 간접적으로가 아닌, 직접적으로 말입니다. 그렇다면 우리들의 자아조직은 지구상의 무엇과 관계할까요?

첫째, 인력, 즉 지상적인 것과 관계합니다. 사실 물리학자가 물질소재라고 이름 붙인 것은 존재하지 않고, 단지 물질의 힘만이 존재하는 것입니다. 물질의 힘이란 중력뿐만 아니라 전력이나 자력 등도 포함됩니다. 정상인의 각성시의 자아의식은 이 모두의 힘과 직접 관계하며 그 속에서 생활합니다. 지구의 모든 것은 이것들의 힘입니다. 자아조직은 물(水)로써 개괄되는 모든 것, 즉 균형상태를 만들어내는 모든 힘과 직접 결합되어 있습니다. 또한, 물리학에서는 일반적인 역학 이외에 유체역학流體力學, 기체역학이 있는데, 그것은 물의 균형과정이나 대기중의 기상과정이 각각 독자적으로 작용을 나타내고 있기 때문에, 기체의 모든 것과도 자아조직은 직접 결합되어 있습니다. 게다가 물질계에서 작용하는 열의 힘과도 직접 연결되어 있습니다.

나는 '열'에 선을 그었는데, 그것은 열의 작용이 물질계와 에테르계 양쪽에 그 영향을 미치고 있기 때문입니다. 우리들이 잠에서 깨면, 영적 존재인 자아조직은 자신을 지상의 힘의 세계 속으로 옮겨집니다. 그때의 관계 방식은 물질적이지 않고 비술적秘術的입니다. 다만 그 관계는 공간적으로밖에 성립되지 않습니다. 우리들의 신체조직이 공간적으로 제한을 받기 때문입니다. 자아조직이 지상계와 갖는 관계방식이 물질적이지 않고 비술적秘術的이라는 것을 이해하기 시작하면 여러분은 상당히 많은 것을 얻은 것입니다.

아스트랄체에 대해 말하자면, 아스트랄체도 또한 각성시에는 에테르체뿐만 아니라 다른 종류의 힘과도 관계합니다. 열의 힘과 관계하는데 일부는 신체기관에, 나머지 일부는 에테르기관에 작용합니다. 아스트랄체는 빛의 힘과도 직접 관계합니다. 영학에 있어서 빛은 오늘의 물리학이 이해하고 있는 것과는 다릅니다. 지금 이론적인 문제를 논할 작정은 아니지만, 우리들의 주위세계를 비추어내고 그것을 지각할 수 있도록 해주는 빛의 근저에는 에테르의 작용이 존재하고 있습니다. 빛은 에테르의 힘입니다.

아스트랄체와 지각체험

오늘날의 과학은 빛의 본질을 이미 해명했다고 생각하고 있지만 영학의 관점에서 보면 그렇지 않습니다. 예를 들면 음향지각의 빛이라고 하는 것처럼, 다른 지각내용의 근저에도 빛이 있습니다. 음音의 지각에 관해서, 오늘의 물리학은 음향의 외적대응물로서 공기의 진동을 문제 삼지만, 공기의 진동은 음의 단순한 매체에 지나지 않습니다. 진정한 음은 에테르의 작용이며 공기의 진동은 그 에테르의 진동의 결과에 불과합니다. 빛은 냄새의 지각 속에도 작용하고 있습니다. 요컨대 모든 지각에는 오늘날의 물리학이 빛이라고 부르고 있는 것보다 훨씬 보편적인 '빛'이 그 근저에 있는 것입니다. 빛을 이와 같이 말하는 것은 확실히 사람들을 혼란시키는 일일 것입니다. 그러나 12~13세기까지의 영학은 빛에 대하여 이와 같은 사고방식을 가지고 있었습니다. 그 후에 빛에 대한 이해가 달라져 다른 해석을 시도하게끔 된 것인데, 그것은 더욱 불완전한 해석이었습니다.

그러므로 12세기 이후에 씌어진 연금술의 서적은 이해하기 어렵습니다. 여러분에게 빛을 이렇게 광의로 해석하는 일은 중요합니다. 왜냐하면, 아스트랄체는 에테르체를 통하지 않고 이러한 빛과 직접 관계를 갖기 때문입니다. 아스트랄체는 지상의 모든 지각내용과 직접 관계합니다. 이것은 참으로 흥미 있는 사실입니다.

밖으론 빛이 에테르로 작용하고 우리들의 내부에는 에테르체가 작용하고 있습니다. 밖의 빛이 내부의 에테르체에 작용을 미칩니다. 그러나 잠에서 깼을 때의 우리들은 내부의 빛뿐만 아니라 외부의 빛에까지 관계를 넓혀갑니다. 화학작용에서도 마찬가지입니다. 잠에서 깼을 때의 우리들은 외부세계에서의 화학작용에까지 직접 관계되어 있습니다. 이점은 매우 중요합니다. 왜냐하면 그 말의 의미는, 깨어 있을 때의 인간이 일종의 우주적인 화학작용과 결합되어 있다는 뜻이기 때문입니다. 오늘의 몰생명적沒生命的인 과학은 고작 유기과학의 일부분밖에 모르고, 보편적인 우주의 과학 작용에 대해서는 전혀 모르고 있습니다. 그러나 아침에 잠을 깬 우리들은 이와 같은 화학현상, 즉 화학 에테르의 작용에 관계합니다. 또한 보편적인 우주생명, 즉 생명에테르의 작용에도 결합해 갑니다. 모두 직접적으로 말입니다.[1]

지금 내가 여러분에게 그려 보인 것은, 우리들이 제1의 신체인 육체에서 점차 제2의 신체인 에테르체를 만들고, 그 위에 제3의 신체인 아스트랄체를 만들 때에 필요한 사항입니다. 그것은 우리들이 자기 자신의 내부로 침잠해 자기 존재의 깊은 곳에서 지상적·우주적인 원동력에까지 닿는 것을 의미합니다. 그렇게 할 수 있었을 때 인간은 자기 자신을 통하여 우주를 인식할 수 있게 됩니다. 오늘의 과학은 단지 하나의 분야에서만 이 사실이 밝혀져 있습니다. 그 분야란 바로 눈의 조직입니다.

물리학자처럼 안구眼球를 물리장치, 물리기구로 생각해 봅시다. 눈을 이해하려는 사람은 렌즈에 의한 빛의 굴절, 객관적인 상像의 형성 등을 생각합니다. 물리적인 작용이 어떻게 해서 혼의 체험이 되는지에

---

1 슈타이너는 물질계를 고체(地), 액체(水), 기체(空) 및 열(火)의 4가지 상태로 구별하듯, 에테르계도 열熱 에테르, 빛(光) 에테르, 화학 에테르, 생명 에테르의 4가지 상태로 구별하고 있다.

대해서는 생각하려 하지 않습니다. 다만 그 사고 방식 전체에는 매우 흥미가 있습니다. 이와 같은 방법으로 물리학적으로 생각해 가면 전체의 구도는 얻어지지만, 더 이상 앞으로 나아갈 수는 없게 됩니다.

사람들은 뇌를 통해서 혼의 영역으로 들어가려 합니다. 부디 그때 우스꽝스러운 철학고찰의 제자리 맴도는 논쟁들을 보기 바랍니다. 정신물리적 병행론이라든가 상호 작용론이라든가 하는 흥미 있는, 그러나 근본적으로는 정말 어처구니없는 이론들을 말입니다. 실제로는 눈의 내부에서는 자아조직과 아스트랄체가 물리적인 모든 현상 속에 직접 작용을 해 물질적인 것을 인식하는 것입니다. 눈의 경우야말로 사실을 정확히 파악하는 데 가장 용이합니다. 왜냐하면 눈이라는 기관은 독특한 방식으로 다른 신체 부분과 독립해 있기 때문입니다. 눈은 태아의 발달과정에서 외부로부터 만들어 넣어졌습니다. 눈은 그와 같이 만들어졌는데, 인간의 모든 것도 그렇게 이해할 수 있습니다.

우리들은 인간전체를 내적·물리적으로, 또는 영적·물리적으로, 일종의 '눈眼'으로서 이해할 수 있습니다. 그렇게 하면, 지상의 모든 힘이 가해져서 언뜻 보아서는 파악하기 어려운 빛의 모든 힘까지도 인간 속에서 발견할 수가 있을 것입니다. 본래 외부로부터 인간 속에 들어 온 이 에테르의 '빛'은 자아조직과 아스트랄체가 직접 받아들여 물리적으로 구성됩니다. 우리들은 이것을 인식할 수 있어야만 합니다.

그러나 이 문제에 장애가 있는 상태는 어떤 것일까요? 그 경우 어딘가 특정한 기관이 정상으로 작용하지 않고, 그 때문에 외부세계와의 이상以上과 같은 결합을 직접 발견할 수 없게 됩니다. 어느 한 기관이 방해를 하고 있고, 이 기관 때문에 외계와 직접 결합되지 않은 것입니다. 그러한 경우 어떤 일이 생길까요? 폐를 예로 들어 보겠습니다(그림 9).

지각장애와 간질

잠에서 깨어났을 때, 인간의 자아와 아스트랄체가 외부세계外界와 결합하지 않는 방식으로 폐는 체내에 편입됩니다. 잠에서 깨어났을 때 자아와 아스트랄체가 폐 속으로 들어갈 수는 있어도, 외계에까지는 나올 수 없도록 무엇인가가 수면중에 폐를 그렇게 만듭니다. 자아와 아스트랄체는 폐 속에 밀어 넣어져 있지만, 그곳에서 나올 수는 없습니다. 건강한 상태라면, 인간의 아스트랄체는 체내로 들어갔다가, 다시 한 번 외부세계의 모든 방향으로 나갑니다. 폐는 단지, 그 이행을 중개할 수 있어야 합니다. 그런데 지금, 폐가 인간이 잠에서 깨어났는데도 아스트랄체와 자아를 단단히 붙잡고 떨어지지 않습니다. 불행한 일로 이 상태에서도 인간은 잠에서 깨어나 버립니다.

잠에서 깨어날 때, 폐 속에 특별한 화학작용에 의한 에테르 소재의 침윤이 일어납니다. 폐에 대하여 특별한 친화력을 가진 에테르 소재가 폐를 채우게 됩니다. 그리하면 폐는 자극을 받아, 그 결과 인간이 잠에서 깨어납니다. 그러나 잠을 깨도 의식을 얻을 수는 없습니다. 의식을 얻기 위해서는 외부세계로 나가야만 합니다.

자아와 아스트랄체가 외계로 나갔을 때 인간은 비로소 의식을 얻습니다. 자아와 아스트랄체가 들어왔을 때 인간은 잠에서 깨어나고, 밖으로 나가있을 때 의식을 얻습니다. 체내에 그대로 머물러 있으면 건강한 방식으로 의식을 잃고 있는 잠이, 병적인 무의식상태로 변하게 됩니다. 즉, 잠이 깨어 있어도 의식을 획득할 수 없는 상태에 머무는 것입니다.

이제 우리들은 간질병 환자의 내면 상태를 말할 수 있습니다. 간질은 특히 어린이 시기에는 지금 말한 것과 같은 상태를 하고 있습니다. 간질병의 본래의 문제는 여기에 있는 것입니다.

간질성 경련의 원인

간질병 환자의 경우, 그 자아조직과 아스트랄체가 육체와 에테르체 속으로 침잠하는 것은 가능하지만, 다시 물질계로 나가지 못한 채 안에 꼼짝없이 갇혀 있는 것입니다. 생각해 보십시오. 아스트랄체가 폐 속에 들어가 거기서 갇혀버려 두 번 다시 나갈 수 없게 되었을 때 어떠한 상태가 되겠습니까. 아스트랄체는 폐의 표면에 눌려 붙여져, 막혀져 있습니다. 자아조직도 거기에 갇혀 막혀 있습니다.

그것은 경련이나 발작의 형태로 나타납니다. 경련이 일어날 때마다, 어느 기관 내에 막혀있는 상태가 일어나고 있는 것입니다. 이 막혀져 있는 상태는 특히 뇌의 부분에 해당하지만, 뇌의 그 상태는 간장이나 폐의 울적鬱積함의 단순한 반영이나 약해진 모상模像에 지나지 않습니다. 경련이 있을 때는 반드시 자아와 아스트랄체의 울적이 어느 기관의 내부에 인지되는 것입니다. 바로 그곳에 단순히 외적으로 기술해온 간질성 경련의 원인이 있는 것입니다.

육체와 에테르체에서 자아와 아스트랄체로까지 눈을 돌리지 않는

한, 이러한 경련의 원인을 알거나 그 내용을 제대로 말하는 일은 불가능합니다. 기관 내에 아스트랄체와 자아조직이 심하게 밀어 넣어져 밖으로 나올 수 없는데, 밖을 향해서 무리하게 누르는, 말하자면 서로 누르기 시합을 하고 있는 것과 같습니다.

이상의 것을 이해한다면 여러분은 나아가 다음과 같이 물을 것입니다. "어린이에게 간질의 징후가 나타났을 때 나는 무엇을 해야 좋은가?"

그 징후는 경련을 동반하는 의식의 결여나, 지금부터 말하려는 대상代償 현상을 동반하고 있습니다. 그러한 경우, 우리들은 무엇을 할 수 있을까요?

간질에 필요한 처치

먼저, 그 의식장애가 어떤 유형의 간질병 환자에게 잘 일어나는 현기증의 발작을 동반하고 있는지 어떤지를 확인해야만 합니다.

어린이의 경우, 초기의 상태에 징후가 나타납니다. 의식의 결락缺落이 극히 짧은 대신에 현저한 현기증이 나타나는 경우에는, 자아조직과 아스트랄체가 균형력에 직접 관계하지 않습니다. 우선 그 아이의 자아조직과 아스트랄체가 균형력과 직접 관계하는가를 조사해야 합니다. 그와 같은 경우에는 체조나 오이리트미Eurythmie[1]를 시킵니다. 말하자

1 슈타이너에 의해 창시된 운동 예술로, 음악이나 언어를 신체의 움직임으로 표현하는 고유한 무답舞踏 예술. 그리이스어로 '조화된 리듬'을 의미한다. 이 명칭은 이미 19세기에는 무용 전체에 대한 미학용어로서 사용되었다. '보이는 음악 예술', '보이는 언어 예술'로 알려져 있다. — 역자 주

면, 아령(그림 10)과 같은 기구를 들게 해 균형감각을 기르는 연습을 시킵니다. 새 이가 나는 시기부터 사춘기까지의 어린이에게 좋습니다. 아령은 두 개의 무게가 같은 것을 줍니다.

여러분은 마치 약제사처럼 정확히 그 무게를 달아야 합니다. 그리고 이것을 사용해서 오이리트미나 체조를 어린이에게 하게 하면, 중요한 치료의 첫 걸음을 내디딘 것입니다.

다음엔 왼손에 오른손의 것보다도 가벼운 아령으로 다시 한 번 운동시키고, 그 다음 오른손에 왼손의 것보다 가벼운 아령을 들게 하여 운동시킵니다. 그리고나서 무거운 것을 한쪽 발에 달아서 어린이가 걸을 때 발에 끌어당기는 힘을 느끼게 해줍니다. 보통 보행시에는 그와 같은 힘을 느끼지 않습니다. 어린이의 자아조직이 그 힘을 느끼기 위해 발에 무언가를 매다는 것입니다. 다른 쪽 발에도 같은 것을 달아 어린이가 운동 중에 정신적으로 관계해갈 수 있게 합니다. 또 왼팔이나 오른팔을 뻗게 하고, 양팔을 동시에 뻗게 합니다. 게다가 한 발을 들고, 다른 한 발로만 서게 해 무게를 느끼게 해줍니다.

요컨대, 현기증의 발작이 나타난 어린이는 대지의 힘과 바르게 관계되어 있지 않으므로, 균형상태 유지를 위한 운동을 시키는 것입니다. 간질병이나 그와 유사한 증상을 보이는 어린이들을 다룰 때에는, 그밖에도 여러 가지 힘에 어린이를 관련 짓는 조치가 필요합니다.

지금까지의 경우에는 그와 같이 해나갈 수 있습니다. 특히 순환계에 장애가 있는 간질병 환자의 경우 그것은 좋은 결과를 가져올 것입니다. 위에서 말한 증상은 체액순환의 장애로부터 일어납니다. 그러므로 마비나 현기증을 수반하는 간질의 발작이 특별한 불쾌감과 결합되어 있을 때, 그것은 물의 요소와 정상적인 관계가 아님을 보여줍니다. 그러한 경우, 가능한 한 체내에 섭취하기 전에 미리 물의 요소를 어린이에게 의식시켜야 합니다. 먹거나 마시는 것을 잘 느낄 수 있도록 어린이에게 유의시키는 것이 많은 도움이 될 것입니다. 수영을 배우게 하는 것도 좋은 결과를 낳습니다. 수영연습은 간질병 환자에게 매우 좋은 치료 수단입니다. 단, 환자의 문제점을 완전히 통찰하고 있어야 합니다.

환자가 특별한 불쾌감 없이 의식의 혼미를 보일 때에는, 주의 깊게 호흡을 가다듬는 연습을 시켜 공기와의 결합관계를 만들어내는 것도 좋습니다. 열과의 바른 관계를 갖게 하는 것도 필요하므로, 간질병의 어린이에게는 평소에 열을 잘 느끼도록 해줍니다. 보통아이들도 추운 날씨에 무릎을 드러내고 반쯤은 벗고 돌아다니는 것은 상당히 좋지 않습니다. 그것은 위장을 자극해 노년기에 종종 위장염을 일으키는 원인이 됩니다. 단, 사람들은 그것을 이해하지 못합니다. 그러므로 그렇게 하는 것은, 간질이 있는 아이에게는 그야말로 독을 주는 것과 같은 행위로 됩니다.

간질병 어린이에게는 항상 땀이 날 정도로 옷을 입혀서 신체가 늘 어느 정도는 젖어 있는 상태로 해둡니다. 이것은 본래 치료 방법 중의 하나입니다. 오늘날 단련의 필요성을 이야기하면서, 어린이를 단련시켜 건강한 아이로 기르자고 합니다. 그러나 그 결과는 나이가 들면 햇살 따뜻한 날씨에도 추위를 타는 사람으로 만들어 버립니다. 여러분은 훌륭한 신사가 햇빛이 내려쬐는 광장을 무릎을 덜덜 떨면서 건너고 있는 것을 보신 적이 있으신지요. 그것이 오늘날 단련의 결과입니다.

치료교육과 의료

지금까지 우리가 문제삼아 온 것은 어린이 시기에 자아조직을 어떻게 하면 신체 속에 바르게 인도할 수 있는가 하는 것입니다. 여기엔 교육과 동시에 의사가 직접 관여해야만 하는 분야가 시작됩니다. 왜냐하면, 간질증상이 보여질 때에는 치료수단으로 약제를 이용해 문제를 해결할 필요가 생기기 때문입니다. 그러므로 약을 사용해서 문제해결을 하는 것을 두려워해서는 안 됩니다. 어린이에게 간질증상이 나타나 당연히 아스트랄체가 그 원인이 되었을 때, 즉 상부의 에테르체 때문에 아스트랄체가 외부세계로 나갈 수 없을 때에는, 우리들 자신이 어린이의 에테르 요소에 작용을 걸어야 합니다. 중요한 것은 우리들이 바른 길을 발견하는 것이지만, 그 전에 중요한 것은 먼저 아스트랄체가 그곳에 정말로 관계하고 있는가 어떤가를 인식하는 것입니다.

그렇다면 과연 아스트랄체가 관계하는지를 어떻게 알 수 있을까요? 많은 간질병의 어린이들을 관찰해온 사람은 서로 상반된 두 가지 상태를 구별할 것입니다. 하나는 어린이가 도덕적으로 아무 문제를 보이지 않는 경우입니다. 그 경우, 어린이는 사회적 요구에 따르는 일이 가능합니다. 그러나 또 한편으로는 도덕 습관에 따를 수가 없고, 발작시에 금방 폭력 행위를 보이는 어린이들도 있습니다. 예를 들면 실제 간질의 발작이 폭력행위의 가면을 쓰고서 나타날 때, 어린이는 종종 그 일을 아무것도 기억하지 못합니다. 그런 식으로 사회도덕에 결함이 나타날 때, 약을 사용하여 그 아이의 간질을 극복하게 할 수가 있습니다. 일반적으로 사용하는 약이나, 우리들이 처방한 유황과 카베라돈나와 같은 약을 바르게 사용해서 치료해야 합니다. 의학의 문제는 나중에 말할 예정이지만, 오늘은 교육적인 처치에서 의학적인 처치로 이행할 필요가 있는 경우만을 다루고자 합니다. 간질의 아이의 경우 특히 잊어서는 안될 것은, 사회 구성원으로서 좋은 관계가 유지되고 있을 때에는 외적인 처치는 피하고, 내적인 치료요법만 사용해야 한다는 것입니다.

여기서 문제가 되는 것은 간질의 증상이 계속해서 다른 증상으로 옮겨가는 경우입니다. 어제 나는, 본래의 사고내용이 틀리는 일은 없다고 말했습니다. 지금까지 계속 말해온 것은, 인간이 어떻게 그 사고내용을 자신 속에 짜 넣을 것인가에 대해서였습니다. 예를 들면 아스트랄체가 폐 속에서 막혀 버리는 것은 폐의 사고내용이 폐 속에 바르게 넣어지지 않았기 때문입니다. 즉 결함이 있는 사고내용이란 그 같은 경우에 생깁니다.

우리들이 하강할 때에 유기체를 바르게 지배하지 못하고, 다시 한 번 그것을 재형성할 수 없는 경우에 그와 같은 사고의 결락이 생깁니다. 우리들은 전생의 지상생활에서 의지의 요소도 현생現生에 가져옵니다. 의지는 각각의 기관에 분배되어 있습니다. 원래 바른 사고내용은, 단지 우리들의 신체에 의해 우리들 속에 왜곡되어 나타날 뿐입니다. 그 결과 신체기관도 또한 왜곡되어 자라고, 의지 역시 지상에 수육

受肉될 때 본래의 올바른 상태를 유지할 수가 없습니다. 의지는 완전히 불확실한 상태로 와, 사고조직 속에서 육성됩니다. 사고는 이 세상의 어디에서도 결코 틀려 있지 않지만, 의지는 인간이 작용을 걸어야만 본연의 바른 상태로 있을 수가 있습니다. 그러므로 이 세상에 올 때는 바르지 않은 의지계통을 가져오는 것입니다. 그 결과 우리들은 수육受肉에 즈음하여 도덕성을 안고 내려올 수가 없습니다. 우리들은 도덕성을 조금씩 스스로 획득해가야만 합니다.

전세前世에서의 도덕성은 죽음과 새로운 탄생의 사이에, 우리들이 자신의 예지를 육성하는 데 몰두해 있는 동안 전부 사라져 버립니다. 우리들은 사회도덕을 지상생활 속에서 그때마다 새롭게 획득하지 않으면 안 됩니다. 바로 여기에 중요한 교육의 과제가 있습니다. 우리들은 영계로부터 도덕적이 아닌 상태에서 태어나기 때문에, 자신의 의지 속에 도덕감각을 발달시켜가야 합니다. 모든 기관 속으로 들어가는 의지를 위해 우리들은 도덕감각을 발달시켜야 하는 것입니다.

어린이가 언어를 습득할 때 도덕적인 행동이 어린이 속에 같이 흘러 들어갑니다. 그것은 매우 멋진 경관입니다. 그 경우에도 모방이 극히 내밀한 사항까지 관계하지만 주의를 기울일 필요가 있습니다. 왜냐하면 교육자나 부모가 어린이 앞에서 부도덕한 대화를 나눌 경우, 외적인 표현 형식이 아닌 언어의 부도덕한 내용이 어린이의 깊은 내부조직에 모방되기 때문입니다.

즉, 우리들은 외부세계와 관계를 가질 때 각각의 기관을 통해서가 아닌 신체조직 전체의 에워가는 길에 의해 만들어집니다. 그리고 그 경우의 축적은 의지가 밖으로 나올 수 없는 것에 의한 것입니다. 그것은 도덕적 결함이 되어 나타나며, 이로써 도덕적 결함의 내적 원인을 발견하게 됩니다. 즉, 이 지상으로 내려와 체내에 들어갔다가 다시 밖으로 나가야만 하는 것이, 신체조직 전체 속에서 막혀 버리는 것입니다. 본래 그것은 우리들 세계의 도덕기준을 습득하여 사회도덕을 살릴 수 있게 되어야만 하는 것이었습니다. 그러나 우리들의 영적·혼적 조직이 막혀 버려, 신체조직으로 들어가 자신을 충분히 발휘할 수 없을 때에는 결코 도덕적 태도는 취할 수 없게 됩니다.

이처럼 간질을 문제로 할 때에는 도덕 분야를 기준으로 삼는 것이 필요합니다. 이것을 바르게 인식해야만 합니다. 여러분은 내가 말한 현기증이나 혼미와 같은 징후에서 본래의 간질 증상을 진단해야 하지만, 나아가 도덕 분야의 결함을 인식하려 한다면 그와 같은 일과성一過性의 징후가 아닌 지속적으로 나타나는 징후를 생각해야 할 것입니다.

도덕상의 중요한 장해는 무엇에 의해 생기는 것일까요? 물론 모든 것은 카르마에 의해 결정되고 있습니다. 그때는 카르마에 의한 인간의 모양과 그 인간의 카르마적 환경, 이 두 가지가 문제됩니다.

그러나 만일 태아가 태내에서 압박되어 다른 신체부분에 비해서 뇌가 너무나 좁게 형성되었다고 합시다. 너무나 작은 형태로 발달한 뇌의 경우, 특히 7세부터 14세까지 중요한 도덕행동이 뇌로부터 방사될 때 그것에 의해 방해받아 막힙니다. 그리고 여기서 막혀 버린 것의 모상模像이 비장脾臟의 기능을 통해 나타납니다. 그 결과 어떻게 될까요?

이 울적鬱積의 결과는 도덕판단에 관해서 어린이의 내적인 공감을 발달시킬 수 없게 됩니다. 도덕에 대한 공감이 결여되는 것입니다. 색맹에게 색이 존재하지 않는 것처럼, 우리들의 일상회화나 지도 속에 작용하는 도덕행동이 어떤 어린이들에게는 결여되는 것입니다. 그것에 의해 어린이는 도덕맹道德盲이 되는데, 우리는 이 도덕맹을 제거해야 합니다. 우리들이 주의 깊은 태도를 취한다면, 외형의 비뚤어짐에서 드러나는 징후를 언제라도 발견할 수 있을 것입니다. 그리고 골상학骨相學에서 말하는 일반적인 사실과는 다른 많은 것들을 발견할 것입니다. 도덕적 결함을 판단하기 위해서는 우리들 개개인에 의해 진정한 골상학이 연구되어야만 합니다. 실제 카르마와 관계 있는 도덕적 결함은 무조건 육체조직이 비뚤어져 나타날 만큼 강하게 작용합니다.

이 분야에서야말로 치료교육상의 노력이 특히 중요합니다. 어제도 말했듯이 어떤 내적 용기와 결단력만 가진다면, 필요한 내적인 힘을 가질 수 있을 것입니다. 그를 위해서는 실제로 내적인 힘이 필요합니다. 나는 가끔, 내적인 힘에 의한 치료가 가능하다는 것을 한가지 예를 들어 설명해 왔습니다.

도벽

독일의 유명한 한 시인이 어느 날 골상학 전문가에게 자신을 보였습니다. 그는 이미 시인으로서 유명하였습니다. 그 골상학자는 여러 가지 재미있는 특징을 발견하였습니다. 그러다 어떤 부분을 조사했을 때, 그는 무엇을 발견했는지 돌연 얼굴이 파래지며 아무것도 이야기하려고 하지 않았습니다. 그때까지는 흥미있는 특징에 대하여 모두 이야기해 주었던 것입니다. 그러자 시인은 웃으며 다음과 같이 말했습니다. "나는 알고 있소. 당신은 나의 도벽을 발견했나보군요. 나는 도벽이 매우 심하지요." 골상학자는 바로 이 시인이 도벽광이 되었을지도 모른다는 것을 보았던 것입니다. 그러나 그 도벽은 시인 속에서 시작詩作에의 충동으로 변해 있었습니다.

이러한 사항은 처음부터 일반적인 행동방식으로 판단해서는 안 됩니다. 실제 인간의 특성은 두 가지의 방향으로 발전해 왔습니다. 사고나 표상의 방향, 그리고 의지의 방향입니다. 표상능력은 도둑과 같은, 그것도 완벽한 도둑처럼 되지 않으면 병이 들어 있다고 말할 수 있습니다. 표상이 무언가를 자기 것으로 하려고 할 때에는 거기에 도덕 문제가 개입될 필요는 없습니다. 오히려 모든 것을 자기 것으로 하려고 하는 감각이 필요합니다. 이것이 하나의 극極입니다.

표상은 모든 기회에 각 방면으로 손을 뻗어 무엇이든 잡아채려 하지 않으면, 간질이나 다른 무언가의 경향을 갖게 됩니다. 그렇지만 그러한 경향이 의지 속에 생기지는 않습니다. 의지조직은 억제되지 않으면 안 되고, 자신의 것과 타인의 것을 구별하는 감각을 가져야 합니다. 그리고 이 감각은 바로 외적·사회적인 생활 속에서 자랄 수 있는 것입니다.

생각해 보십시오. 동물은 인간보다 표상생활을 더욱 활발하게 영위하고 있습니다. 동물이 전신 속에 모든 것을 손에 넣으려는 감각을 갖고 있지 않았다면 금방 굶어 죽어 버렸을 것입니다. 그러나 인간의 경우, 그것이 조직 속에까지 들어오는 것은 허용되지 않습니다. 그것은 내적인 표상생활 속에만 머물러 있어야 합니다. 뇌의 아스트랄체 침윤이 대사·지체계 속까지 스며들어 간다면, 표상활동 속에서만 존재하는 경향이 의지 속에도 나타나게 됩니다. 무엇이든 자기 것으로 해버리려고 하는 충동이 말입니다.

유아가 눈에 띄는 대로 모두 손에 쥐고 그것을 한곳에 모으려는 충동은 비교적 무해한 형태로 나타납니다. 물론 우리들은 끊임없이 자신의 이러한 충동을 극복하기 때문에 그다지 심한 형태로 나타나지는 않습니다. 그러나 그러한 성향을 항시 갖고 있다는 것을 잊어서는 안 됩니다. 어린이의 경우에도 보통때는 타인의 물건을 허락 없이 가져오거나 하지 않습니다. 그런 일을 했다가는 꾸중을 듣기 때문이죠. 그러나 어린이가 타인의 물건을 챙기거나 모으거나 하는 경향을 가지고 있는지에 대해서는 주의 깊게 관찰해야 합니다. 그리고 병적인 증상으로 보이기 시작하는 때가 언제인지를 느껴 알아야 합니다. 일정한 한계를 넘었을 때 병적인 증상이 시작되는 것입니다.

우리들의 사회상식은 여러가지 것을 판단할 수 있지만, 과연 우리들이 어느 정도까지 물건을 모으는 것이 허용되는가는 판단할 수 없습니다. 우표를 많이 모으는 것은 하나의 취미 생활로 간주되어 허용됩니다. 그러나 그것을 어린이가 흉내내었을 때 어린이는 이 수집욕을 의지의 영역으로까지 확장시킵니다. 이러한 경우에는 주의 깊은 태도로 어린이를 지켜줘야 합니다.

어린이를 지켜보고 그저 적당한 태도가 아닌, 내적으로 활발한 태도로 어린이를 도덕적으로 교육하려고 해야 합니다. 도벽이라고 하는 카르마적인 결함에 대해서는 특히 중요한 태도입니다. 교육자는 마음을 가능한 한 활발히 해서 어린이에게 지금 행하고 있는 일이 인생에 있어서 얼마나 나쁜 결과를 초래하는지, 도둑질의 예를 이야기로 해서 몇 번이고 몇 번이고 반복해서 들려줘야 합니다. 이런 일은 어린이의 카르마 속에 매우 깊게 작용합니다.

이렇게 해서 치료교육이라는 입장에서 일할 수 있게 됩니다. 어떻게 하면 좋은가에 대해서는 우리들이 한 사람 한 사람, 개인적으로 어린이와 관계하면서 완전히 그곳에 마음을 기울인다면 치료교육 그 자체가 도덕적인 것이 됩니다. 도벽이 있는 아이는 모두, 상당히 흥미 있는 존재입니다. 표상의 작용이 손톱이나 발톱 끝까지 스며들어가 있기 때문입니다. 그러한 어린이를 교육하려 한다면 이러한 사실을 미리 알고 있어야 합니다. 이야기를 들려줄 때에 도벽이 있는 어린이라면 누구라도 즐겨 행하는 제스처를 해보이는 것도 경우에 따라서는 필요합니다. 우리들은 이 어린이들 속에 깊게 관여하여 훌륭한 인물의 이야기나 동화를 창작해서, 훔치는 일이 매우 나쁜 결과를 가져온다는 것을 가르치는 것입니다.

여러분, 이상의 사항을 잘 생각해 보시기 바랍니다. 우리는 도벽이 있는 아이도 여기에 데려올 생각입니다. 이 문제를 스스로 한층 더 생각해 가십시오. 그러면 진단을 통해서 치료까지 진행해 나갈 수 있을 것입니다.

HEILPADAGOGISCHER KURS

제4강

히스테리의 본질

_ 혼의 상처와 아픔의 본질
_ 야뇨증과 발한
_ 어린이의 히스테리증
_ 히스테리증의 어린이에 대한 교사의 대응
_ 깊은 관심이 최고의 자기 교육이다

혼의 상처와 아픔의 본질

사랑하는 여러분, 이번 강의에서 서론적인 고찰을 일단 마치고, 다음 강의부터는 개개 증상의 예로 실제적인 고찰에 들어가고자 합니다. 지금까지 우리는 혼의 병의 본질을 정말로 인식할 수 있다면 치료가 가능하다고 배웠습니다. 어른의 경우에는 현재 많은 치료상의 곤란이 가로 놓여져 있습니다. 우리들은 현재의 사회구조 속에서는 그들을 치료할 수 있는 조건을 채울 수가 없습니다. 이에 반해 어린이에게는 교육을 통해 많은 것을 해줄 수 있습니다. 그렇지만, 사랑하는 여러분, 혼魂의 병의 경우에는 다른 경우보다도 훨씬 심각한, 그리고 결정적인 의미에서 병 속의 카르마적인 관련을 문제삼지 않으면 안 됩니다.

그러므로 우리는 당연히 다음과 같이 물어야만 합니다. 굳이 말로 표현하지 않더라도, 무의식적으로라도 묻고 그리고 그 물음의 근저에 있는 사항을 느껴야 합니다. 그것은 '어디까지 회복할 수 있는 것일까?'라는 물음입니다.

우리들이 가능하게 할 수 있는 어떤 정도의 치료도, 환자에게 있어서는 하나의 기쁨입니다. 그러므로 카르마와 관련된 것이라 해서 되어가는 대로 맡길 수밖에 없다는 식은 안 됩니다. 외적인 사항에 대해서라면 그러한 태도를 취할 수도 있습니다. 그러나 인간의 내부에서 자유로이 흐르는 사고나 감정이나 행위에 관해서는 결코 그와 같은 태도를 취할 수는 없습니다. 왜냐하면, 카르마는 여러가지의 길을 갈 수도 있고 변화하는 일조차 있기 때문입니다. 카르마에 의해 채워져야 할 사항이 여러 방법으로 채워지기도 하기 때문입니다. 가끔 태교胎教가

문제가 됩니다만, 태아가 이 세상에 나와 호흡하게 되기까지는 오직 어머니의 교육이나 태도만이 문제가 됩니다. 신의 섭리에 간섭해야만 하는 것은 아니기 때문입니다. 오직 어머니 자신과 관계되는 사항만이 문제가 될 수 있는 것입니다.

그런데 어제 간질형의 정신병에 대해서처럼 구체적인 고찰을 행하려고 한다면, 어떻든 육체, 에테르체, 아스트랄체 및 자아조직을 문제삼지 않을 수 없습니다. 어린이의 간질병적, 간질성적인 소아병의 경우, 우리는 어딘가 기관에 있어서 아스트랄체와 자아조직의 울적이 문제인 것을 발견했습니다. 아스트랄체와 자아조직의 울적은 기관의 표면이 아닌 내부에 생깁니다. 기관 내부에 아스트랄체와 자아의 농축된 층이 생기면 그것이 경련의 발작을 일으킵니다. 실제 경련이 생길 때는 언제든지 다음과 같은 경과가 생깁니다. 여기에 하나의 기관이 있다고 합시다(그림 11). 그 속에는 에테르체가 들어 있습니다. 그 경우의 육체·에테르체는, 아스트랄체·자아에 대해서 완전히 특별한 관계에 놓여 있습니다.

우리는 누구나 무기적 자연의 소재상호의 결합방식에 대해 알고 있습니다. 화학의 가르침이 완전히 옳지는 않더라도 거기에는 일정한 관계가 존재합니다. 수소와 산소의 결합방식은 화학식이 명시하고 있는 대로입니다. 유산, 즉 H_2SO_4는 수소와 유황과 산소가 특정의 비율로 화합한 것입니다. 만약 이 결합관계가 변화하면 그것에 의해 생기는 화합물은 완전히 다른 성질을 나타냅니다. 개개의 원소는 같아도 그 결합방식이 다르면, 같은 수소와 유황과 산소가 아유산 H_2SO_3으로 되는 것입니다.

소위 건강한 인간의 경우에도 완전히 정해진 관계가 보여집니다. '소위'라고 말한 이유는 '건강인'이라는 호칭이 극히 소시민적이고 그 표현에 한계가 있기 때문입니다. 일정한 범위 안에서는 어떤 관계라도 자유입니다. 그러나 그 한계를 넘으면 이상한 병적 상태가 생깁니다. 물론 한계 그 자체에도 개인차가 있으므로 다음과 같이 말할 수 있습니다.

어떤 기관 속에 아스트랄체와 자아조직이 존재하고 있지만, 일정한 범위 이상 채울 수가 없고 또한 육체를 넘어서 넓히는 일이 불가능하다고 합시다. 그 아스트랄체와 자아는 기관 속에서 울적鬱積하고 그 기관의 내부에 과도하게 존재하기 때문에, 그 기관 자체가 아스트랄성을 감지하게 됩니다. 그러나 과도한 아스트랄 작용이 존재할 때에는 기관은 그것을 감지하지 못하고, 기관에 속해 있지 않은 아스트랄체와 자아조직이 그것을 감지합니다. 의식되지 않고, 단지 울적한 과도의 아스트랄 작용과 자아조직이 존재할 때 경련이 일어납니다. 그러므로 이 경련의 수반현상으로 의식장애가 일어나는 것입니다. 의식장애는 항상 의식에 직접 관계하는 기관에서 나타납니다. 의식을 억제하기 위한 기관의 경우에는 의식의 상실이 아닌 아픔이 나타납니다. 아픔이란 약해진 의식이 아닌 고양된 의식입니다. 경련의 상태는 아픔을 수반하지 않습니다. 이것은 하나의 사실입니다. 아픔으로 나타나는 것은 의식을 촉진하는 기관이 아니고, 의식을 억제하는 기관 속에 울적鬱積이 생기는 경우입니다. 그때에 고양된 의식인 아픔이 생깁니다. 이것이 아픔의 본질입니다.

이상으로 우리는 간질병 혹은 간질성 질환을 생기게 하는 모든 병의 형식을 어린이의 경우을 포함해 살펴보았습니다. 그것들에 대해서는 후에 더욱 자세하게 언급할 것이며, 각각의 증상의 예를 말하는 것이 가장 이해하기 쉬울 것입니다.

앞에서 말한 것과는 전혀 다른 경우도 있습니다. 즉, 어떤 기관의 표면이 자아조직이나 아스트랄체를 만류하는 것이 아니고, 충분하게 그것들을 자기 속에 머물게 할 수가 없어 바로 흘러나오는 경우입니다(그림 11). 표면으로부터 쉽게 빠져나가 아스트랄 작용도 자아조직도 그 기관에서 흘러나와 버리는 것입니다. 그것을 영시靈視하면, 그 기관에서 무언가가 젖어 나오고 있습니다. 육체상의 대응물로 분비를 행하는 것입니다. 분비작용은 어떤 종류의 기관의 경우에는 격렬하게 일어나지 않을 수도 있습니다. 어린이 시기에 그러한 현상이 일어났을 때 아스트랄체와 자아조직을 기관 속으로 되돌릴 수 있다면, 치료가 가능하게 됩니다.

이러한 내적 상태는 어떤 복합적 징후를 드러낼까요? 어린이와 어른의 경우 각각 그 증세가 다르지만, 정신병의 상태로서는 히스테리증이 되어 나타납니다. 히스테리증은 탄생에서 사춘기까지의 시기에는 특별한 증세를 보입니다. 유물론적 시각으로는 히스테리의 여러 형태를 통찰하는 것이 불가능하며, 사실과 맞지 않는 여러 해석을 하고 있습니다. 그것은 오늘날 히스테리형의 정신병을 많든 적든간에 성생활과 관련짓고 있기 때문입니다. 도대체 어떠한 경우를 히스테리라고 불러야 할까요? 오늘날의 사고방식을 따르느냐, 아니면 더욱 넓은 범위에서 그것을 파악하느냐, 지금 그것이 문제입니다.

사춘기까지의 어린이가 히스테리적 징후를 보인다면 그것은 결코 성性과 관련지을 수 없을 것입니다. 14세경까지의 어린이의 경우에는 아스트랄체와 자아조직이 기관을 빠져 나와 있을 때 그러한 징후를 보이게 됩니다. 히스테리증에 관해서는 종래의 사고방식을 모두 버려야 합니다. 지금까지의 사고방식은 항상 특정의 개념을 전제로 해왔으며, 그와 같은 전제가 있는 한 어떠한 설명도 맞지 않습니다. 그런 의미에서 어쩌면 정신병리학의 많은 해석이 처음부터 틀려 있다고 할 수 있습니다. 그렇다면 과연, 실제하는 것은 무엇일까요?

지난번 강의에서도 말씀드렸지만, 어린이가 외부세계를 파악하는 것은 어려운 일입니다. 어린이에게는 액체에 의한 균형상태, 공기에 의한 균형상태, 열의 구별, 빛의 구별, 화학작용의 구별, 일반적인 우주작용의 구별 등을 파악하는 일은 어렵습니다. 어린이는 이것들을 간질성 정신병의 경우처럼, 너무나도 약한 방법이 아닌 강하게 받아들입니다. 어린이는 환경이 미치는 무게나 열 속 어디에나 자신의 아스트랄체와 자아를 밀어 넣습니다. 건강인에게는 불가능해 보이는 집중력으로 어떠한 것을 붙잡습니다. 그러한 경우 무엇이 생기는 것일까요?

다음과 같이 생각해 보면 이해가 빠를 것입니다. 손바닥에 상처가 났다고 합시다. 그 손으로 무언가를 붙잡을 때, 상처난 부분이 아픔을 느끼기 쉬운 것은, 여러분의 내부인 아스트랄체가 너무나 강하게 외부와 만나기 때문입니다. 아스트랄체와 자아조직이 일정한 범위 내에서만 외부세계와 접하는 것은 아닙니다. 처음부터 아스트랄체를 밖으로 드러내고 있는 어린이는 그 어떤 것도, 마치 상처난 손으로 잡는 것처럼 민감하게 붙잡습니다. 그렇게 환경에 대해서 어린이는 극도로 민감하게 관계합니다. 보통사람보다도 훨씬 강렬하게 환경을 집중해서 느끼고 파악하며, 자신의 내부에서도 그것을 한층 강렬하게 반영해냅니다. 그리면 자신 속에 느끼는 아픔의 표상이 만들어집니다. 환경을 향해 의지를 작용시키는 순간에 강렬한 아픔을 느끼는 것입니다.

의지를 행사하면 너무나도 강렬한 의식이 의지의 작용과 함께 나타나 아픔으로 체험됩니다. 이 아픔은 언제라도 생성되려는 상태에 있습니다. 우리는 그 아픔을 참으려고 합니다. 있는 힘을 다해 억제하려고 합니다. 아픔을 참으려고 한 나머지 그 행동은 몸부림치는 것처럼 보입니다. 즉, 어린이의 행동은 다음과 같이 나타납니다. 어린이가 어떤 아픔을 느껴도 무엇도 행하지 못한 채, 혼의 영위는 행위 대신에 무섭게 강렬한 내적 체험을 갖게 됩니다. 어린이는 무서워서 그곳으로부터 도망가려고 합니다. 자기 자신에게 무서움을 느끼게 되는 것입니다.

또한, 어린이가 행동하는 척, 가면을 쓴 척 행동을 하는 일이 있습니다. 그러한 행동을 할 때에도 의지가 작용합니다. 그러나 그러한 표상생활이 문제가 될 때, 어떤 종류의 병은 표상이 생기는 그 순간에 공포가 일어나 표상이 생기지 않는 일이 있습니다. 의식화되는 순간에, 불안을 불러일으키는 표상은 감정을 활발하게 작용시킵니다. 감정이 격하게 타오르면 억울抑鬱상태가 시작됩니다. 표상에 의해 파악될 수 없는 듯한 감정은 항상 억울抑鬱 상태입니다. 직접 표상에 의해 파악되는 감정만이 억울 상태가 아닌, 존재하는 감정입니다.

사실에 준해서 말해진 징후복합은 누구라도 직접 볼 수가 있습니다. 따라서 이와 같은 이상성異常性도 그 본질을 인식할 수 있다면, 그것을 직접 눈으로 볼 수 있는 것입니다. 영학의 관점이 실제 생활영역에 미칠 때에 중요한 것이 이것입니다. 그 경우에는 추상적으로서가 아닌, 생생하게 기술되어야 합니다. 그렇게 기술된 사항을 읽고 병자를 앞에 둔 때에, 그 병의 본질을 볼 수 있어야 합니다. 즉, 어떠한 기관 혹은 기관복합에서 아스트랄체와 자아가 젖어 나오는지를 볼 수 있어야 하는 것입니다.

야뇨증과 발한

어린이의 징후복합의 하나는 야뇨증夜尿症입니다. 어린이의 야뇨증에 대해서는 바른 견해가 필요합니다. 야뇨증의 원인은 어디에 있는 것일까요? 그것은 아스트랄체가 젖어 나오고 있는 것에 의합니다. 모든 종류의 배설작용이나 분비작용은 아스트랄체와 자아조직의 활동에 결합되어 있습니다. 그 활동이 정상이라면 배설이나 분비도 정상적으로 행해집니다.

여기서 우리들은 다음과 같이 말할 수 있습니다. 즉 자아조직과 아스트랄체는 육체를 통해서 자연의 4대 요소인 지地, 수水, 화火, 풍風과 관련합니다. 또한 에테르체를 통해서 자연의 에테르의 요소인 열, 빛, 화학작용 및 보편적 우주생명과도 관련합니다. 그러므로 옛날 본능적으로 영시靈視가 가능한 인간과 같이, 물질과 영의 구분을 하지 않으면, '어린이는 혼魂에 상처를 받는 일이 있다'고 말할 수 있습니다. '어린이의 혼의 상처'라는 식으로 말하면, 이 혼의 상처가 치료교육에 의해 회복되지 않았을 경우, 사춘기가 되어 이 혼이 여성적 형태나 남성적 형태로 나타납니다. 여성적 형태는 히스테리라고 하는 성격을, 남성적 형태는 그것과는 다르게 나타납니다.

어떻든, 간질병이나 간질성 질환과는 정반대의 방향인 정신병의 경우, 분비와 배설의 방식에 주의를 기울이는 일이 필요합니다. 특히 어린이의 발한發汗에는 늘 주의해야 합니다. 어린이에게 무언가를 가르치는 경우, 말하자면 무언가의 표상을 불러 일으키려는 경우 그 표상 내용이 내면의 상처를 열고 땀으로 되어 나타나는가 등의 변화에 특별히 세심한 주의를 기울여야만 합니다. 여러분은 보통 그러한 내적 상태 후에 바로 발한작용이 생긴다고 생각할지도 모릅니다. 그러한 경우가 있을지도 모르지만, 항상 그렇다고 볼 수는 없습니다. 왜냐하면 불안이나 염려와 같은 혼의 상처인 경우, 그 상처의 지각은 외상의 지각과 똑같이 느끼지는 못합니다. 그것은 우선 인간의 내부에 편입되어 상당히 기묘한 길을 거쳐, 한참 후 3일이나 3일 반이 지난 뒤에 나타납니다. 그렇게 해서 아스트랄체와 자아가 확대하면 보통은 죽음에 즈음하여 생기는 아스트랄체와 자아의 확대가 생깁니다.

간질의 경우에는, 생명을 체내에 비축합니다. 울적이 문제가 될 때에는 죽음과는 정반대의 상태가 됩니다. 그리고 수육受肉에 즈음해서 체내에 내려올 때의 일을 이상한 상태 하에서 모방하려고 합니다. 그러나 앞에서 말한 상태의 경우는 죽음에 있어서 생기는 일이 모방되는 것입니다. 즉, 아스트랄체와 자아는 사후 생명이 붕괴됨과 동시에 퍼져가는데, 그 과정이 지금 모방되는 것입니다.

이 일을 알고 나면, 고찰에 필요한 사항을 조금씩 습득할 수가 있습니다. 우선 어린이의 내부존재에 대한 후각을 갖게 되고, 그 유출을 탐지해냅니다. 실제로 냄새가 납니다. 그와 같은 아이의 오오라가 보통의 어린이와는 냄새가 다르다는 것을 후각으로 찾아냅니다. 이 일은 치료교육에서의 비교적秘敎的인 부분에 속합니다. 실제로 이와 같은 어린이의 발한작용의 오오라에는 무엇인가 어렴풋이 시체 냄새와 같은 것이 있습니다. 이 죽음의 작용과 함께 하는 발한 작용은 여러 가지 이유에서 나타납니다. 그 현상은 그것이 계속되는 3일 간에 나타납니다. 사후 아스트랄체와 자아의 확장이 시작되고 '생전의 회상'[1]이 시작되는 것과 거의 같은 시기입니다.

그러므로 여러분은 이 사실을 통해서, 이와 같은 아이의 표상과 의지의 관련을 확실하게 파악하고, 그 어린이의 3일 혹은 4일 간의 상태를 더듬어 보아야 합니다. 그렇게 하면 오늘 말한 이상한 혼의 영위가 실제로 존재하는지를 알 것입니다. 그러한 때, '나는 이 어린이를 어떻게 교육하면 좋을까'라는 본래의 물음이, 정말 적합한 전제 조건 하에 나올 것입니다.

1 사후에 에테르체가 육체로부터 떠난 뒤, 그때까지의 인생이 파노라마처럼 체험되는 것을 '생전의 회상'이라고 부른다. ─ 역자 주

어린이의 히스테리증

이와 같은 어린이는 어떤 행위를 해도, 그 아이의 혼이 확실하게 겉으로 드러난 듯한 태도를 취합니다. 그 아이가 내 주위에서 행하는 모든 것 속에 그 아이의 혼이 흐르고 있습니다. 그러므로 어린이의 혼이 흘러갔을 때, 교육자 자신의 혼의 상태나 분위기 전체가 그 아이 앞에 바르게 제시되고 있는가에 교육의 모든 것이 달려 있습니다. 교육자 자신이 그 아이의 곁에서 무엇을 생각하고, 무엇을 하고 있는지가 문제가 됩니다. 여러분이 어수선하고 안정되지 않은 선생이라면, 그 태도의 모든 것이 어린이에게 끊임없이 충격을 주고 있는 것입니다.

이러한 성격상의 특징은 기질과 관계하며, 우리가 생각하는 것 이상으로 빠르게 본받게 됩니다. 그것은 특히 사제지간의 경우 더욱 잘 본받습니다. 오늘날 대부분의 선생들은 여기 저기 분주히 다니고 있지 않습니까? 끊임없이 눈이 돌 정도로 돌아다니는, 안정되지 않은 존재가 되어 있지 않습니까? 사실, 그렇게 될 수밖에 없습니다. 왜냐하면 교육 양성의 상태가 그렇게 되어 있기 때문입니다. 오늘의 교원 양성은 습득해야 할 지식만을 비대화하고 있습니다. 그러나 교육과정에 한해서 말한다면, 무엇보다도 학생들을 결코 시험으로 고민하게 해서는 안 됩니다. 왜냐하면 시험은 불안한 마음을 초래하기 때문입니다.

그러나 철저히 현실에 맞는 생각대로 하려면, 터무니없는 상황에 빠질 때가 있습니다. 장애아를 위한 라우엔슈타인 시설을 설립했을 때도 그러했습니다. 법규에 기초하여, 이 시설의 책임자들에게 시험을 치르라는 권고가 내려졌습니다. 적어도 한 사람은 시험을 봐야 했습니다.

이것은 매우 불필요한 요소입니다. 왜냐하면 시험은 안정감을 없애기 때문입니다. 우리들은 이 일을 냉정하게 통찰해야 합니다. 그렇지 않으면 눈가리개를 한 채로 사회를 대하는 것이 됩니다. 시험을 볼 수 밖에 없는 상황에서 시험 후에 마음의 불안을 해소한다고 하지만, 대개의 경우 그것이 잘 되지 않습니다.

그러므로 이와 같은 교사의 무의식이나 기질에 유래하는 어떤 작은 쇼크도 어린이에게 주어서는 안 됩니다. 필요할 경우에만 의식적으로 이러한 쇼크를 자유롭게 줄 수 있어야 하기 때문입니다. 쇼크 작용은, 종종 위에서 말한 어린이의 상태를 치료하는 최상의 수단이 되기도 합니다. 그러나 그것이 유효하게 작용하려면 관습적인 방법으로가 아닌, 어린이를 의식적으로 잘 관찰하면서 행해져야 합니다. 그러면 어떤 방법으로 관찰할 수 있을까요?

어린이에게 무엇인가를 쓰게 하거나, 읽게 하거나, 그리게 하는 것으로 알 수 있습니다. 그 경우, 아이의 심신의 상태에 따라 가능한 범위 내에서 하게 해야 합니다. 그리고 때에 따라서는 그 작업의 템포를 한층 더 빠르게 합니다. 그렇게 함으로써 어린이는 상처 그 자체를 배후에 쫓아버리지 않아도, 상처에 대한 불안을 쫓아버리는 일을 부득이하게 할 것입니다.

어린이는 여러분의 요구에 따라 불안에 빠집니다. 그리고 그 인공적으로 만들어진 불안 때문에, 지금까지 가지고 있던 불안으로부터 빠져나와 내부에서 흘러나오려는 것을 고정시킬 수 있습니다. 여러분이 이 일을 반복해서 행하면 어린이의 자아와 아스트랄체는 점차 고정되어

갑니다. 결코 중도에 그만두어서는 안 됩니다. 반복해서, 반복해서 몇 번이라도 그것을 행해야 합니다. 그러므로 수업 중 특정한 때에 템포를 급히 변화시킬 수 있는 준비가 되어 있어야 합니다. 그러기 위해서는 수업을 완전히 장악해야 합니다. 예를 들어, 45분 경과할 때마다 다른 과목을 시작하는 방식으로는 좋은 결과를 기대할 수 없습니다.

히스테리증의 어린이에 대한 교사의 대응

장애가 있는 아이를 위한 수업에서는 발도르프학교에 도입한 에포크 수업[1]을 기초로 한 수업을 할 수 있어야 합니다. 에포크 수업이란, 중심이 되는 중요한 수업시간에 하나의 교과내용만을 수주간에 걸쳐서 계속하는 것입니다. 예를 들면 8시부터 10시까지 수주간에 걸쳐서, 선생이 하고 싶은 것을 하면 되는 것입니다. 물론 교수법의 관점에서 옳다고 생각한 것을 하는 것입니다.

장애가 있는 아이에게 필요한 수업은 이와 같은 교육적 기초 위에 세울 수가 있습니다. 그 경우, 수업의 템포를 변화시키는 방법이 중요합니다. 그렇게 함으로써 기관의 분비 작용, 나아가 아스트랄체의 고정화에 강하게 작용을 걸 수가 있습니다. 그러나 종종 우리는 일종의 단념의 감정을 갖게 됩니다. 사람들은 어린이가 그와 같은 치료교육을

---

1 발도르프학교(슈타이너 학교)는 1919년 가을, 슈타이너의 지도 하에 독일 슈투트가르트의 '발도르프 아스토리아' 담배 공장의 경영자인 에밀 몰트부처에 의해 창설되었다. 교사의 재량에 따라 주요 교과를 매일 아침 2시간씩 연속해서 돌아가며 수업하는 '에포크 수업'이 교수법의 주요한 방법론의 하나가 되고 있다. 슈타이너가 제창하는 에포크Epochenunterricht 수업의 교육적 효과는 '망각과 능률의 밸런스'라고 할 수 있다. 즉 어린이들의 잠재의식 하의 교육 작용마저 고려한 무의식의 교육, 잊어버리는 교육의 성과를 입증해주는 독자적인 교육 방법으로 평가된다. — 역자 주

받아 건강하게 되었을 때, 어떻게 해서 그렇게 치유되었는지는 이해하지 않기 때문입니다. 세상은 치료가 되지 않았을 때에만 주의를 기울입니다. 건강한 상태로 된다고 하는 것은 항상 당연한 일처럼 생각하기 때문입니다. 하지만, 건강하게 되는 것은 그처럼 당연한 일은 아닌 것입니다.

그러므로 간질병이나 간질성 질환의 경우에는 손을 사용하는 수업과 도덕적인 태도가 중요했지만, 이번 강의에서 언급한 병의 경우에는 각각의 아이가 과제를 극복할 수 있는 교수법이 특히 중요합니다. 쇼크를 주는 것이 그 하나입니다. 또 하나는, 어린이의 마음이 어떻게 억울抑鬱 상태와 조급한 상태〔躁病〕 사이를 왔다 갔다 하는지 세심한 주의를 기울여 관찰하는 것입니다.

이러한 병의 조급함과 우울의 변화는 무엇에 의해 생길까요? 그것이 계속해서 생기는 이유는 어린이가 마음에 상처를 가지고 있고, 의지를 충분히 발휘하고 싶지 않다고 생각하기 때문입니다. 의지가 표상에 작용할 수 없을 때 억울 상태가 됩니다. 이 상태가 일정 기간 계속되어, 어린이가 그 상태를 견딜 수 없어 의지를 방기放棄하면 고양된 쾌감이 생깁니다. 왜냐하면 마음의 상처가 흘러나온 아스트랄체 속에 충분히 침투할 수가 있기 때문입니다. 이리하여 슬픈 상태와 즐거운 상태가 번갈아 일어납니다. 이때 어린이는 발한發汗, 야뇨증 등의 다른 징후를 보이는데 이러한 변화에 세심한 주의를 기울여야 합니다. 왜냐하면 이 변화와 연관시켜 수업을 진행시켜야 하기 때문입니다.

우울한 상태의 어린이가 있다고 합시다. 우리들이 그 아이와 내적으로 강하게 연결되어, 그 아이를 이해하고 있다고 아이가 느꼈을 때 도움을 줄 수 있습니다. 그렇지만 조급한 상태가 되었을 때는, 표상과 의지가 비대해져 슬픈 상태에 연관되고 싶다고 바라지는 않을 것입니다. 우리들이 어린이와 함께 기분이 나빠지기도 하고 슬퍼하기도 하는 것만으로는 그 아이에게 도움이 되지 않습니다. 우리들이 그 아이의 체험으로부터 함께 빠져 나와, 그 아이가 진정 안위를 받았을 때 도움을 준 것이 됩니다.

이러한 사항을 이해할 수 있는 교사는 이미 그것만으로도 치료교육의 기본을 체득한 것입니다. 예를 들면, 무언가를 하지 않으면 안 되는데도 그렇게 할 수 없는 어린이의 생각을 어떤 교사가 통찰했다고 합시다. 그 아이는 정리된 표상을 가지고 그것에 따라 무언가를 하지 않으면 안 되는데도, 그렇게 할 수가 없습니다. 그러나 그 아이는 그렇게 하지 않으면 안 됩니다. 그것을 할 수 있으면, 병적인 상태에 변화가 생깁니다. 부디 그러한 어린이의 혼의 영위를 연구해 보십시오. 그리고 '나는 무언가를 하고 싶다. 그러나 아무리 해도 그것을 할 수 없다. 그렇지만 그렇게 하지 않으면 안 된다.'고 생각하는 혼을 잘 이해하도록 노력하십시오. 그렇게 하면 표면상의 교육을 넘어 설 수 있습니다.

그 아이의 병의 모든 것이 지금 말한 것에 나타나 있습니다. 그 아이는 아스트랄체와 자아가 흘러나오고 있는 자신을 느끼고 있습니다. 그것은 마치 아스트랄체가 주위의 세계 속에 흐르고 있는 듯한 작용을 해, '나는 무언가를 하고 싶다'고 느끼게 합니다. 그러나 그렇게 느끼는 어린이는 곧 밖의 세계와 부딪치고, 그 원인이 있는 곳에서도 부딪칩니다. 그래서 상처가 쑤시기 시작해 '나는 그렇게 할 수 없다'고 느끼게 됩니다. 그러나 동시에 '그렇지만 역시 그것을 하지 않으면 안 된다'고 하는 것도 깨닫고 있습니다. '나의 아스트랄체는 세계를 향하고, 세계로 작용하지 않으면 안 된다. 그렇지만 나는 무엇도 할 수 없다. 밖으로 흘러나오는 나의 아스트랄체는 매우 서툴러서 내 마음이 문제로 향하지 못하게 한다. 나는 아스트랄체를 자유로이 할 수 없다. 아스트랄체가 너무나도 밖으로 나가버리고 만다.'

이러한 아이의 경우야말로, 감각 생활에까지 솟아오르는 무의식의 작용을 잘 인지할 수 있는 것입니다. 무의식은 무서울 정도로 현명합니다. 무의식은 마음의 실상을 통하여, 인간과 환경과의 관계를 둘러싼 모든 사항에 대해서 바른 개념을 세웁니다. 그러나 그것은 무의식 속에서 행해지고 있으므로 의식까지는 올라오지 않습니다. 그러므로 어린이 내부의 표상복합을 발견하는 데 노력해야 합니다.

깊은 관심이 최고의 자기 교육이다

그것은 어린이가 어떤 행위를 시작하거나 사고를 작용시키는 경우에 항상 나타납니다. 부디 그러한 순간에는 어린이의 행위 속으로 들어가 친절하게 손을 내밀어 주십시오. 어린이의 하나하나의 손의 움직임을 함께 행하고, 그것을 자신의 손인 것처럼 느끼십시오. 그렇게 하면 어린이는 여러분의 행위를 통하여, 다음번에는 더욱 그대로 할 수 있을 것이라고 느낄 것입니다. 그러나 어린이가 해야만 하는 사항을 모두 여러분이 해버린다면 어린이는 얻을 것이 아무것도 없습니다.

여러분은 그저 함께 할 뿐입니다. 어린이에게 그림을 그리게 할 때에도 여러분이 그리는 것이 아니고, 곁에서 화필을 움직이며 어린이의 움직임과 함께 하는 것입니다. 그렇게 해서 어린이가 마음 속으로 생각하고 있는 것조차 여러분이 곁에서 친절하게 도와주리라고 믿게 하는 것입니다. 가능한 한 호의를 가지고 어린이가 해야하는 행동을 함께 행합니다. 그렇게 그 아이의 혼을 부드럽게 어루만져 주면서 곁에 있어 줍니다. 그러한 신변의 사항을 관찰하면서, 우리들이 해야 할 일을 그 속에서 발견하게 됩니다.

그러나 여러분이 영학으로부터 받아들인 사항은, 단지 과제의 제출에 지나지 않는다는 것을 알아야 합니다. 사람들은 이렇게 해야만 한다, 저렇게 해야만 한다고 하는 규정에 따라서 노력을 할 뿐입니다. 장애가 있는 어린이를 위해 선생이 되려는 사람은, 결코 완전한 선생은 있을 수 없다는 점을 유념해야 합니다. 어떤 아이도 나름대로 새로운 과제이고 새로운 수수께끼이기 때문입니다. 그러나 어린이의 본질에 끌려서 개개의 경우에 어떻게 해야 하는가를 이해하려는 것은 중요합니다. 그것은 대단히 힘든 작업이지만, 유일하게 진실한 작업입니다.

그러므로 우리들은 교사로서, 영학의 의미에서 바른 자기교육을 행하는 일이 특별히 중요합니다. 병의 징후를 깊은 관심을 가지고 더듬어 갈 때 우리들은 최상의 자기교육을 행하는 것입니다. 병의 징후를 무언가 대단한 것이라고 생각하는 것이 중요합니다. 그렇다고, 정신이상자를 신과 같은 인간이라고 생각하는 것은 허용되지 않습니다. 그러나 다음의 사항은 분명하게 해두어야 합니다. 즉, 이상한 징후가 나타날 때 거기에는 완전한 신체를 가진 인간의 활동보다 더욱 영적인 작용이 보여집니다. 이 영적인 것에 가까운 상태는 건전한 신체에서는 확실하게 보여지지는 않습니다. 이것을 깨달은 사람은 위에서 말했듯이 주위의 사항과 관계해가려고 할 것입니다.

이상으로 이해되었으리라 생각합니다만, 병의 본질에까지 다다른 때의 진단과 병리학은 진정한 치료법에까지 이르는 것입니다.

HEILPADAGOGISCHER KURS

제5강

유황과다의 아이와 유황부족의 아이

_ 인체조직의 양극성과 그 도식
_ 두부계, 율동계, 대사·지체계
_ 수줍음이 많은 아이 – 유황과다
_ 강박관념에 시달리는 아이 – 유황부족
_ 유황과다 아이의 치료교육
_ 유황부족 아이의 치료교육
_ 정신박약과 조급병〔躁症〕

인체 조직의 양극성과 그 도식

어린이의 혼의 이상의 징후는, 처음에는 불확실한 방식으로 나타나 아주 훗날에 가서야 명료한 형태를 취합니다. 예를 들면 히스테리의 경우 매우 독특하고, 애매한 징후를 보입니다. 어린이의 그런 이상을 바르게 진단하려면 신체 속에 카르마 충동이 편입되는 태아기와 0세부터 14세, 또는 21세까지의 발달기의 관련을 전체적으로 이해해야 합니다.

오늘은 이론적인 이야기를 조금 한 후에 사례에 따른 사항을 다루고자 합니다. 베크만 박사가 내일 아침 남자 아이를 한 명 데리고 올 것입니다. 이 아이는 오래 전부터 아레스하임의 임상치료원에서 치료를 받아 왔습니다. 그 아이를 예로 몇 가지 징후를 살펴보겠습니다.

그러나 그 전에 미리 인체조직을 도식적으로 이해해둘 필요가 있습니다(그림 12). 이 그림에서 자아조직은 빨강으로 나타나 있습니다. 아스트랄조직은 보라색, 에테르조직은 노란색, 육체조직은 흰색입니다. 지금부터 말하는 것을 바르게 이해하려면 가능한 한 구체적으로 이해하려는 시도를 해주기 바랍니다. 인체조직을 생각할 때에는 여기에 자아조직이 있고, 여기에 아스트랄조직이 있고, 여기에 에테르조직이 있다는 식으로 생각하지 마십시오. 하나의 본질 존재를 생각하고 그 존재의 조직 속에 자아가 밖에 있고, 그 내부에 아스트랄조직, 에테르조직, 육체조직이 있다고 생각하기 바랍니다. 그러므로 그림의 이 부분에서는 가장 바깥쪽에 자아조직이 있고 육체조직은 가장 안쪽에 있습니다.

이것과 병행해서 다른 구성을 생각해 볼 수 있습니다. 그 경우는 자아조직이 가장 안쪽에 있고, 그 주위에 밖을 향해서 빛나는 아스트랄조직, 그 바깥쪽에 에테르조직, 그리고 가장 바깥쪽에 육체조직이 존재하고 있습니다(그림 12 좌). 이와같이 양극을 이루는 두 가지의 존재방식을 생각해볼 수 있습니다. 이 제2의 존재방식에서는, 바깥쪽에 강하고 튼튼한 육체조직이 있고 그 속에 에테르조직이 작용하고 한층 그 안쪽에 아스트랄조직과 자아조직이 있습니다. 동시에 육체조직은 위쪽을 향해서 완결된 모습을 보이고, 아래로는 위축된 모습을 보입니다. 에테르조직은 아래로 향해서 육체조직보다도 조금 더 완결된 모습을 보이지만 아직 위축되어 있습니다. 아스트랄조직은 아래를 향해서 더욱 자유롭게 늘어나고, 자아조직은 실처럼 아래로 계속됩니다. 도식화해서 둥글게 그렸지만, 실제로도 이러한 형태로 보입니다.

그럼 이 점을 확실하게 이해하기 위해서 자아조직, 아스트랄조직, 에테르조직, 육체조직을 다음과 같이 그리려 합니다. 또 다른 도식입니다. 여기서는 바깥쪽의 자아조직은 다음과 같은 형태를 합니다. 즉, 원을 그리는 대신에 원을 변화시켰습니다. 자연의 존재는 늘 변형해가며, 여기서도 원이 다양한 형태를 하고 있습니다. 그리고 안을 향해서 아스트랄조직, 에테르조직, 마지막에 육체조직과 자아조직에 관계하고 있습니다(그림 12 우).

여기서 제1의 형태가 인간의 두부頭部로 변화하고, 제2의 형태는 인간의 대사·지체계로 변화하고 있습니다. 실제 인간의 두부조직 속에는 자아가 내부에 숨어 있고, 아스트랄체도 비교적 내부에 숨어 있고, 그리고 외측에 육체와 에테르체가 나타나 얼굴의 모양을 만듭니다.

여기에 반해서 대사·지체계에서는, 외측에 이르는 열이나 촉각의 영역에서 자아가 진동하고 있습니다. 그리고 자아로부터 시작해서 아스트랄체도 안을 향해서 진동하고, 나아가 그 내부에 에테르체가 생기고 관상골管狀骨 속에서 안으로 향해 육체가 됩니다.

두부계, 율동계, 대사·지체계

그러므로 두부계頭部系의 구성은 자아에서 육체까지 안으로부터 밖을 향해서 원심적으로 퍼져 있습니다. 대사·지체계의 구성은 자아에서 물질적인 것에까지, 밖에서부터 안쪽을 향해서 구심적으로 되어 있습니다. 그리고 그것들은 끊임없이 서로 섞여져 있어, 어디가 밖에서 안을 향하고, 어디가 안에서 밖을 향하는지는 분명하지 않습니다. 양자 중간의 호흡·율동계의 구성도 마찬가지여서 반은 두부계, 반은 대사·지체계인 것입니다. 숨을 들이쉴 때는 오히려 대사·지체계이고, 숨을 내쉴 때는 두부계입니다. 수축contraction과 확산expansion의 관계는 두부계와 지체계, 내쉬는 숨과 들이키는 숨으로 진행합니다. 이렇게 우리들은 율동조직의 중간부를 통해서, 대극적으로 배치된 두 가지의 본성을 자신 속에서 결합하고 담당하고 있는 것입니다. 그 결과 무엇이 생기는 것일까요? 상당히 중요한 어떤 사실이 그곳에서부터 생깁니다.

다음과 같이 생각해 보십시오. 우리들이 누군가가 말하는 내용을 머리에서 받아들이면, 그것은 우선 자아와 아스트랄체 속으로 들어갑니다. 그러나 생체 내의 작용은 상호작용을 하기 때문에 자아조직이 받아들인 그 인상도 그곳에서 다시 밖으로 나갑니다. 그것이 다른 자아 부분에도 진동을 전하고, 나아가 아스트랄조직의 일부분에도 작용을 합니다. 그러면 그것은 한층 다른 아스트랄조직의 부분에까지 진동을 미치게 하는 것입니다.

사랑하는 여러분, 이 일련의 과정이 없다면 우리는 기억을 가질 수가 없을 것입니다. 왜냐하면 우리가 밖으로부터 받는 인상은 모두 대사·지체계 속에 그 거울상鏡像을 갖고 있기 때문입니다. 우리들이 밖으로부터 인상을 받아들이면, 그 인상은 물질계로부터 자아에 구심적으로 질서가 세워진 두부조직 속에서 사라져 버립니다. 자아는 자신을 단단히 유지해야 하기 때문에 동일한 인상을 몇 시간이고 계속해서 가질 수가 없습니다. 만약 그렇게 된다면 자아는 인상 그 자체와 같게 되어버릴 것입니다. 인상은 하부의 조직으로 전해져 그곳에 머물면서, 기억해내야 할 때 그때마다 표면에 나타나는 것입니다.

이 일을 잘 생각하면, 다음과 같은 경우도 가능합니다. 상부조직과 대극적으로 존재하는 하부조직 전체가 체내에서 너무 약한 경우, 이때에도 인상은 생기지만 그것은 하부조직의 깊은 곳까지 충분히 각인되지는 않습니다. 자아가 인상을 받아들일 때 모든 것이 정상으로 기능하고 있다면, 그 인상은 하부조직에 각인됩니다. 그리고 그때마다 기억으로 이끌어내집니다. 하부조직에서는 외측에 존재하는 자아조직이 너무 약하면 인상이 충분히 강하게 각인되지 않고, 자아조직에까지 가라앉을 수 없는 부분이 끊임없이 머리 속에 반사되는 것입니다.

우리는 언젠가 그러한 상태의 아이에게 시계를 보였습니다. 그 아이는 처음 보는 시계에 흥미를 보였지만, 지체조직이 너무나 약했으므로 인상은 가라앉지 않고 반사되어 '좋은 시계다, 응.'이라고 계속 말했습니다. 내가 두 마디, 세 마디 이야기를 계속해도 '좋은 시계다, 응.'이라는 말만 되돌아 왔습니다. 그것은 반사되어 돌아오는 것입니다. 그러한 경향은 표면에 극히 조금밖에 나타나지 않지만, 상당히 중요한 문제를 내포하고 있으므로 어린이 교육에 있어 이 일에 주의를 기울여야 합니다. 약한 대사·지체조직을 강하게 할 수가 없다면 이 반사활동은 점점 격해지고, 언젠가는 강박관념을 수반하는 편집병偏執病을 일으킵니다.

고정화된 강박관념이 병적인 방법으로 마음속에 나타날 때, 어린이는 그것을 물리칠 수가 없습니다. 왜일까요? 왜냐하면 표면에는 의식적인 혼의 활동이 존재하고 있어도 깊은 곳의 무의식은 통제되어 있지 않아, 의식의 명령을 거절해 버리기 때문입니다. 그렇게 하면, 강박관념이 생기는 것입니다. 그러므로 주지하는 바와 같이 여기서 문제가 되는 것은, 너무 약하게 형성된 대사·지체계입니다. 너무 약하게 형성된 대사·지체계란 체내의 단백질이 적당량의 유황분을 포함하지 못한 상태를 의미합니다. 즉, 유황분이 부족한 단백질을 생성시키는 대사계의 문제입니다. 그러한 경우에 비정상적인 화학량이 생겨 그 결과, 강박관념이 생겨 나오는 것입니다.

그러나 그 반대의 사태도 생깁니다. 말하자면, 대사·지체계에 유황이 강하게 관계를 갖는 경우입니다. 그 경우, 단백질은 탄소, 산소, 질소, 수소에 비해 너무나 많은 유황분을 포함하게 됩니다. 그러면 성분의 상호관계에서 대사조직이 영향을 받아 인상의 모든 것을 되미는 충동이 아닌, 인상이 너무나 강하게 새겨져 마음의 깊은 곳에 상처를 받게 됩니다. 이것은 기관의 표면에서 생기는 울적鬱積과는 다릅니다. 울적鬱積은 경련 상태를 불러 일으킵니다. 그러나 이 경우에는 울적이 아니고 인상의 흡수가 문제가 되는 것입니다. 유황분이 과다할 경우는 인상이 의식에서 사라져 버립니다. 어린이의 마음에 인상을 남기려 해도 허사가 됩니다.

인상은 과도한 유황을 포함한 단백질체 속으로 사라져 없어지는 것입니다. 이 단백질체 속에서 그 인상을 다시 취할 수 없다면, 영적·혼적·물질적인 제 조직 속에 일정한 균형상태를 만들어낼 수 없습니다. 인상이 사라져 없어진다는 것입니다. 극도로 불만족한 상태이므로 혼은 내적으로 흥분됩니다. 미묘하면서도 조용히 흥분하기 시작하여 인체의 조직 전체가 그 내부에서 미묘하게 떨립니다.

종종 말해온 것이지만, 현재의 유물론적 정신분석학은 딜레탕티즘dilettantism의 범위를 벗어나지 못합니다. 그 이유는 정신분석 의사가 혼과 영의 일, 에테르체의 일을 이해하려고 하지 않기 때문입니다. 내면생활의 경과를 모른 채 다만 기술할 뿐인 것입니다. 기술하는 것 외의 일은 못하므로 다음과 같이 말하곤 합니다. '이 기억들이 의식 아래서 사라지고 있다. 그것을 다시 한 번 되돌리지 않으면 안 된다.' 유물론자이면서 물질의 성질을 탐구할 수 없다고 하는 것은 기묘한 일입니다. 만약 탐구할 수 있었다고 한다면, 그 사태의 원인이 의지기관의 과잉 유황을 포함한 단백질체 속에 있는 것을 이해할 것입니다. 신체조직의 특징은 오히려 영학에 의해 발견될 수 있습니다.

그러므로 장애가 있는 어린이를 교육하는 사람은 그 아이가 유황과다인가, 유황부족인가를 간파할 수 있는 눈을 갖는 것이 중요합니다. 우리는 다양한 혼의 이상을 말할 수 있을까요? 특정한 특징에 대응한 특정한 대응을 습득하여야 합니다. 교육하려고 하는 어린이가 인상을 보유할 수 없는 상태에 있다면, 그 경우 어떠한 태도를 취하는 것이 좋을까요?

수줍음이 많은 아이 – 유황과다

그 아이를 관찰해서, 그 아이의 일을 잘 알아야 합니다. 우선 가장 눈에 띄는 징후를 봅니다. 말하자면 머리카락의 색깔입니다. 어린이가 검은 머리털을 하고 있으며 유황분이 부족할 가능성이 큽니다. 그러한 아이에게 이상한 징후가 있으면 유황과다의 반대 원인을 조사하여야 합니다. 대부분 머리털이 검은 어린이에게는 유황이 부족합니다. 그러한 아이가 관념의 반복을 보인다면 한층 더 유황부족을 생각해야 할 것입니다. 금발이나 붉은 머리털을 가진 어린이의 경우에는 단백질의 유황과다를 문제삼아야 할 것입니다. 금발은 풍부한 유황에, 흑발은 풍부한 철분에 의한 것입니다. 이와 같이 영적 혼적인 작용의 이상을 물질성분에까지 입각해서 생각할 수가 있습니다.

그러면 불을 뿜는 산과도 같은 유황과다의 어린이를 살펴봅시다. 인상이 의지의 영역 속으로 삼켜져 그 속에서 굳은 채 나올 수 없게 된 어린이입니다. 유황과다의 어린이와 접하면 곧 이 현상과 만날 것입니다. 그 아이는 억울抑鬱상태, 우울상태에 빠지는 일이 종종 있습니다.

마음 깊은 곳에 숨은 인상이 그 아이를 괴롭히기 때문입니다. 그러므로 인상을 의식의 표면으로 끄집어내야 합니다. 오늘날의 정신분석학으로서가 아닌, 진정한 의미에서의 정신분석에 의해 그렇게 하여야 합니다. 그러기 위해서는 어린이의 의식 속에서 적든 많든간에, 사라져 버리는 것에 주의를 기울여야 합니다. 그리고 내적으로는 흥분하고 있으면서도, 외적으로는 무관심한 상태를 보이는 그 아이가 무엇을 쉽게 기억하고 무엇을 사라져 버리게 하는지 주의해야 합니다. 그리고 곧 잊어버리는 사항에 대해, 가능한 한 리드미컬한 방법으로 어린이에게 반복해서 가르칩니다.

사랑하는 여러분, 이와 같이 하면 상당한 성과를 올릴 수 있습니다. 그것은 생각보다 훨씬 단순한 방법으로 할 수 있습니다. 왜냐하면 치료와 교육은 서로 밀접해 신체적이건, 혼적이건, 복잡하게 만들어진 수단에 의해서가 아닌, 본래 무엇에 소용될지를 아는 것에 의해 가능하기 때문입니다.

우리의 의약품에 대해서도 마찬가지입니다. 의사들은 우리들의 유사요법의 의약품[1]의 성분을 알려고 합니다. 그러나 일반적으로 의약품은 그것이 무엇에 소용될지를 아는 것으로 필요한 처방이 가능합니다. 그것이 단일의 성분이라면 가르침을 받은 누구라도 처방할 수

---

1 유사요법, 호메오파시. 18세기 후반부터 19세기에 걸쳐서 독일의 의사 S. F. 하네만에 의해 창시된 의학체계. 그에 의하면 약의 효과는 약의 성분의 양에 반비례한다. 어떤 물질의 성분에 알코올이 들은 물, 혹은 유당과 같은 중성의 물질을 10배량 가해, 규정대로 혼합한 것을 D1, 여기에 같은 중성의 물질을 다시 10배량 가해 혼합한 것을 D2, 이렇게 해서 D20에서부터 D30까지 이른다. 슈타이너는 이 의학을 계승하여, 한층 발전시켜 베레다 제약회사를 설립했다.

있습니다. 그와 동시에 가능한 한 이윤을 올리려 한다면 곤란한 상황에 처하게 될 것입니다. 어쨌든, 적용해야만 하는 것을 잘 알고 있는 것이 중요합니다.

내가 발도르프학교에서 흔히 체험했던 것이지만, 무관심한 태도를 보이면서도 마음속으로는 흥분하고 있는 듯한 어린이가 있습니다. K선생의 클래스에 이런 점에서 특별히 기묘한 아이가 있었습니다. 그 아이는 흥분하고 있으면서도 동시에 무관심한 태도를 보입니다. 현재 5년생인 그는 현재 훨씬 좋아져 있지만, 3년생이었을 때는 무엇도 가르칠 수가 없었습니다. 그 정도로 무관심한 태도를 보이고 있었습니다. 무엇도 배우려고 하지 않았기 때문에, 진도가 나가지 못하는 학습곤란의 상태였습니다. 그럼에도 K선생이 그 아이 옆으로 지나칠 때면 금방 K선생의 엉덩이를 두드리는 것이었습니다. 내적으로는 의지가 안정되지 않고, 게다가 지성이 활발치 못한 아이였습니다.

여러분, 많든 적든 간에 같은 경향을 가진 어린이는 많이 있습니다. 이러한 어린이의 경우, 대개 특정한 외적인 인상印象밖에는 받아들일 수가 없습니다. 그러한 어린이에 대해서 바른 마음가짐이 되어 있는 선생이라면 좋은 착상을 가지고 있을 것입니다. 예를 들면, 그 아이를 위해 특정의 언어를 발견하는 것입니다. 그리고 그 언어를 외우게 합니다. 그렇게 하는 것은 기적적인 효과를 유발합니다. 중요한 것은, 결정된 방향을 향해 노력하게 하는 것입니다. 어떤 방향인지는 교사 자신이 발견해야 합니다. 교사가 사실이 보여주는 대로 살아가려고 하면 쉽게 성과를 올릴 수 있을 것입니다. 이것저것 생각하지 않고 사실을 눈에 보이는 대로 받아들이는 것입니다.

여러분이 장애가 있는 어린이를 교육하려고 한다면, 특정한 마음가짐을 갖는 일이 중요합니다. 그것은 약간의 개념만으로 처리하려고 하는 것이 얼마나 따분한 일인가를 깨닫게 되는 태도입니다. 이 점을 잊어서는 안 됩니다. 약간의 개념만으로 처리하려고 하는 것은, 혼에 있어서 무서울 정도로 지루하고 따분하며 힘을 빼는 일입니다. 그러한 개념은 마음을 황폐화시킵니다. 오늘날, 이미 모든 종류의 운율이 시에 이용되고 있으므로 시인에게 새로운 운율을 발견하라는 것은 매우 곤란합니다. 이것은 모든 예술의 영역에도 해당됩니다. 모든 것이 이미 행해지고 있으므로, 무엇을 해도 다른 무엇을 연상시키는 결과로 끝납니다.

리하르트 슈트라우스의 일을 생각해 보십시오. 그는 상당히 평판이 높으면서도 악평이 난 작곡가입니다. 왜냐하면, 옛날 방식을 따르고 싶지 않다는 이유만으로 가능한 한도의 울림을 오케스트라 속에 도입해 넣고 있기 때문입니다. 우리의 경우에는, 예를 들어 사람의 코(鼻)의 형태를 연구한다고 한다면 그것은 매우 흥미있을 것입니다. 어떤 사람도 나름대로의 특유한 코를 가지고 있기 때문에 거기에는 다양한 형태들이 존재합니다. 그러한 연구에 있어서는, 개념을 내적으로 생생하게 하는 가능성을 얻을 수 있습니다. 그것은 항상 어떤 것에서 다른 것으로 옮겨갈 수 있으며, 그것은 비단 코의 형태 뿐만 아니라, 눈에 보이는 형태는 모두 해당됩니다. 그러한 발견을 발달시키면, 누구라도 점차로 혼의 상태에 들어갈 수 있습니다. 결국 계기만 있으면, 무엇인가를 착

안할 수 있는 혼의 상태로 말입니다.

사랑하는 여러분, 여러분이 이렇게 해서 세계를 잘 보는 일을 익힌다면, 유황과다로 내적으로는 활발하고 외부에 대해서는 무관심한 어린이를 대할 때에도 이것저것 근심하지 않고 바른 태도를 취할 수 있을 것입니다. 예를 들면, 여러분은 직감적으로 이 어린이에게는 매일 아침 '햇님이 산을 비추고 있다.'고 말을 걸 필요가 있다고 생각할 것입니다. 꼭 이 말이 아니어도 상관이 없습니다. 그러한 말은 의미가 전혀 없어도 상관없습니다. 중요한 것은 음률이 있는 말을 어린이에게 해준다는 것입니다. 그로 인해 어린이 속의 유황분이 경감되어 어린이의 마음은 자유롭게 됩니다. 이러한 어린이들은 섬세한 유년시대야말로 혼의 보호를 받아야 합니다. 그러한 어린이들이 후에 정신분석의가 좋아하는 대상이 되지 않기 위해서는, 어린이의 리드미컬한 본성을 고려하면서 반복해서 밖에서부터 그와 같은 말을 걸어줄 필요가 있습니다.

본래 그와 같은 일이 치료교육상의 일반 원칙이 되면 좋은 효과를 올릴 수 있습니다. 우리 발도르프학교에서는 특정한 시詩를 읊으면서 수업이 시작됩니다. 그 시 구절은 매일 리드미컬한 방식으로 어린이의 표상활동에 적용됩니다. 그렇게 함으로써, 어린이는 인상이 신체 속에서 격하게 삼켜져 버리는 것으로부터 해방됩니다.

장애를 가진 어린이는 매일 아침, 특별한 그룹으로 나눌 필요가 있습니다. 그러한 어린이의 수가 적으면, 다른 어린이들과 함께 하는 것이 좋습니다. 그렇게 해서 매일 아침 기도의 언어를 말하게 하면, 정말 훌륭한 결과를 얻을 수가 있습니다. 무슨 말도 할 수 없는 어린이가 섞여 있어도 상관없습니다.

슈프레흐콜Sprechchor[2]로서 말할 수 있는 언어는 훌륭하게 조화로운 작용을 합니다. 그러므로 인상이 의식에서부터 사라져 버리는 어린이의 경우, 3주간이나 4주간마다 특정한 인상을 리드미컬하게 반복하는 것이 중요합니다. 그것에 의해 내면을 열게끔 노력하면, 체내의 단백질도 점차로 과잉된 유황분을 제거하게 됩니다. 왜냐하면 그와 같은 어린이의 내면은 인상을 되밀지 않으며, 내부에서 나타나는 것도 적극적으로 작용되지 않습니다. 그런데 지금, 강한 작용이 밖에서 작용을 해오면, 그 약한 것이 강하게 작용하도록 촉진되는 것입니다.

강박관념에 시달리는 아이 – 유황부족

반대의 경우를 생각해 봅시다. 처음부터 강박관념의 경향을 갖고 있는 어린이의 경우에는 인상을 너무나 강하게 반사합니다. 원형질 속에 유황분을 너무 적게 가지고 있는 것입니다. 그와 같은 경우에는, 정반대로 생각해야 합니다. 그와 같은 경우에 특별히 효과가 있는 것은 언제라도 같은 언어, 같은 인상을 어린이에게 말해주는 것입니다. 우리들이 그 아이에게 있어 본능적으로 적절하다고 느낀 말이나 인상을 밖에서부터 베풀어줍니다. 그 인상을 낮게 속삭이듯이 말을 걸어줍니다. 다음과 같이 말입니다.

---

2 함께 큰 소리로 시를 낭송하는 일.

선　생 "자 보렴, 이것은 빨강이겠지."

어린이 "좋은 시계다, 응."

선　생 "빨강 색을 잘 보렴."

어린이 "좋은 시계다, 응."

점점 더 음성을 낮추십시오. 그리고 어린이의 언어를 마비시키도록 정해진 말을 반복하는 것입니다. "시계의 일은 잊어버려……. 시계의 일은 잊어버려……. 시계의 일은 잊어버려." 이러한 방법으로 어린이에게 속삭입니다. 그렇게 하면 점차 이 말을 거는 것에 의해, 이 리드미컬한 반복에 의해, 어린이는 강박관념에서 벗어나는 것입니다. 실제, 강박관념은 목소리를 내어 말하면 약해집니다. 그것은 점차로 흐려져가고, 마지막에는 어린이가 그것으로부터 해방됩니다. 그러므로 혼에 단순한 작용을 거는 것으로 어린이에게 매우 좋은 영향을 줄 수가 있습니다.

이러한 사항은 의식적으로 행하지 않으면 안 됩니다. 여러분이 학교의 담임선생이 되고, 그 클래스 속에 희미하게라도 이러한 강박관념의 경향을 가진 어린이가 있다고 합시다. 그 어린이를 특수한 반에 넣을 필요는 없습니다. 그렇지만 화를 잘 내는 담임 선생님의 클래스에 들어가면, 점점 강박관념에 시달리게 되어 이러한 어린이는 정말로 정신병자가 되어버릴 것입니다. 선생이 필요에 응해서 음성을 낮추는 방법을 터득하고 있고, 어린이도 그 음성을 들으려고 귀를 기울이게 되면 그렇게는 되지 않습니다. 중요한 것은 올바른 태도로 어린이를 대하는 것입니다.

유황과다 아이의 치료교육

물론 그와 같은 경우에 통상적인 치료방법으로 혼魂의 처치를 행할 수 있습니다. 인상이 금방 사라져 버리는 어린이의 경우는 단백질 속의 유황형성에의 강한 경향을 극복해야 합니다. 그를 위해서는 바른 식이요법이 필요합니다. 예를 들면 과실이나 열매로부터 얻은 영양을 많이 주면 유황 형성을 촉진시키지만, 뿌리와 줄기를 주로 하는 식물이나 당분이 아닌 염분을 포함한 식물을 주면 유황과다를 줄일 수 있을 것입니다. 물론 스프에 소금을 넣는 일을 해서는 안 됩니다. 자연스레 염분을 포함한 식물을 공급해야 합니다. 그리고 언제라도 상태의 변화를 보는 일이 중요합니다.

— 여기서 슈타이너 박사는 자신이 경험한 것을 이야기하고, 특정한 지방의 어느 한 사람이 본능적으로 그 지방에 만연해 있는 병에 잘 듣는 식물을 좋아한다고 말했다.

그러므로 나중에 정신과 의사를 찾는 어린이의 경우, 어린이 시기에 염분을 포함한 식이요법으로 치료하는 편이 훨씬 좋습니다.

유황부족 아이의 치료교육

반대의 경우를 생각해 봅시다. 인상을 흡수하지 않고 역류시키는 유황부족의 어린이의 경우에는 가능한 한 과일을 많이 먹입니다. 과일을 좋아하게 해서 자주 먹는 습관을 들입니다. 증상이 병적인 단계까지 진행되어 있다면, 특히 향료를 첨가해 과일과 향료를 취하게 합니다.

왜냐하면 향료 속에는 상당량의 유황분이 포함되어 있기 때문입니다. 어린이의 병이 더욱 진전되어 있다면, 직접 유황을 치료수단으로 이용합니다. 그러나 그와 같은 경우의 치료는 진정한 영적인 고찰에서만이 가능합니다. 그러므로 징후를 그저 기술하는 것만으로 만족해서는 안 됩니다. 그것은 단지 징후학에 불과합니다. 이미 말한 것처럼 체내의 구조 속에까지 들어가려고 노력하는 것이 중요합니다.

그래서 인체의 아래 부분이 위 부분에 대해서 적합하지 않고, 두부조직에서 받아들이는 인상이 아래조직인 대사·지체조직 속에 바른 공명共鳴을 발견하지 못하는 부정不整한 상태가 존재합니다. 또한 자아조직·아스트랄조직과 에테르조직·육체조직이 전체적으로 적합하지 않게 육체조직에 농축되어 있는 경우가 있습니다. 그러한 경우, 어린이는 농축한 육체조직 속에 아스트랄체를 가라앉히는 일이 불가능하게 됩니다. 따라서 어린이는 아스트랄체에서 인상을 받아들여 대사계의 아스트랄 활동을 자극하는 일은 가능해도, 그 자극이 에테르체와 육체 속에까지 미칠 수는 없습니다.

정신박약과 조급병〔躁病〕

여러분이 어린이에게 '걸어보렴. 다섯 걸음이나 여섯 걸음, 보조를 맞춰 걸어보렴.'이라고 말했을 때 그렇게 할 수 없다면, 지금 말한 것과 같은 사정이 있는 것입니다. 어린이는 어떻게 하면 좋은지를 이해하지 못하는 것입니다. 바꾸어 말하면, 말은 이해했더라도 그것을 발의 작용과 결합시킬 수가 없는 것입니다. 마치, 발이 그 말을 받아들이지 않는 듯이 말입니다. 육체가 너무나도 굳어져(硬化) 사고내용을 받아들이려고 하지 않아, 마치 정신박약아처럼 보입니다. 그 일을 우리들이 최초로 알아채는 것은, 무언가 발로 행할 수 있는 것을 명해도 어린이가 그것을 받아들이려 하지 않고 발을 움직이는 일을 주저하고 있을 때입니다. 그러한 상태가 생기는 것은, 혼이 억울한 기분이 되고 신체가 말하는 것을 듣지 않게 된 때입니다.

이것과는 반대로, 명령이 채 떨어지기 전에 발이 달리려고 하는 어린이는 조급한 경향을 가지고 있습니다. 그러한 어린이는 겉으로는 건강해 보이지만, 두 발에서 이 경향을 직접 인지할 수 있습니다. 그러므로 어린이가 발이나 손으로 행하는 것을 잘 관찰해야 합니다. 발에서도 손에서도 같은 일이지만, 어린이가 원해서 손이나 발을 무언가의 위에 두려고 할 때는 정신박약의 경향이 있는 것입니다. 끊임없이 손가락을 움직여 무엇을 잡으려 하거나 발로 밟아버리는 어린이는 조급한 경향이 있고, 언제 난폭하게 굴지 모릅니다.

지체 속에서 인지할 수 있는 것은 모든 행동 속에서도 인지할 수 있습니다. 정신 활동만으로는 그다지 눈에 띄지 않지만, 거기서도 어떤 특징이 나타납니다. 어떤 어린이의 경우, 다음과 같은 사항이 분명하게 나타납니다. 한 어린이가 옆얼굴을 스케치하는 것을 배웠다고 합시다. 그래서 어딜 가도, 사람과 만나기만 하면 그 사람의 옆얼굴을 그리려고 합니다. 그것을 그만두게 할 수는 없습니다. 어린이는 완전히 기계적으로 됩니다. 이것은 어린이에게 매우 나쁜 징후로서, 그것에서 벗어날 수 없게 됩니다. 어린이가 옆얼굴을 그리고 있을 때 내가 그 아이에게 '맛있는 과자를 가지고 왔으니까 먹지 않겠니?'하고 말해도, 그만두지 않습니다. 마저 그려야 하기 때문입니다. 이러한 조급한 성격은 지성의 탐닉이라고도 할 수 있습니다. 반대로 모든 조건이 갖추어져 있는 데도 아무것도 할 수 없고, 일이 손에 잡히지 않는 경향은 정신박약의 시작을 보이는 것입니다.

우리가 지체를 바른 방식으로 지배하는 것을 배우면 정신박약과 조급병〔躁病〕이라는 양극적인 경향을 치료할 수 있다는 것입니다. 정신박약의 어린이에 대해서는 바로 치료 오이리트미를 행할 수가 있습니다. 그 경우, 어린이의 대사·지체계를 운동방향으로 인도해야 합니다. 그렇게 하면 정신을 자극할 수 있습니다. 어린이에게 R·L·S·I 의 오이리트미를 하게 해보십시오. 그것이 어느 만큼 어린이에게 좋은 작용을 미치는가를 직접 볼 수 있을 것입니다. 조급병〔躁病〕의 어린이의 경우에는 그것이 대사·지체계와 관계하고 있으므로, M·N·B·P·A·U의 오이리트미를 시켜 보십시오. 그렇게 하면, 그것이 조급한 성격을 진정시키기 위해 어느 정도 도움이 되는지 알게 될 것입니다.

이렇게 어린이에게 있어서 육체·에테르체와 혼적·영적부분과의 깊은 관계를 항상 고려하지 않으면 안 됩니다. 그러면 필요한 치료 방법을 발견할 수 있을 것입니다.

HEILPADAGOGISCHER KURS

제6강

치료교육의 실제 I

- _ 사례1 – 주위에 무관심한 10세 소년
- _ 체형의 관찰
- _ 슈타이너가 20대에 경험한 치료교육
- _ 사고하는 방법 기르기
- _ 치료 오이리트미Eurythmie의 적용
- _ 의료적인 치료 세 가지

사례 1－주위에 무관심한 10세 소년

사랑하는 여러분, 이번 강의부터 여러 가지 측면으로 문제를 넓힐 수 있는 예를 들어보고자 합니다. 먼저 지금부터 하려는 이야기의 기초가 되는 한 소년의 병력을 고찰하겠습니다.

그가 1923년 9월 11일에 여기에 왔을 때는 아홉 살이었습니다. 이 아이를 임신했을 때 그의 어머니는 몸 상태가 매우 좋았으므로, 임신 5개월 때 스페인 여행을 했었습니다. 그러나 출산시 상당히 난산이었으므로 수술용 기구로 아이를 꺼내야 했습니다.

모유는 생후 3개월까지 먹였고, 1년 간은 매우 건강하여 어디에도 이상을 느낄 수 없었습니다. 생후 6개월 때 장시간 햇볕을 쬐게 한 적이 있는데, 그 탓에 일종의 허탈증세와 발열증세를 보였습니다. 9개월 때부터 3세까지 식욕이 없고, 식사를 전혀 하려고 하지 않았습니다. 두 번째 맞는 여름에 아이의 부모는 그의 두 눈이 맑지 못한 것을 알았습니다. 그는 두 살이 되어도 말도 못하고, 걷지도 못하고, 언제나 새벽 네 시경에는 이유없이 울어댔습니다.

또한 엄지손가락을 입에 넣고 빠는 습관이 있었는데, 어린이의 이런 습관에는 주의를 기울여야 합니다. 그 때문에 그의 무릎에 두꺼운 종이를 대고, 밤에는 알루미늄 종을 손에 달았습니다. 그 아이는 이 습관을 없애기 위해 3년 간 종을 달고 있어야 했습니다. 그 후에도 그의 성장은 계속 멈춰 있었습니다. 다섯 살이 되어도 아직 정리된 이야기를 할 수 없었으며, 새 이가 나는 일곱 살에 윗 이는 전부 이갈이를 하지 못했습니다. 그의 어머니는 아이의 아버지도 발육이 늦었으며, 새 이가 나는 것 역시 상당히 늦었다고 알려주었습니다.

처음 이곳에 왔을 때 그는 허약한 아이였습니다. 24킬로그램의 체중에, 골격도 약하고 신체에 비해 대단히 큰 수족을 갖고 있었습니다. 그는 양손을 쓰는 것이 매우 서툴렀습니다. 겉으로 드러난 체질은 모두 뒤떨어져 있었습니다. 우리는 그 아이가 점점 더 불안정해짐에 따라, 더욱 다루기 어렵게 되는 것을 체험했습니다. 그는 어딘가 거칠고 난폭했지만 신체의 기능은 정상이었습니다.

1924년 이후, 그는 안정을 되찾았고 인간적인 태도를 보이게 되었습니다. 주위의 세계에 흥미를 갖기 시작하면서 여러 가지의 일이 그를 놀라게 했습니다. 그렇게 해서 바라고 있던 것이 나타났는데, 외부세계에 대한 주의력이 길러진 것입니다. 단지 지적으로가 아닌, 외부세계에 대한 감정이 깃들인 주의력이었습니다. 밖에서 일어나는 일들이 그에게 감탄의 감정을 불러 일으켰습니다. 이와 같은 경우에는, 지적인 주의력만으로는 치료효과를 볼 수가 없습니다. 외부세계에 대한 주의력을 기를 때에는 감정과 의지에 작용을 걸어야만 합니다.

그는 인간에 대해서 신뢰를 가지게 되었습니다. 처음에는 무관심하게 사람들 앞을 지나갔으나, 지금은 그들의 존재를 인정하게 되었습니다. 그러나 그 일이 결코 쉽지 않은 듯 했습니다. 그는 기쁘게 행동하는 일이 없었습니다.

1월까지 그에게 편물을 시켰습니다. 편물이 좋은 점은 기계적으로 손을 움직이면 되는 일이지만, 코를 빠뜨릴 경우가 종종 있으므로 주의 깊은 태도를 요하기 때문입니다.

현재 그는 차나 썰매타기를 좋아하며, 몇 시간이라도 자신의 차에 대해 이야기할 수 있습니다. 이 일은 어제 제가 말한 것과 관계가 있습니다. 그는 빠르게 독일어로 이야기하기도 하고, 이해할 수도 있게 되었습니다. 이상이 현재의 상태입니다.

체형의 관찰

이 아이를 관찰해 보십시오. 여러 가지를 알 수 있을 것입니다. 특히, 얼굴의 하반부가 잘 발달해 있습니다. 이 코뼈와 입 언저리를 관찰해 보기 바랍니다. 입이 약간 벌어져 있는 것은 치아상태 때문이기도 하지만, 이것이 그 아이의 영적 혼적인 상태와 관계가 있음을 잊어서는 안 됩니다. 이 경우 치아의 형태 때문에 입이 벌어져 있는 것이 아니고, 공통의 원인으로 거슬러 올라가야 합니다. 즉, 상부의 인간이 하부의 인간을 완전히 지배하지 못하기 때문입니다. 이 점에 주의하면 여러분은 많은 것을 깨닫게 됩니다.

여기에 상부인간의 힘의 자리, 즉 감각·신경적 인간의 작용자리가 있다고 생각해 보십시오. 이 자리는 나머지 인간 전체에게 작용하고 있습니다. 왜냐하면 이 부분이야말로 최초의 인생기에 가장 잘 발달하는 부분이고, 대부분을 태아기 때 가져오기 때문입니다. 여기에는 태아기에 가장 발달한 힘이 존재합니다. 나머지 모든 것은 이 부분에 의존합니다. 인체의 아래 부분은 직접 모체로부터 만들어지지만, 다른 모든 것은 여기에서 만들어집니다. 턱의 조직, 즉 안면의 지체조직으로서 만들어져 있는 것은 완전히 두부조직頭部組織 속에 짜 넣어져 있습니다. 이 아이의 두부조직은 지체조직肢體組織을 지배하기에는 충분히 강하지 않으므로, 밖에서 오는 작용이 이 지체조직에 강하게 작용하고 있습니다.

머리의 하관이 조화롭게 발달한 인간은, 신경조직이 대사·지체조직의 지배자가 되어 있다는 것을 이해해야 합니다. 그 경우 밖에서의 어떤 힘도 과도하게 영향을 미치지 못합니다. 그와 같이 머리가 다른 신체조직을 지배할 수 없으면, 그 조직으로 밖의 힘이 강하게 작용해서 표준을 넘어선 발달을 하게 됩니다. 발이 지나치게 발달해 있는 것은, 밖의 힘이 너무나 강하게 그 속에서 작용하고 있기 때문입니다.

이 아이는 이 일을 유머를 가지고 이해하고 있었습니다. B박사가 그에게 왜 입을 벌리고 있는가를 물어본 적이 있었습니다. 그랬더니 '파리가 들어올 수 있도록'이라고 대답했다고 합니다. 그는 그렇게 생각하고 있었습니다. 이상은 그 아이의 인체의 상부조직에 대한 것이었습니다.

여러분이 보시다시피, 이 아이의 머리는 앞부분은 약간 좁고 좌우에서 뒤쪽으로 눌린 형태를 하고 있습니다. 즉, 좁고 긴 머리입니다. 이것은 지적인 조직이 의지와 그다지 관계하고 있지 않다는 것을 보여줍니다. 후두부後頭部는 의지와 확실하게 일관되어 있지만, 전두부前頭部는 밖의 영향이 오직 감각에 의한 지각만을 통해서 작용합니다. 또한 후두부는 외적 영향에 대해서 열려 있습니다. 그러므로 이미 이 부분에는 팔이나 발에 나타나고 있는 현상이 시작되고 있습니다. 다시 말해서 뇌가 커지고 있는, 후두부의 뇌가 확대하고 있는 것입니다.

어떤 의미에서는 이러한 어린이들은 상당한 관심을 불러일으킵니다. 건강한 어린이보다 더 관심을 자아내게 합니다. 가령 다루기가 쉽지 않더라도 말입니다. 뇌 조직 전체 속에서 전두부前頭部는 주로 그 소재나 실질實質이 신체의 다른 부분에서 제공됩니다. 그 부분의 작용력에 의해서가 아닌, 외부에서 양분의 집합인 것입니다. 이에 반해서 후두부는 양분의 집합이 아니고, 호흡이나 감각 등 그 밖의 것에 의해 수용된 우주적 요소가 시작되고 있습니다. 후두부는 실질적으로 우주적인 기원을 갖고 있는 것입니다.

이 아이의 전두부가 좁은 것은 아마도 태어날 때 기계적인 외상을 입은 것을 보여주는 것이지만, 카르마 이외의 그 무엇도 아닙니다. 그 상처는 유전 때문이 아닙니다. 이 아이의 전두부는 압축되어 좁은 탓에 밖으로부터의 양분을 그다지 취할 수가 없습니다. 원래 두부는 영양분을 섭취하려는 욕구를 갖고 있지 않습니다. 양분에 대한 욕구가 두부에는 조금밖에 존재하고 있지 않기 때문입니다. 그러므로 여러분은 머리의 외형을 통해서, 그가 어떤 시기에 식욕을 갖지 않았던가를 금방 보고 알 수가 있습니다. 이 부분에는 섭취된 양분의 축적이 아주 적은 것입니다.

거기에는 지체계肢體系 전체를 통제하는 힘이 조금밖에 없습니다. 그 힘은 호흡계에도 작용을 미치지만, 그 힘은 크지 않고 반항을 불러일으키는 경향이 있습니다. 이것이 아래턱의 형성 전체에 관계합니다. 이 아이는 체내에 공기를 너무 많이 들이마십니다. 그러나 너무 많은 공기를 들이마시면 공기 중의 성분이 강하게 모입니다. 따라서, 이러한 어린이에게 현저한 것은 숨을 들이마시는 것과 내쉬는 것이 정상적인 관계를 갖고 있지 않다는 것입니다. 내쉬는 숨에 비해 너무나도 강하게 숨을 들이마십니다. 그 결과, 체내에 충분한 탄산가스를 비축할 수가 없습니다. 탄산가스가 결핍되는 것입니다.

탄산가스가 결핍된 인간의 지체계는 너무나도 강하게 발달합니다. 운동계에 기초한 모든 것이 그것과 관계합니다. 살아가는 과정에서 운동계는 점차로 지적조직의 봉사자가 되지 않으면 안 되는 것입니다.

(슈타이너 박사가 어린이에게 말한다.)

"조금 일어서서 걸어보렴. 그리고 내 쪽으로 걸어와 보렴. 그렇게."

(슈타이너 박사는 어린이에게 어떻게 물건을 집는지를 직접 해 보이지만 아이는 따라 하지 않는다.)

상관없습니다. 그에게 강요할 필요는 없습니다. 그에게는 이렇게 하는 것이 어려운 것입니다. 여러분도 지금의 상태를 보면, 이 아이가 대사·지체계를 충분하게 지배하는 힘을 가지고 있지 않다는 것을 알 수 있을 것입니다. 힘을 가지고 있다면 정상적으로 팔을 들어올릴 것입니다.

새 이가 늦게 나는 것도 이 일과 관계가 있습니다. 정상적으로 새 이가 나는 것은 감각·신경계와 대사·지체계와의 상호작용에 의한 것입니다. 새 이가 나는 근저에는 대사·지체계의 작용이 존재합니다. 이러한 현상은 모두 서로 강하게 작용합니다.

무엇이 그 결과일까요? 그것은 그 아이가 태어났을 때, 대사·지체계가 다른 어린이들만큼 충분히 형성되지 않고, 대사·지체계를 지배할 수 없게 되는 것입니다. 처음에는 이상異常이라는 사실을 누구도 알아채지 못했습니다. 성장하면서 후에야 정상이 아닌 것이 나타났던 것입니다. 따라서 비교적 후일에 가서야 이 아이의 상부조직은 하부조직을 지배하게 될 것입니다. 결국 말하는 것과 걷는 것을 늦게 배우게 되겠지요.

그 아이에게 처음 몇 년 간 할 수 있었던 바른 교육은, 그 아이가 아직 걷기 전에 오이리트미 운동을 시키는 것이었다고 생각합니다. 치료 오이리트미를 할 필요가 있었던 것입니다. 만약 그것을 시작했더라면 수족을 움직이는 것이 신경·감각조직 속에 투영되어, 아직 모든 것이 유연한 시기에 그것에 의해 머리의 형태를 정상적으로 발달시킬 수 있었을 것입니다. 이른 시기라면, 수족의 운동은 두부의 형성에 매우 도움이 됩니다. 머리를 어느 정도의 크기로 형성할 수 있었다면 대단한 기쁨이 되는 것이나, 이 아이의 경우는 외상에 의해 두골이 위축해 버렸으므로 머리를 크게 하는 것은 어려울 것입니다.

슈타이너가 20대에 경험한 치료교육

저는 전에 가정교사로서, 열한 살 반이 된 장애아를 돌본 적이 있었습니다. 나의 《생애의 발자취An Autobiography》의 제6장에 서술한 것처럼, 부모도 그 아이의 주치의도 그 아이를 위해 아무것도 할 수 없었습니다. 그 아이는 손으로 하는 일을 배우게 되었습니다. 그것은 모두에게 있어 대단한 일이었습니다. 그의 부모는 비교적 담담했지만, 다른 사람은 모두 제정신이 아니었습니다. 왜냐하면 좋은 가문의 어린이를 기술자로 키우는 것은 부끄러운 일이었던 것입니다. 그러나, 나에게 주어진 과제는 이러한 사항을 논하는 것이 아니었습니다.

그 아이는 수두증水頭症이었는데, 나는 그 아이를 완전히 내게 맡겨 달라는 조건을 달았습니다. 그리고 그 아이는 상당히 좋아졌습니다. 제가 맡기 얼마 전에 그는 시험을 보게 되었는데, 그가 할 수 있었던 것이라고는 지우개로 노트에 큰 구멍을 내는 정도였습니다. 그 밖의 기묘한 습관을 말한다면 식사시간에 식탁에 앉으려 하지 않는다거나, 쓰레기통에 버려진 감자껍질을 신나게 먹는 일이었습니다. 일년 반이 지났을 무렵, 그는 중학교에 들어갈 수 있을 정도가 되었습니다. 그것은 지체肢體의 운동에 집중한 결과, 수두병이 사라졌기 때문입니다. 머리가 작아졌는데, 이것은 좋은 결과를 위한 전조였습니다.

외상에 의해 위축해버린 두골을 크게 하는 데는 대단한 노력이 필요하겠지만, 그렇게 하는 것이 아직은 조금 가능할지도 모릅니다.

사고하는 방법 기르기

우리들에게 문제는, 이 아이에게 중요한 치료교육상의 문제가 무엇인가라는 것입니다. 가장 중요한 목표는 조화롭지 않은 방식으로 형성된 신체 속에 영적 혼적인 작용을 미치게 하는 것입니다. 그 근저에는 카르마의 갈등이 잠재해 있습니다. 여러분들에게는 믿어지지 않을지도 모르지만, 이 아이는 천재입니다. 이 아이는 그것을 이해하고 있지 않습니다.

그러나 이 아이의 카르마를 보면 이 아이는 천재일 수 있습니다. 그렇지만 태어난 후의 상황은 그의 소질을 꽃피우는 것을 방해하고 있습니다. 그리고 그 한도 내에서 장애가 존재하고 있습니다. 이 아이는 부모를 선택했지만, 그것은 어떤 의미에서는 곤란한 선택이었습니다. 그는 곤란한 신체적 상황 속에서 세상을 바라보고 있습니다. 상부 인간과 하부 인간의 힘이 상호 조화롭게 작용할 수 없으므로 그는 경직해 있습니다. 생명체가 경화硬化하고 있는 것입니다. 그가 잠에서 깼을 때, 그의 아스트랄체와 자아조직은 정상적인 방식으로 체내에 들어올 수가 없습니다. 마치 생명체가 바윗덩어리가 된 듯 그것을 단호히 거부합니다.

우리들의 영적 혼적인 것이 바른 방식으로 신체조직과 관계되어지도록 해야 합니다. 그렇게 할 수 없을 경우 표면적으로는 손재주가 없는 것으로 나타납니다. 이렇게 상호관계가 잘 이루어지지 않은 상태는, 오늘날 거의 모든 사람에게서 볼 수 있습니다. 부디, 심한 말을 사용하는 것을 양해하시기 바랍니다. 오늘날 대부분의 사람은 손재주가 서툴다고 생각합니다. 발도르프학교에 있는 800명의 어린이도 대부분 손재주가 좋다고는 말할 수 없습니다. 아스트랄체의 자아조직이 육체와 충분히 관계하지 않아서입니다. 그것은 우리가 지적인 시대의 전성기를 살고 있기 때문입니다. 우리들의 정신활동은 골격계까지 작용하지만, 근육계에는 이미 작용을 멈췄기 때문에 유용하게 신체를 움직일 수가 없는 것입니다. 지적인 것은 골격계에 작용을 할 수는 있지만 근육의 도움없이는 행할 수가 없습니다. 그런데도 우리들의 아스트랄체와 자아조직은 근육에까지 적용되는 힘을 거의 잃고 있습니다. 이것은 시대 그 자체가 깊고 종교적인, 진정으로 종교적인 성격을 갖고 있지 않은 결과입니다. 신앙만으로는 진정한 종교를 베풀어주지 않습니다. 뼈와 결합된 근육이 발달하기 위해서는 이 세상에 위대한 범례가 존재해야만 하는 것입니다. 단지, 생각으로라도 범례를 갖는다면 근육계는 골격계와 결합하여 발달합니다. 이 아이의 경우는 처음부터 무관심이 나타나 있었습니다.

그러나 여러분도 알게 되듯이 이 아이의 사고내용은 변화되어 있지 않습니다. 인간이 만들어내는 사고내용 자체는 틀리거나 하지 않습니다. 단지 인간이 그 사고내용을 바른 기회에 만들어낼 수 있을지, 넘치거나 부족하게 만들지는 않을지가 문제가 될 뿐입니다. 사고내용은 외부의 에테르계의 내용을 반영하고 있습니다. 왜 입을 벌리고 있는가 하고 물으면, 그는 '파리가 입에 날아들어 오도록 입을 열고 있다.'고 대답합니다. 이것은 상당히 머리가 좋은 대답방식이지만, 사고내용이 틀리게 사용되고 있습니다. 그가 이와 같은 사고내용을 후에 기계를 발명해야 될 기회에 사용했다면, 위대한 발명가가 지닐 법한 사고내용이 되었을 것입니다. 사고내용은 항상 바른 것입니다. 왜냐하면 그것은 우주에테르의 사고내용으로서 존재하고 있는 것이니까요.

영적 혼적인 내용이 육체라는 매개에 의해 외계와 바르게 연결되어 있는 것이 중요합니다. 그러므로 이와 같은 아이에게는 이중 작용을 하게 할 수 있어야 합니다. 이 아이의 경우에 중요한 것은, 가능한 한 몇 가지의 인상만으로 그것들을 상호 결합시키는 일입니다. 수업 시간에 아주 적은 내용만을 가르치고, 그것을 완전히 알게 해야 합니다.

사물을 환히 안다는 것은 그것을 꿰뚫어 본다는 것이며, 그러기 위해서는 무의식중에 어린이의 주의를 끌 필요가 있습니다. 혼이 육체로부터 빠져나갈 수 없는 어린이, 혼이 그 속에 들어갈 수 없는 어린이,

혼이 육체를 지배할 수 없는 어린이, 그러한 어린이들에게 중요한 것은 우리가 그들에게 가능한 한 흥미를 불러일으키는 기회를 많이 제공하는 것입니다.

우리들이 그림을 그린다고 합시다(그림 13). 그 경우, 특히 주의해야 할 것은 어린이들이 어떠한 '되먹지 못한' 짓을 해도 결코 화를 내지 않는 것입니다. 이것은 발도르프학교에서도 지켜지고 있는 것입니다. 항상 정돈을 유지하기 위해서, 교실을 나올 때 자리를 깨끗이 정리하도록 어린이에게 시키는 것은 교육상 잘못된 태도입니다. 그러한 것을 어린이에게 주의시킬 필요는 없습니다. 중요한 것은 어린이가 무엇을 하든지, 그 하나 하나의 동작을 주의 깊게 하도록 하는 것입니다. 그러기 위해서는 선생은 수업 중에 항상 침착해야 합니다. 특히 이러한 어린이를 교육하는 경우에는 수업 중 자신(我)을 잊어버리거나 해서는

▲ 그림 13

안 됩니다. 이 태도를 통해서 사려 없이 행동하는 것을 피하려고 노력하는 것이 중요합니다.

(어린이를 향해서)

'붓을 잡고 종이에 무언가 칠해보렴'

이렇게 해서 어린이에게 흥미를 불러일으킬 수 있다면 많은 성과를 기대할 수 있습니다. 12세부터 14세까지 어린이의 신체는 매우 유연하므로 많은 성과를 올릴 수 있습니다. 이러한 때에는 침착한 태도로 다음과 같이 말할 수 있어야 합니다.

"보렴, 여기 나무가 있네. 빈터에 서 있는 나무야. 이것을 그려보렴."

부디 충분히 의식적인 태도를 취하십시오.

"보렴, 망아지가 달려오네."

이 경우에는 색色에도 주의를 기울여 주십시오. 건너편에서 작은 개인 뭇솔리니가 망아지 쪽으로 옵니다. 작은 개가 망아지에게 짖어댑니다. 그러자 망아지가 발로 이렇게 합니다.

여기서 가능한 한 생생하게 전체를 설명해 주십시오. 생동감 있는 태도는 영적인 힘을 가지고 있습니다. 그것이 어린이 속으로 흘러 들어갑니다. 이렇게 해서 어린이에게 작용을 걸 때에는 열심인 태도로, 기질을 그대로 나타내며 행해야 합니다. 어린이에 대해서 둔감하거나 의자에 계속 앉은 채, 일어나는 것을 귀찮아 하거나 움직이고 싶어 하지 않을 경우, 교육적인 효과를 올릴 수 없습니다. 계산된 태도를 취하라는 것이 아니라, 그때그때 필요한 행동을 해야 합니다.

이와 같은 아이에 대해서는 가능한 한 서로 이야기를 많이 나누어야 합니다. 지금까지는 이쪽에서 이야기를 거는 것에 응하지 않았다 해도, 지금은 이야기를 시작할지도 모릅니다. 현재 이 아이가 어느 정도 이야기를 할 수 있도록 되었는지 보십시오.

"망아지가 왔다고 나에게 얘기했던 것을 기억하고 있니? 망아지는 얼마만큼 크니? 망아지를 끌고 걸었던 적은 있니?"

"그래요. 존넨호프에 가면 망아지가 항상 달리고 있어요. 풀숲에 옆으로 누워 있기도 하고요."

"비가 오면 마구간에 들어가니? 거기에는 큰 말도 있니?"

"그래요. 마르키스라고 하는 말이에요."

현재로서는 여러분도 이 아이와 함께 서로 이야기를 나눌 수 있습니다. 이전에는 그저 소리 지르며 울 뿐이었습니다. 그를 받아들였을 때, 그는 처음에는 영어로만 이야기하였습니다. 이것은 대단히 흥미로운 사실입니다. 나중에는 대단히 빠른 속도로 독일어로 이야기할 수 있게 되었습니다.

그를 보면, 언어가 어떻게 에테르체와 육체 속에 들어가는지를 알 수 있습니다. 그의 언어구조는 다른 어린이의 경우보다 더욱 고정되어 있기 때문에, 그 언어구조를 잘 연구할 수 있습니다. 그는 '나는 그곳에 있었다.'라고 말하지 않습니다. '나는 그곳에 be이었다.'라고 말합니다. 그는 영어의 형태를 독일어 속에 그대로 가져옵니다. 예를 들면 'Gehweg(떠나라).'를 Geh aweg(Get away와 혼동 - 역자 주)로 말합니다. 그에게 영어가 어떻게 고정화되는지를 보면서 그의 신체가 어떻게 경화되는지를 볼 수 있습니다.

그가 여러 가지 이야기하는 것을 보면, 다른 어린이들보다 더 엄격한 상황을 극복해야 한다는 것을 알 수 있습니다. 실제, 그가 지금까지 배운 사항은 무섭게 강력한 방법으로 고정화되어 있습니다. 그러나 우리들이 그에게 생명을 불어넣음으로써, 경화되고 있는 것이 내적으로 활발해집니다. 그가 '나는 그곳에 있었다.'라고 말할 수 있게 되었을 때, 많은 곤란을 극복한 것입니다. 그렇게 그는 자기 속에 유동적인 상태를 만들어냈던 것입니다. 이 일은 기계적으로 가르치는 것에 의해서가 아닌, 인내심을 갖고 지속적인 대화를 해나가야만이 가능합니다. 아이의 행동에 관심을 갖고 있다는 것을 알게 하는 것이 중요합니다. 그가 한 것을 보고 그가 알고 있을 법한 것에 대해 묻습니다. 그가 체험한 것에 관심을 나타내주는 것, 이것이 매우 중요합니다.

치료 오이리트미Eurythmie의 적용

그러면 이러한 아이에게, 치료 오이리트미가 얼마나 작용할 수 있을지를 생각해 보십시오. 그가 R과 L을 한다고 합시다. R은 회전입니다. 그곳에서는 무언가가 회전합니다. 거기에는 이미 움직임과 변화가 포함되어 있습니다. 오이리트미의 강연를 듣고 있는 대부분의 여러분은 L의 의미를 알고 있을 것입니다. L의 경우, 혀가 어떤 형성력을 작용시키는지를 생각해 보십시오. L은 밀착시키는 일, 무언가에 몸을 가깝게 붙이는 것을 나타내는 자모입니다. L은 무언가에 몸을 접근시키기 위해서 그 신체조직을 유연하게 합니다. 그래서 이와 같은 아이의 들숨은 날숨을 능가합니다. 그러므로 날숨에 대해 격려해 주어야 합니다. 그리고 그것은 M에 의해 행할 수 있습니다. M은 내쉬는 숨의 음성입니다. M을 오이리트미로 표현하면 지체조직 전체가 그에게 손을 빌립니다. N이 되면, 지적인 것 속으로 되돌아갑니다. 그렇게 해서 R·M·L·N을 신체로 표현하는 것입니다.

이와 같은 파악이 끝나면 무엇을 하면 좋을지를 알게 됩니다. 먼저, 음성의 성질을 이해해야만 합니다. 그리고 오이리트미 속에 몸을 두는 한편 신체조직을 통찰해야 합니다. 이 두 가지 모두 배울 수 있는 사항임에도 불구하고, 오늘날의 교육학에서는 완전히 잊혀졌습니다.

이러한 아이의 경우에는, 그림을 그리면서 동시에 글쓰기도 배울 수 있도록 지금까지 쏟은 이상으로 노력해주기 바랍니다. 수업은 그림을 그리는 일에서부터 시작하는 것이 중요합니다.

의료적인 치료 세 가지

이상에서 알 수 있는 것처럼, 아스트랄체와 자아조직은 이와 같은 육체와 에테르체 속으로는 들어갈 수 없습니다. 그래서 치료가 필요한 것인데, 그러면 도대체 무엇을 도와야 할까요? 아스트랄체와 자아조직의 기초인 신경계에 조력할 필요가 있습니다. 먼저 신경계에 작용을 걸어야 하는데, 의료적인 치료 방법 세 가지를 알아야만 합니다. 경구經口, 內服, 주사注射, 입욕入浴 또는 세정洗淨등 이 세 가지입니다.

여러분이 어떤 내복약을 복용할 때 그것은 무엇에 작용을 합니까?

기본적으로 신진대사에 작용합니다. 여러분이 복약服藥을 생각할 때에는, 오직 신진대사에만 작용한다는 것을 고려해야만 합니다. 율동계에 작용시키려고 한다면 주사를 해야 합니다. 그리고 신경계를 작용시키려면 밖에서 작용을 거는 방법으로, 입욕이나 세정을 시킵니다. 체내에 들어오려는 아스트랄체의 작용이나 그 형태에 대해서는 비소砒素가 강력하게 작용합니다. 비소치료를 받는 사람을 보면, 그 사람의 아스트랄체가 육체 속으로 미끄러져 들어가는 모양을 잘 알 수 있습니다. 그러므로 아스트랄체와 에테르체와 육체 사이의 조화를 필요로 하는 어린이의 경우, 비소요법砒素療法이 중요합니다.

특정량의 레뷰수Levicowasser[1]를 욕조의 따뜻한 물에 풀어서 입욕시킵니다. 그렇게 하면 신경계에 작용하여 아스트랄체가 강하게 됩니다. 두부계가 다른 신체부분에 충분히 강하게 작용할 수 없을 때에도 이 입욕요법이 필요합니다. 머리에서 하부조직으로의 흐름은 특히 생후 수년간 강하게 작용합니다. 이 흐름은 새 이가 나면서부터 사춘기까지의 제2의 7년기에도 계속됩니다. 이 시기의 마지막에는 7세, 9세 또는 11세 때보다도 더욱 강하게 작용합니다.

어린이의 이러한 흐름에 힘을 빌려주기 위하여 대사계와 신경계의 대응을 뇌하수체의 분비물을 복용하여 촉진시킬 수가 있습니다. 뇌하수체의 분비물을 우리는 생산[2]하고 있는데, 이것은 상술한 힘의 흐름을 받아 머리에서 지체계에 조화시키는 특징을 가지고 있습니다. 그러

1 북이탈리아의 토렌토 근교의 베트리오로에 있는 광천鑛泉을 말한다. 철, 동, 비소를 포함하고 있다.

2 소의 뇌하수체 D1~D10을 아레스하임의 베레타 제약회사에서 생산 판매하고 있다.

므로 뇌하수체나 비소요법, 치료 오이리트미를 종합해서 치료에 이용합니다. 이것들을 종합적으로 작용하게 하는 일은 치료에 많은 도움이 될 것입니다.

그러나 그 경우 상황을 잘 판단하는 것이 중요합니다. 이러한 어린이의 교육은 철저하게 행해야 합니다. 인지학人智學을 통해서 이러한 사정에 정통할 수가 있지만, 그를 위해서는 어떤 사정과도 관계하려는 태도가 필요합니다. 그러나 뜻하지 않는 일이 얼마든지 생길 것입니다. 인지학의 모임에 참가할 때 흔히 우리들은 마음의 아픔을 조금씩 느끼곤 합니다. 그곳에는 종종 짓눌리는 것 같은 답답하고 괴로운 공기가 깔려 있습니다. 논의를 시작하려고 해도 어느 누구 입을 열려고 하지 않습니다. 사람들은 '얼굴을 아래로 향한 채' 있습니다. 명랑하게 웃으려고 하지는 않습니다.

이와 같은 어린이를 교육하는 데는 무엇이 필요할까요? 무거운 분위기가 아닌 유머입니다. 진정한 유머, 생활에서 우러나온 유머가 정말 필요합니다. 그렇지 않다면, 어떤 좋은 수단을 강구했다 하더라도 그와 같은 어린이를 교육시킬 수가 없습니다. 그러므로 인지학운동에 있어서도 가벼운 감각을 가질 필요가 있습니다. 지나치게 무거울 필요는 없습니다. 그러나 적어도 어떻게 하면 좋을까라는 질문을 받으면, '감격하는 것이 중요하다.'고 대답할 수 있어야 합니다. 장애가 있는 아이는 감동하는 일, 감격하는 일이 중요합니다. 이것이 오늘 여러분에게 말씀드리고 싶었던 것입니다.

HEILPADAGOGISCHER KURS

제7강

치료교육의 실제 II

_ 사례 1의 계속 – 특별한 심리적 징후
_ 사례 2 – 신체 발달이 늦은 7세 소년의 병력
_ 임신중인 어머니의 생활
_ 약한 아스트랄체를 치료하는 방법
_ 사례 3 – 경련을 일으키는 12세 소년의 병력
_ 경련 발작의 처치
_ 3세 반의 나이가 갖는 의미
_ 식물과 인체 조직과의 대비
_ 체격이 작은 채로 있는 어린이의
아스트랄체는 비대해진다
– 지나치게 활발한 아이

사례 1의 계속 – 특별한 심리적 징후

오늘은 다시 한 번, 어제의 사례에서부터 시작하고자 합니다. 이 소년은 다른 것에도 또한 특별한 심리적 징후를 보이고 있습니다. 그는 왔을 때부터 이미 그 징후를 보이고 있었습니다. 말하자면 오른쪽 두 번째 손가락에 작은 영靈을 들러붙게 하고 있었던 것입니다. 이 영을, 그는 항상 '앗씨 군Bebe Assey'이라고 불렀습니다. 마치 사람과 이야기하듯이 그는 그 영과 이야기를 했습니다. 그 영은 완전히 현실 속의 존재인 듯 했습니다. 그는 늑대인간처럼 변신할 수도 있었고, 사자가 되어 으르렁거리기도 했습니다. 다른 것으로도 변신을 했지만 가장 좋아하는 동물은 사자였습니다.

이 일에서 알 수 있듯이, 그의 아스트랄체는 육체 속에 정상적으로 자리잡지 못한 채, 그 일부가 밖에 남아 있었던 것입니다. 실제 앗씨 군은 아스트랄체의 잔여 부분입니다. 그러한 때의 아스트랄체는 그 한 조각이 늘어뜨려져 있습니다. 그리고 그곳에 밖으로부터 4대영四大靈[1]이 빙의憑依하고 있습니다. 외적이고 객관적인 작용과 내적인 주관적인 작용이 섞여 융합되어 있습니다. 교육자에게 있어 중요한 것은 아스트랄체가 경화하고 있는 신체조직 속에 완전히는 들어가 있지 않다는 것을 아는 일입니다. 여러분도 자신의 아스트랄체를 육체에서 빼내어 다시 육체 속으로 돌아갈 수 없게 한다면, 여러분의 아스트랄체는 모든 종류의 변신을 행하여 동물과 같은 형태를 보일 것입니다. 실제,

1 유럽에서 전해져 내려온 지地·수水·화火·풍風 등을 일컫는다. 지의 영은 Gnom, 수의 영은 Undine, 화의 영은 Salamander, 풍의 영은 Sylph 등을 일컫는다.

아스트랄체가 육체와 에테르체에 1/2, 혹은 3/4밖에 관계하지 않을 경우, 또는 바로 곁에서 독립한 상태로 있을 경우, 동물의 모습이 되는 것입니다. 이 아이의 경우, 그러한 현상이 분명히 나타나 있었기 때문에 아스트랄체와 에테르체와의 조화를 이루는 것이 대단히 어려웠던 것입니다.

사례 2 – 신체 발달이 늦은 7세 소년의 병력

다음 아이의 병력을 한번 더듬어 봅시다. 어머니에 의하면, 그 아이는 4주나 늦게 태어났습니다. 그 아이의 어머니는 임신 4개월까지, 연극 활동을 계속하였는데 때로는 날아 뛰어오르는 역할도 연출했습니다. 심지어 굴러 떨어진 일도 있었습니다.

이 아이는 생후 2년 3개월째에 영양 장애에 빠졌습니다. 두 살이 되어서야 겨우 설 수 있게 되었습니다. 최초의 4년간은 모든 것에 무관심했지만, 식욕만은 왕성했습니다. 이 아이가 말한 최초의 음성은 R이었습니다. 그것은 거의 드문 일입니다. 언제나 R음에서 울었습니다. 4세까지 몇 개의 말과 R음을 빼고는 이야기하는 것이 불가능했습니다. 그로부터 발음연습을 하게 되었고, 같은 어구를 처음부터 또는 끝에서부터 소리를 내며 연습했습니다. 이것은 나의 제안에 따라 이루어졌습니다. 발음연습과 동시에 신체에 안정감이 없어지고, 잠이 잘 오질 않고 밤이 되면 매우 흥분하고 피곤해 했습니다. 잠은 잘 잘 수 없었지만, 식욕은 왕성했습니다.

여러분은 이 소년을 보아도 나이를 짐작할 수가 없을 것입니다. 지금은 일곱 살로, 정확히는 6세 9개월입니다. 그러나 신체 발달이 전체적으로 뒤떨어져 있어, 나이를 가늠할 수가 없을 정도입니다. 머리가 지나치게 큰 것이 조금 눈에 띕니다. 그러나 전체적으로 발달이 뒤떨어져 있습니다. 즉, 태어나서 새 이가 날 때까지 신체가 특히 발달해야 하는 시기에 성장하지 못했던 것입니다.

이 시기의 신체조직에 대해서 이미 말했던 것을 기억하기 바랍니다. 최초의 7년기의 신체조직은 유전된 것입니다. 지금 겨우 그의 자아조직이 표면에 나타나 있긴 하지만, 최초의 7년기의 조직에서 급격히 변화해야 하는데도 그를 위한 토대가 되어 있지 않습니다. 왜냐하면 지금 활발히 작용하고 있는 이 소년의 에테르체가 최초의 7년기의 신체 모델에 강하게 의존하고 있기 때문입니다. 새 이가 날 때가 되었는데도, 이 소년은 전 단계에 머물러 있기 때문에 아직 치아 교체를 하지 못하고 있습니다. 치아의 성장 역시 늦어지고 있는 것입니다.

이 아이의 아스트랄체와 자아조직은 매우 약해서, 그것들이 유전된 신체에 대해서 자기주장을 할 수가 없으며, 유전된 신체 또한 작은 채로입니다. 이 아이가 4주 늦게 태어났다고 하지만 정말인지는 알 수가 없습니다. 만약 정말이라면, 그것은 이 아이가 태아 때부터 너무나도 작은 채로 머물러 있었던 결과입니다. 너무나도 작아, 10개월이 지났어도 그에 어울리는 형태를 취할 수 없었기 때문에 태아의 상태로 계속 머물렀던 것입니다. 그래서 우리들은, 이러한 사정이 과연 어떻게 해서 생겼는지를 조사해보려고 했습니다.

임신중인 어머니의 생활

첫째 이유로, 어머니가 임신 4개월까지 극장에서 연극을 했다는 것을 들 수 있습니다. 연극을 하는 동안은 분명히 열광이나 귀의歸依의 감정이 수반되었을 것입니다. 열심히 연극에 몰두하던 자유극단이었기에 단원들은 열광적으로 일에 전념했습니다. 어머니의 아스트랄체도 극도의 긴장에 지배되어, 태아의 성장에 그다지 관계없는 지적인 부분이 과도로 사용되고 있었습니다. 이 지적인 태도가 이미 태아의 아스트랄체의 육성에 부정적인 영향을 주고 있었던 것입니다. 이미 태아기 때부터 아스트랄체의 열등성이 정해져 있었던 것입니다.

전체적으로 성장이 뒤떨어져 있는 아이를 어떻게 다루어야 할까요? 보시는 바와 같이 아스트랄체는 전혀 무력한 상태 그대로입니다. 소년은 태어난 후 4년 동안 무관심의 상태였습니다. 순전히 동물적인 본능만이 발달되어 식욕은 왕성했지만, 말하는 능력은 뒤떨어져 있었습니다. 그리고 최초의 R음만을 내고 있었던 것입니다.

(소년을 향해서)

"자아, 로버트가 달린다Robert rennt고 말해 보렴."

(소년은 낮게 중얼거리는 듯한 음성으로 그렇게 말한다.)

이 아이는 완전히 R의 방향으로 기氣가 흐르고 있습니다. 이것에 어린이의 생명 전체가 표현되어 있다는 것을 잊지 말아주십시오. 임신중, 이 아이의 어머니가 무대에서 얼마나 격한 동작을 했었던가를 생각하고, 그리고 오이리트미에서 R의 음성이 '회전하는 음성'으로 특징지워져 있는 것을 생각해 주십시오. 그리하면 이 아이가 말하는 언어 속에, 어머니의 연기가 모습을 바꿔 나타나 있음을 알아챌 것입니다. 이것이 너무 강렬하게 나타나기 때문에 다른 것은 모두 배후에 눌려 있는 것입니다. 치료교육의 본질을 확실히 인식하는 데에 필요한 관련 사항을, 이러한 예를 통해 충분히, 깊게 인식해야 할 것입니다.

약한 아스트랄체를 치료하는 방법

보통 최초의 수년간의 대사·지체계는 아스트랄체와 자아에 의해 강력히 제어되어 있습니다. 그러나 이 아이의 경우, 아스트랄체가 너무 약해서 그 제어작업을 할 수가 없었습니다. 여기서 우리는 두 가지 중요한 점을 알 수 있습니다. 이미 인간 뇌의 본래의 의미를 언급했지만, 인체 조직의 모든 것은 성장과 붕괴의 과정을 보이고 있고, 붕괴과정은 항상 배설작용과 관계하고 있습니다. 그러므로 배설물은 붕괴의 흔적입니다. 여러분의 뇌는 붕괴되어가고 있습니다. 왜냐하면 혼의 지적인 심정心情 활동이 붕괴과정에 기초하고 있기 때문입니다. 이 활동은 주로 뇌에서 일어납니다.

아스트랄체가 약할 경우, 이 붕괴과정이 무질서해집니다. 배설물 역시 규칙적으로 배설되지 않고 체내에 남습니다. 배설물이 필요로 하는 굳기를 가질 수가 없기 때문입니다. 그래서 수두증水頭症이 아님에도 너무나 부드러운 뇌를 가지게 됩니다. 그러므로 뇌의 거울상이랄 수 있는 장腸의 내용물을 문제삼아 봅시다. 그것은 정상인 상태로 되어 있지 않으며, 장의 활동 역시 결코 정상일 수 없습니다. 특히 어린이의 경우, 무질서한 뇌의 활동과 무질서한 장의 활동은 서로 병행하여 존재합니다. 만일 여러분이 이 아이의 장의 활동을 정상으로 되돌렸다 해도, 아직 그것만으로는 머리의 활동이 정상으로 되지는 않습니다. 이 양자를 조화시키기 위해서는 의학적인 치료가 필요합니다.

그는 외부에 대한 심리적인 태도에 있어서도 불순한 점이 있습니다. 그에게도 이해가 갈 만한 무언가를 요구해 보십시오. 필경 여러분에게 조금 웃어 보이고는 아무것도 하지 않을 것입니다. 그는 이미 4세 때부터 발음연습을 시작했습니다. 앞에서부터 또는 뒤에서부터 하는 발음연습은, 에테르체와 아스트랄체의 관계를 정상적으로 만듭니다. 당시의 연습은 아스트랄체와 에테르체를 조화로운 관계로 만드는 것이었습니다. 여기서 주의할 것은 신체조직의 작용을 스스로 느끼게 하는 것입니다. 느낀다는 것은 신체조직의 성장력을 마음에 새겨 넣는 것입니다. 그러므로 자신의 신체조직을 느낄 수 있게 하는 치료 오이리트미의 연습이 중요한 것입니다. 그런 이유로 특별히 어울리는 음은 E입니다. U와 O도 마찬가지지만, E를 발음함으로서 자신의 신체조직 그 자체와 접하게 됩니다. O는 조정을 위해 필요합니다. U와 E는 어린이가 자기 자신을 느끼기 위해 필요합니다. 어쨌든, 자신의 신체조직을 느끼기 위해서는 그 어느 것이라도 시도하는 것이 좋습니다. 치료 오이리트미와 발음연습 외에 우리들은 무엇을 했었나요? 그룹을 지어 그림도 그렸습니다. 물론 그림을 그리는 것도 필요합니다. 그는 이제 의무교육을 받을 연령이 되었으며, 느린 걸음이지만 그는 분명 앞으로 나아갈 것입니다.

사례 3 - 경련을 일으키는 12세 소년의 병력

(다음의 어린이가 이끌려 나온다.)

저는 이 소년을 여행 중에 만났습니다. 이 아이는 꽤 까다로운 어린이입니다. 문제는 어디에 있을까요? 그는 12세이며, 외아들입니다. 그가 태어났을 때 겉보기에는 정상이었지만, 임신중 어머니는 분별없는 생활을 하고 술도 마셨다고 합니다. 최초의 3년간의 발달은 특히 두드러지는 점이 없이 지났다고 하는데, 그것에 대해서는 뒤에 언급할 작정입니다.

사실은 정상이 아니었다고 생각합니다. 왜냐하면 3년째에 돌연 고열이 나고 밤에 발작을 일으켰기 때문입니다. 그때는 길게 계속되지는 않았지만, 그 후 같은 발작이 빈번히 일어나게 되었습니다. 나중에는 평균 3개월에 한 번씩 일어났습니다. 그러므로 이 경련은 우리들이 이미 말한 바와 같은 특징을 보이고 있습니다. 즉, 경련은 생후 4년째부터 나타났던 것입니다. 그때까지의 신체조직은 아스트랄체를 되물리치지 않았습니다. 기관의 위벽은 아스트랄체를 되물리칠 정도는 아니었던 것입니다. 경련 중에는 완전한 무의식상태에 빠집니다. 이 일도 이미 말한 바대로 흔히 보여지는 증상입니다. 그리고서 그는 심하게 몸을 떨었습니다. 그것도 하반신을 말입니다. 그리고 눈도 왼쪽 방향으로 경련을 일으켰습니다. 발작이 멈추면, 피로가 심하고 종종 구토를 했습니다.

이상에서 알 수 있듯이, 3세부터 그의 제 기관의 위벽이 아스트랄조직을 받아들일 수 없게 되고 그 때문에 경련이 시작된 것입니다. 이미 말한 이유에서 분명하듯이 경련은 무의식 상태와 결합합니다. 그러나 이 아이의 경우에는 한참 후에 아스트랄조직이 벽을 뚫고 나오는 것처럼, 미리 잠재의식적 또는 반의식적인 노력을 행하고 있는 것입니다. 이 노력은 경련이 계속되는 동안 이어집니다. 그는 이 경련을 극복하지만, 그 대신 이전에 비해서 신체조직 속에 일종의 공허한 상태가 생깁니다. 그리고 그 불규칙함이 격한 경련이 되어 나타납니다.

그런데 이 아이의 좌반신은 우반신보다 약해져 있으므로, 이러한 경련이 끝난 후 해방되려는 아스트랄체가 이 신체조직의 약한 부분에 틀어박히게 됩니다(그림 14). 그래서 그의 왼쪽 눈에 경련이 일어나는 것입니다. 의사의 진단에 의하면 1년 전 1월, 그는 뇌 인플렌자에 걸렸었다고 합니다. 당시 이 아이는 위의 부조不調와 발열 후에 격심한 발작을 일으켰습니다. 위의 부조가 심한 발작을 수반했던 것입니다. 아이는 다시 건강해졌으나, 그로부터 2주 후에 왼쪽 팔과 발에 마비가 왔습니다. 이것은 대단히 특징적인 증세이므로, 필시 그대로였을 것입니다. 왜냐하면 여러분도 이해하시리라 생각하지만, 항상 이 아이는 긴장 후에 아스트랄체를 억지로 관철시키려고 했습니다. 그렇게 억지로 관철시킨 배후에는 항상 공허한 상태가 느껴집니다. 그런 후에 경련이 일어나고, 다시 아스트랄체는 좌측에 틀어박힙니다.

여기서 한 가지 사실에 주의하지 않으면 안 됩니다. 즉 인체조직의 내부에는 외부로부터 들어오는 것은 모두 신체조직 자신이 정리하는 것이 아니라면 본래, 독毒입니다. 여기에 어떤 조직이 있다고 합시다(그림 15). 그리고 오른쪽에서 왼쪽으로 아스트랄체가 옮겨가 그것이 심할 때는 물론 에테르조직에까지 작용을 미치고, 그 위에 육체로까지 영향을 주게 되면 좌반신으로 독이 가볍게 침투해갑니다.

그와 같은 독의 침윤은 마비로 나타납니다. 이 아이는 3개월 동안 마사지 치료를 받은 후에 마비가 없어졌지만, 가벼운 증상은 아직 남아 있습니다. 가벼운 후유증은 지금도 인식됩니다.

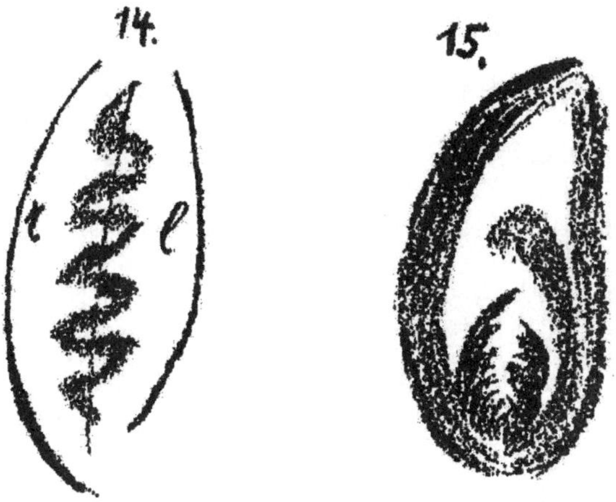

▲그림 14, 그림 15

(어린이를 향해서)

"이것을 집어보렴."

이와 같이 이 아이는 아직 왼쪽 부분이 서툽니다.

1923년 1월 이후, 발작의 성질이 본질적으로 변했습니다. 그것은 극히 짧은 시간에 나타났는데, 대개 수면 후 9시간 지나고 나서 나타납니다. 그때 이 아이는 돌연 비명을 지르며 눈을 뜨고, 그리고 몸을 일으킵니다. 그 경우, 특징적인 증상으로 장의 심한 고창鼓脹[2]이 인식됩니다.

경련 발작의 처치

현재는 거의 주 1회 정도 발작이 일어나지만 의식의 장해는 일어나지 않습니다. 이미 경련도 일어나지 않습니다. 경련의 발작이 지나가면 그는 벌떡 일어납니다. 그래서 1924년에 뇌 절단을 시도했지만 어떤 결과도 얻을 수 없었습니다. 최후로 유산 칼슘Calcium lacticum 치료를 했습니다. 이 아이는 잠이 잘 안 오고 수면 중에는 종종 잠꼬대를 합니다. 특히 식사를 밤늦게 몰아서 먹곤 합니다. 그는 식욕은 있지만, 과일과 야채를 싫어하고 생선을 좋아합니다. 현재 소화 상태도 좋고 이전처럼 변비도 일으키지 않습니다. 금방 지치며, 상상력이 매우 활발합니다. 어떤 사람에게라도 상당히 붙임성이 있으나, 특정의 사람과는 부모라 할지라도 기분이 맞지 않습니다. 걸핏하면 화를 내는 성질이 있고, 동물이나 식물에 애정을 가지고 있습니다. 조금 수다스러운 것도 특징으로 들 수 있습니다. 이것도 병력에 포함됩니다. 수다를 떠는 것이 그에게는, 필요한 그 무엇인 것입니다. 그는 자신을 밖으로 잘 나타내므로 본질적인 점은 여러분이 관찰할 수 있을 정도입니다.

이 아이에게는 다음과 같은 사정이 있었습니다. 단지 이 아이는 11세이므로, 모델 몸이 아닌 제2의 몸은 이미 만들어진 상태입니다. 어머니가 임신 중에 몸을 잘 돌보지 않는 생활을 하고 술을 자주 마셨기

2 장내에 가스가 차서 배가 부른 증세. — 역자 주

때문에, 이 아이가 받은 모델 몸이 이미 손상되어 있었습니다. 이 아이의 태도로 보아, 최초의 모델 몸 그 자체가 극단으로 무질서한 상태였다고 생각됩니다. 필시 2주 정도 조산했을 것입니다. 왜냐하면 아이의 어머니가 자신의 몸을 태아를 위한 적합한 장소로 제공하지 못해, 모든 면에서 태아는 충분한 발육을 할 수 없었기 때문입니다. 특히 임신 중에 술을 마시면 그렇게 될 확률이 높습니다. 지금 설명했듯이, 3세까지는 아무 이상도 없었습니다. 그러나 좀 더 미묘한 변화를 관찰할 수 있었을 것입니다.

어쨌든 간에, 이 아이는 일찍부터 이야기를 하려고 했음에 틀림없습니다. 왜냐하면, 분명 아스트랄체와 자아조직이 목이나 입 있는 곳까지 나오려고 매달려 있었을 테니까요. 늘 그것을 체내에 가두어두는 것이 곤란했을 것입니다. 외부를 향한 신경질적인 흥분이, 모방의 원리가 억눌린 탓에 오히려 내부의 유기적인 충동으로 표면에 나타났으리라 생각됩니다. 이것이 3세 안에 관찰되었을 것입니다.

3세 반의 나이가 갖는 의미

최초의 7년기(0~7세)에 자아와 아스트랄체가 두부조직을 통해서 올바른 작용을 할 수 없으면, 7년의 반에 해당되는 3세 반 무렵에 반동이 생깁니다. 지금까지는 천천히 성장해 온 머리의 모든 기관이 — 그 성장은 7세에서 하나의 완성을 보는 것이지만 — 이 무렵에 위축됩니다. 왜 위축되는 것일까요?

왜냐하면 태아기에, 태아로서 완전한 성장을 할 수 없었기 때문입니다. 만약 이 아이가 태아기에 충분히 성장해 있었다면, 모든 기관이 보다 완전하고 확실한 형태를 할 수 있었을 것입니다. 그런데 완전히 만들어진 모델로서의 몸이 없으므로 3세 반이라고 하는 중요한 시기에, 즉 모든 기관이 확실한 형태를 가질 필요가 있는 시기에, 모델이 기능할 수 없었던 것입니다. 따라서, 아스트랄체가 제 기관의 위벽을 통해서 신체 전체에 작용해야 하는 때에, 그럴 수가 없어 여러 문제들이 일어난 것입니다. 그 경우, 위나 장의 상태가 망가집니다. 여러분도 반드시 그 일을 관찰하게 되리라고 생각합니다.

아스트랄체가 두부頭部에서 지체로의 정상적인 작용을 하지 못하면, 장을 비롯한 소화계 전체가 약해집니다. 자아조직이 바른 방법으로 소화계에 관계할 수 없는 것입니다. 활동이 둔한 소화작용이 보여질 때는, 자아조직이 정상적인 방식으로 작용하지 않는다고 생각해야만 합니다. 소화기가 약할 경우, 소화작용에 필요한 작용을 자신 속에 받아들일 수가 없는 것입니다.

▲ 그림 16

식물과 인체 조직과의 대비

여기에 있는 이 식물을 보면, 식물의 뿌리는 사람의 두부조직에 대응하는 작용을 하고 있습니다(그림 16).

잎은 순환기계循環器系에, 그리고 열매나 꽃은 장이나 소화기계消化器系에 해당됩니다. 그러므로, 발달이 손상된 이 소화조직은 위를 향해 피어 있는 이 꽃과 아무 공통점이 없습니다. 여러분도 이해하시는 바와 같이, 아스트랄체는 복부 전체 속에서 어떤 소화기계에도 편입되지 않고 자유롭게 존재합니다. 어떤 사람의 아스트랄체도 살(肉)과 친화적인 관계를 가지지만, 아스트랄체는 특히 육식을 좋아하게 되어 있습니다.

한편, 사람이 신맛을 싫어하는 것도 이해할 수 있습니다. 왜냐하면, 신맛이 아스트랄체에 특별히 강하게 작용하기 때문입니다. 만약 아스트랄체가 신체조직 속에 정상적인 방식으로 들어가면 신맛의 작용을 신체조직으로 보낼 수가 있지만, 정상적인 방법으로 들어갈 수 없을 때에는 산의 작용에 대해 예민하게 느끼고 쉽게 상처받습니다. 이러한 경우야말로, 생체의 작용을 잘 관찰할 수 있습니다. 실제 이러한 무질서 상태에 있어서는, 위의 상태가 나빠지는 것도 전혀 이상한 일은 아닙니다. 위의 상태가 나쁜 것은 지금 말한 무질서한 상태가 대사계 속에 존재한다는 하나의 징후에 불과합니다. 모든 병은 이러한 무질서에 의해 생깁니다. 그리고 당연한 일이지만 이러한 위의 상태가 발작을 불러일으키는 것입니다.

그런데 1923년 1월 이후, 이 아이의 발작에 본질적인 변화가 생겼습니다. 발작은 잠시 동안만 계속되고, 수면 후 9시간이 지나서 나타납니다. 아이는 소리 지르고, 잠에서 깹니다. 장 속에 심한 고창이 나타나고, 현재 이 아이는 주 1회 정도의 발작을 일으키고 있습니다. 이것은 언뜻 보기엔 걱정스런 일처럼 생각되지만, 한편으론 어딘가 구원이 있는 것처럼도 보입니다. 왜냐하면 일종의 치유 과정이랄 수 있는, 자연적인 회복이 나타나고 있기 때문입니다. 그것은 내적으로 일어난 분리 — 병세가 좋아 지는가 나빠지는가의 경계선 — 입니다. 회복의 과정은 물론 천천히 진행되며, 그 외의 것은 기대할 수 없습니다.

왜, 수면 후 9시간이 지나서 이러한 발작이 일어나는 것일까요? 왜냐하면 아스트랄체가 육체에 다시 한 번 돌아오기 시작하는 때이기 때문입니다. 그러나 그것은 결코 쉽지 않습니다. 아스트랄체는 육체 속으로 들어갈 수 없습니다. 육체 속으로 들어가려고 할 때마다 밀려 되돌아옵니다. 그래서 그러한 증상이 나타나, 어린이가 벌떡 일어서기도 하고 고함을 지르기도 하는 것입니다. 신체 중에 아스트랄체가 머물면 비교적 좋은 상태가 계속됩니다. 복부에 심한 고창이 생기는 것은, 아스트랄체가 아직 장 속에 완전히 편입되지 않았기 때문입니다. 아스트랄체가 비교적 독립하고 있기 때문에 특징적인 심적 징후가 나타납니다. 끊임없이 땀을 흘리든가, 금방 흥분한다든가, 상상력을 활발히 움직인다든가 합니다. 그러면 도대체 이러한 경우에 무엇을 하면 좋을까요?

그러한 경우에 특히 중요한 것은, 멋대로 혼자서 작용하는 아스트랄체의 힘을 빼앗아 그것을 에테르체와 육체에 적응시키는 것입니다. 이 어린이에 대하여 우리들이 해야 하는 최초의 처치는 바로 장난감을 문제 삼는 일입니다. 장난감은 어린이의 혼에 있어 독毒인 것입니다. 이 아이의 상상력은, 아직 미완성인 형태에 대해 작용하지 않으면 안 됩니다. 그러므로 가능한 한 그림을 많이 그리게 하거나, 특히 조소나 조각을 하게 해서 아스트랄체를 활발하게 움직여줘야 합니다. 적당한 크기의 나무 조각을 그에게 주어 사람 형태를 만들어 보라고 권하는 것도 좋습니다. 이것이 그에게 최초로 해야만 하는 교육자의 태도입니다.

이미 완성된 제품을 건네주는 일은 삼가십시오. 그 자신이 여러 가지 일을 함으로써 그의 팔다리가 운동할 수 있게 배려해 주어야 합니다. 그의 경우 지금부터 이러한 일이 필요하게 됩니다.

그런데 이 아이의 경우, 어딘가에 아스트랄체를 통과시키지 않는 장기臟器가 있다고는 생각할 수 없습니다. 오히려 모든 신체기관이 그러한 상태를 하고 있고, 가벼운 정도의 기형을 보이기 때문에 아스트랄체가 신체 속으로 들어갈 때 약한 좌측 부분으로 가게 됩니다. 그러므로 언제라도 좌측에서 마비가 일어날 위험이 있지만, 가벼운 정도라면 이 나이 때는 큰 해가 되지 않습니다. 오히려 신체를 강화시키는 방향으로 이 아이가 이 체질 때문에 특히 싫어하는 음식, 즉 과일 산을 포함한 모든 음식을 아주 적은 량만 그가 좋아하는 음식에 섞어주는 것이 바람직합니다. 그것을 다른 음식과 함께 섭취할 수 있도록 합니다. 고기를 넣은 그릇 속에 미리 과일산을 포함한 무엇인가를 넣거나, 극히 적은 양의 잼을 첨가한 고기 요리를 먹게도 합니다.

그 다음으로 발도르프학교처럼, 성실한 교수법을 가진 수업에 참가시킵니다. 이 아이가 얼마나 빨리 나아지는가는 중요하지 않습니다. 그가 수업에 참가하는 것이 무엇보다 중요합니다.

오이리트미를 연습할 때에는 개개인의 음성에 구애받지 말고, 아스트랄체를 잘 형성할 수 있도록 지체를 활발히 운동시킵니다. 지금의 상태가 어떻든, 이 아이는 점차 자신의 치료에 협력할 것입니다.

체격이 작은 채로 있는 어린이의 아스트랄체는 비대해진다 – 지나치게 활발한 아이

그것에 반해서, 그 전에 언급했던 아이는 일종의 작은 악마와도 같은 상태를 하고 있어 다루기가 상당히 곤란합니다. 부디 생각해 보십시오. 어린이의 몸이 작은 채 머물러 있을수록, 그만큼 아스트랄체는 육체 조직에 적응하지 않고 커져 있는 것입니다. 실제, 이 아이의 아스트랄체는 자각하고 있지는 않아도 어머니의 영향으로 훌륭한 연기자가 되어 있습니다. 만약 이 아이가 어느 한 면으로만 길러져서, 예를 들면,

연극수업을 한 명의 선생이 아닌 여러 선생이 맡아서 따로따로 세부적으로 지도했다고 합시다. 이 아이는 연기자들에게 R이나 그것에 관련하는 음성을 가르칠 수 있을 정도에까지 이를 것입니다.

이 아이는 안정되어 보이지만 움직임이 매우 다양합니다. 이 작은 어린이 속에는 정말로 초감각적인 존재가 깃들여 있습니다. 바꾸어 말하면, 조금 전 여러분의 앞에 앉아 있던 존재 속에는 작은 초능력자의 모습과 능력이 있었던 것입니다. 거기에는 연기자도 존재하고 있고, 어떤 재주넘기도 거뜬히 해치울 정도로 강한 힘을 가지고 있습니다. 가령 이 아이가 아주 녹초가 되어 걸어 돌아다닌다고 해도 말입니다. 결국 이 아이는 우리들에게는 매우 힘에 겹습니다.

치료 오이리트미나 언어 형성법과 같이 육체를 통해 지성에 작용하는 것을 예외로 한다면, 육체에 작용을 해도 단지 안정성이 없는 아스트랄체만 마주하게 됩니다. 이 아이는 육체를 통해서 인간성에 작용을 거는 것이 가능하지 않습니다. 반대로 여러분은 마치 마술사의 제자가 되어 버린 듯한 자신을 느끼게 될 것입니다. 말하자면 그 제자가 빗자루를 둘로 쪼갰는데도 제각각 흔들리는 것입니다. 이 아이를 교육하려고 해도, 여러분은 그저 이 아이의 운동능력을 강화시키는 것 밖에 할 수 없을 것입니다. 여러분은 언제나 활발한 아스트랄체와 마주하게 될 것입니다.

이러한 경우에는 어떠한 교육이 필요할까요? 종종 행해지고 있는 것과 정반대로 행해야 합니다. 연극적인 흥분을 어린이에게 체험시키는 것에 가치를 둡니다. 그러나 이 아이의 경우에 중요한 것은 수업중의 흥분을, 그 후에 완화시켜주는 것입니다. 이 원칙은 모든 수업에 적용되어야 합니다. 그러므로 이 아이의 주의력에 바르게 호소하기 위해서는 인내를 가져야 합니다. 그 아스트랄체가 어떠한 것일지라도, 바른 상상력에 응답할 수 있는 것을 제공하지 않으면 안 됩니다. 그러므로 가능한 한 재미있고 마음을 설레이게 하는 이야기를 생각해내야 합니다. 어린이의 바로 곁에서, 당신 자신이 상상력이 풍부한 시인이 되는 것입니다. 그리고 이 이야기가 커다란 흥분을 불러 일으켜, 여러분이 어린이의 무의식적인 아스트랄체 속까지 들어갔다면 이번에는 그것을 내모는 시도를 해보십시오. 지금까지 이야기한 것이 우스꽝스러운 것이 되도록 해보십시오. 커다란 일들을 성취하고 어린이를 기쁘게 했던 주인공에 대해 이번에는 비판적으로 이야기하는 것입니다. 예를 들면 다음과 같습니다.

"그런데 이런 커다란 일을 할 수 있었던 사람이, 그때마다 반드시 코를 푸는 습관이 있었어. 그렇게 하지 않고는 직성이 풀리지 않았단 말이야."

무엇이든 좋습니다. 최고의 흥분을 느끼게 해준 이야기를 우스갯거리로 만드는 것입니다. 그리고 전체를 공중분해 시켜버립니다. 그러나 어린이의 기쁨을 아주 엉망으로 해서는 안 됩니다. 커다란 사건이 물거품처럼 사라져 버렸다고 설명할 때에도 즐거움을 잃게 해서는 안 됩니다. 이 수업 전체를 통해서, 어린이의 아스트랄체가 육체에 적응하고 싶게 하는 것입니다. 여러분 자신이 시인이 되고, 그리고 이야기 속에서 자신을 적당히 얼버무리고 달아나는 것처럼 해서, 강한 인내심으로 어린이와 사귀는 태도를 유지하십시오. 그러면 이 아이는 9~10세에 이르러 자연스런 성장을 되찾기 시작할 것입니다. 그렇게 된다면 대단한 성과를 올린 것입니다. 그 일에 의해, 이미 태아기에 만들어진 무질서한 신체조직 전체가 정상으로 돌아올 것입니다. 여러분의 행위를 통해서 이미 있었던 여러 가지 증상이 없어질 것입니다. 증상에 직접 손을 대려는 것은 효과가 없습니다. 즉, 이 아이에게 R을 강조하는 습관을 없애려는 것은 불가능합니다.

마치 바이마르의 한 연기자의 습관을 고치는 것이 불가능했듯이 말입니다. 이 연기자는 물론 어린이는 아니었지만, 후로인델Freunderl(친구)이라고는 말할 수 없었습니다. 각각의 철자를 강조했던 것이지요. 그는 이 원칙을 상당히 강조해서 발음했습니다. 그러므로 '후-로인-델Freunderl', '게푸후-헤-엔Kopfchen', '킨트-라-인Kindlein'이라고 말했습니다. 이러한 경우에는, 직접 고치려 해도 소용이 없습니다. 어린이에게서 R을 제거하려는 것은 틀린 방법입니다. 그것은 어린이를 그저 재미없고 나태한 존재로 만들 뿐입니다. 그것에 반해, 제가 말씀드린 방법을 행하면 R에의 경향이 스스로 사라질 것입니다.

HEILPADAGOGISCHER KURS

제8강

치료교육의 실제 Ⅲ

_ 사례 4 - 수두증이 있는 11개월된 남자 아기
_ 얼굴이 파랗게 질린 상태로 태어났을 때
_ 어머니의 자궁은 지상의 영향으로부터 보호받는다
_ 어머니의 감정과 어린이와의 관계
_ 어린이의 지체계脂體系는 아버지로부터, 두부계頭部系는 어머니로부터 영향받기 쉽다
_ 사례 5 - 도벽이 있는 12세 소년
_ 사례 6 - 금발인 유황질의(난폭한) 소녀

사례 4 – 수두증이 있는 11개월 된 남자 아기

사랑하는 여러분, 먼저 이 남자 아이의 스케치를 보십시오. 이 아이는 대단히 그림을 잘 그립니다. 특히 세밀한 부분을 이렇게 정확히 파악하고 있습니다. 이것을 보면, 이 아이가 뛰어난 관찰력을 가지고 있고, 그가 어떠한 그림을 그리려고 하는지를 알 수 있습니다. 학교에서 배우고 있는 사항을 그대로 그림으로 그리고 있는 것입니다. 그는 이 그림을 학교에서 그렸는데, 모두 각자 자신의 공부를 하고 있는 것을 그렸습니다. 우리는 경제적인 면을 고려해 어떤 종이라도 양면을 사용하고 있습니다.

(남자 아이를 향해서)

"너에 대한 것을 칠판에 그려도 상관없겠지? 자, 이것이 너에 대한 그림이란다."

(이 소년의 일은 뒤에 언급되고, 다시 새로운 아이가 소개된다.)

어린이를 이쪽으로 데려와 주십시오. 이 아이의 머리가 특별히 큰 것은 수두증水頭症이기 때문입니다. 수두증에 대해서는 후에 말하겠지만, 이 아이의 머리 둘레는 64센티미터입니다. 이 아이를 맡았을 때에는 44센티미터였습니다. 2월 25일은 54.5센티미터, 4월 7일에는 56센티미터로 되었습니다. 4월 7일부터 11일까지에는 한층 더 커져서, 4월 19일에는 58센티미터, 5월 28일에 61센티미터, 7월 1일에는 64센티미터로 되었습니다.

그밖에 두부頭部에서는 이상한 발달을 볼 수 없었고, 다른 어린이와 전혀 다르지 않습니다. 물건을 잡을 수도 있고, 식욕도 있고, 병이 났을 때 외에는 매우 쾌활합니다. 귀가 대단히 커서 머리 크기와 어울립니다. 그 귀를 보면, 본래 머리의 비대화가 어디서부터 시작되는지를 알 수 있습니다. 바로 여기서부터 시작되어 여기로 계속됩니다. 안면과 이 비대화는 무관합니다. 안면은 부풀어 오른 것일 뿐 비대해진 것이 아닙니다. 여러분은 이 아이가 눈으로 사물을 보고 있다고 생각하시겠지만, 그는 일반적인 빛의 현상을 볼 뿐 정확히 대상을 보고 있는 것은 아닙니다.

이 아이의 현재의 모습을 태아와 비교하면, 이 아이가 매우 큰 태아처럼 생각됩니다. 실제 이 아이는 태아의 단계에 계속 머물러 있고, 태아기의 성장법칙을 아직 억누르지 못하고 있습니다. 그것은 원인으로 되는 작용이 내부에서 강력하게 생기기 때문입니다. 어떤 경계를 넘으면 두부 형성의 조화가 어느 정도 가능하다고 생각합니다. 이상의 점을 제외한다면, 이 아이는 건강한 아이입니다.

인간의 신비가 이 아이를 통해서 표면으로 나타나고 있습니다. 이러한 장애는 인간의 생명뿐만이 아니고, 전 우주의 생명으로까지 빛을 던지고 있습니다.

얼굴이 파랗게 질린 상태로 태어났을 때

이 아이는 생후 6개월에 우리에게 왔습니다. 태어난 것은 작년 8월입니다. 나는 영국에 가서 없었지만, 내가 이름을 준 아빠가 되었습니다. 이 아이는 정상적으로 태어났으며, 어머니는 임신 중 줄곧 건강했습니다. 특히 주의했으면 하는 점은, 그녀는 임신 중 상당히 많은 시간, 타자기를 사용했다는 것입니다. 이것에 대한 설명은 후에 하겠습니다.

태어났을 때, 이 어린이는 어떤 특별한 점도 없었으며 태아기에도 내내 정상이었습니다. 생후, 폐로 호흡하게 된 후부터 이상한 상태를 보였습니다. 태어났을 때 탯줄이 머리에 감겨 있었고, 양수 속에는 태변이 섞여 있었습니다. 체중은 약 2.4킬로그램이었습니다. 생후 2주 동안 경련을 한 번 일으켰는데, 이 일도 기억해두기 바랍니다. 즉 자아조직과 아스트랄체가 육체와 에테르체에 들어갈 수 없는 상태가 확실하게 나타나기 시작한 것입니다. 그때는 얼굴이 파랗게 되고 어깨를 떨고 있었습니다.

얼굴이 파랗게 된다는 것은 언제든지, 육체 속으로 들어가 가라앉을 수 없는 것을 의미합니다. 극단적으로 파래질 때에는 특별한 기벽도 생깁니다. 그러한 경우에는 태어났을 때 이미 강도의 아스트랄체가 형성되어 있었음을 나타냅니다. 예를 들면, 괴테의 경우에도 출산 시에 아스트랄체가 이미 강하게 형성되어 있었습니다. 괴테도 얼굴이 파란 상태로 태어났습니다. 그리고 나중에 아스트랄체와 자아조직을 수용할 수 있게 되었던 것입니다.

이 아이의 경우, 경련은 조금 후에 일어났습니다. 그 후 반년 동안은 아주 정상적으로 성장하였습니다. 물론, 완전히 정상적이었던 것은 아닙니다. 머리와 지체 사이의 불균형을 미처 알아채지 못했을 뿐입니다. 이 아이는 유모한테서 키워졌습니다. 태어났을 때 머리는 눈에 띄게 작았으나, 신경·감각조직이 약하다고는 말할 수 없었습니다. 9월경부터 점차로 머리가 커지기 시작했습니다. 물론 좀 더 일찍부터 시작되었던 것이지만, 어머니는 그것을 이상한 일이라고는 생각하지 않았던 것입니다.

그 아이가 일주일 동안 체중을 380그램이나 늘어나는 두드러진 변화가 있었는데도, 그것을 이상이라고는 인정하지 않았던 것입니다. 12월 중순경, 머리 둘레는 49센티미터로 되었습니다. 어린이는 얌전하였고 그다지 울지 않았습니다. 무관심 상태였습니다. 천문泉門이 대단히 긴장되어 있었지만, 식욕은 있었습니다. 두피에 화농한 물집이 생겼습니다. 통변도 있었습니다.

이러한 경우에 가장 중요한 것은 직접 관찰하는 것이며, 특히 영적으로 관찰하는 것이 중요합니다. 이 아이의 경우에 분명한 것은, 이 아이의 아스트랄체가 어머니의 아스트랄체의 특징을 확실하게 받고 있었다는 것입니다. 이처럼 그 유사성이 현저한 예는 별로 없습니다. 그렇다고, 자아조직도 같은 특징을 보이고 있다고는 말할 수 없습니다. 오히려 자아는 미발달 상태에 계속 머물러, 임신 6~7개월 때의 태아의 자아에 머물러 있습니다. 아스트랄체가 극도로 발달한 결과, 자아조직은 임신 최후의 2~3개월의 성장을 아스트랄체와 함께 하는 일없이 지내버렸던 것 같습니다. 그리고 태어난 후 어린이는 이 아스트랄체를 통해서, 태아기에 가지고 있던 모든 힘을 자기 속에 계속 보유해왔습니다. 그래서 특히 생후 2~3개월은 태아기의 상태를 본질적으로 계속 유지하고 있는 것입니다.

생후 2~3개월간의 모체 밖에서의 발달은, 태아로서 태내에서의 발달과 상당히 닮아 있습니다. 그 이유는, 어린이의 신체의 근본적인 변화가 호흡계부터 시작되기 때문입니다. 어린이와 외계의 공기와의 관계는 천천히 습관들이지 않으면 안 되며, 조금 지나서는 생체 전체에까지 그 영향이 미칩니다.

물론 이 관계는 처음부터 생체에 영향을 주지만, 점차 생체 전체에 미칩니다. 그러므로 생후 잠시 동안은 태아의 힘이 아직 작용하고 있는 것입니다. 따라서 이 아이의 발육부전發育不全이 인체를 황폐시키고 있는 데도 미처 알아차릴 수 없었던 것입니다. 이 아이의 발육부전은 태아의 조직이 그대로 남아 있을 정도로 극단적입니다.

어머니의 자궁은 지상의 영향으로부터 보호받는다

그런데, 태아는 커다란 머리와 작은 신체를 가지고 있습니다. 커다란 머리는 여러 가지 우주작용력의 결과입니다. 태아의 머리조직은 그 전체가 우주의 모든 힘이 작용한 작품이라고 말할 수 있습니다. 어머니의 자궁은 그 움직임이 지상의 모든 힘으로부터 보호되고 있는 장소입니다. 자궁은 지상의 영향이 미치지 않는 공간을 확보하고 있고, 그곳에는 우주작용만이 통용됩니다. 그곳은 우주와의 직접 결합, 우주작용만이 생기는 공간입니다. 그런데 이러한 곳에서 머리의 조직이 성장해

갑니다. 모체의 움직임이 태아에 작용할 때, 태아는 대사·지체계 속에서 그 작용을 멈춥니다. 그러므로 이 아이의 경우에는, 우주의 모든 힘이 생후까지 계속 작용하고 있다고 말할 수 있습니다. 지체·대사계의 발달이 요하는 지상적인 모든 힘이 우주적인 모든 힘에 의해 계속 지배되는 것입니다. 그 결과는 명확합니다. 만약 이 아이가 10개월 이상이나 모체 속에 있었다고 하더라도, 머리가 더 발달하거나 지체가 충분한 성장을 이루지는 않았을 것입니다. 그 경우에는 초지상적, 우주적인 것만이 성장했을 것입니다.

그러면 어떻게 이러한 일이 가능할까요? 여기서 이러한 일이 언급되고 있는 이 순간에 전보가 왔습니다. 이 아이의 부친이 심장발작으로 세상을 떠났다는 것입니다. 대단히 유감스런 일입니다. 이 일을 기억하시기 바랍니다.

어머니의 감정과 어린이와의 관계

우리들은 다음의 사항을 알았습니다. 우리들은 어머니에게 다음과 같은 질문을 했습니다. "당신은 임신 중에 무언가 특별히 마음에 걸리는 일이 있었습니까?" 그리고 다음과 같이 덧붙였습니다. "아이가 당신의 뱃속에 더 있지 않고 태어난 것이 괴로운 일이었습니까?" 어머니는 그렇다고 대답하였습니다. 그녀는 저 우주공동체 속에서 아이와 함께 결합되어 있었던 것입니다. 아이가 태어남으로서 자기로부터 사라져간 것이, 아이를 더 이상 태내에 머물게 할 수 없는 것이, 그녀에게는 괴로운 일이었던 것입니다. 이 감정은 카르마적인 의미에서 엄마와 아이

사이에 극도로 강한 관련이 있어 보이지만, 다른 면으로는 태아기에 작용했던 모든 힘이 생후에도 어린이 속에 계속 머무르게 했던 것 같습니다. 여기에 어머니의 이상한 혼의 상태가 시작되고, 깊은 카르마와의 관련이 어린이에게 감염되었던 것입니다.

그런데, 생활환경이라는 것이 상당히 복잡하므로 모든 것을 통찰하기는 곤란합니다. 그러나 이러한 경우에는 드러나는 일이 종종 사항의 본질을 보여줍니다.

어린이의 지체계肢體系는 아버지로부터, 두부계頭部系는 어머니로부터 영향받기 쉽다

아이가 태어난 지 채 1년이 되기 전에 아버지가 협심증으로 세상을 떠났습니다. 이러한 사정에는 늘 깊은 관련이 있습니다. 그것은 오늘이나 내일의 문제가 아닙니다. 부친은 오랫동안 심장병을 앓아왔습니다. 심장병이 지체와 얼마나 깊게 관련하는지, 또한 어떤 종류의 심장병이 발의 조직을 빠르게 약화시키는지, 지체의 가장 중요한 관절 조직과 관절 골액이 심장병 때문에 얼마나 괴로움을 당하는지를 생각해 보기 바랍니다.

지체계는 아버지에게서, 두부頭部조직은 어머니에게서 영향을 받는데 이 유전의 작용을 잊어서는 안 됩니다. 생체의 힘을 지체 내로 가져올 수 없는 아버지의 특질이 어린이에게 전달되어, 그 때문에 어린이의 두부조직이 어머니로부터 극도로 작용받게 된 것입니다. 여기서 다시 한 번, 어머니가 왜 태아를 그토록 사랑했었는가가 분명해졌다고 생각합니다. 그 이유는 어린이가 아버지 쪽의 유전의 힘을 그다지 받을 수 없었다고 하는 것, 어머니만이 중요한 것을 줄 수 있었다는 것에 의한 것입니다.

이것은 하나의 전형적인 예입니다. 이것이 이상異常을 가진 어린이의 원현상原現象으로 될 수 있다는 것을 여러분은 이해해주기 바랍니다. 이 아이에게서 볼 수 있는 것은 태아기까지 거슬러 올라가는 발육부전發育不全의 극단의 경우입니다. 이 같은 사항은 여러 형식으로 어린이들의 발달 과정에 나타납니다. 이 경우는 태아 상태가 생후에 생기는 모든 것을 압박하고 있지만, 새 이가 난 후부터는 최초의 7년기의 힘이 우세해지는 일도 있습니다. 제1의 7년기의 아이에게 생후에 이행할 수 없는 사태가 일어날 수 있는 것처럼, 아이가 제3의 7년기에 이르러도 제2의 7년기의 성장밖에 이루지 못한 사태가 일어날 수도 있습니다. 이 경우, 어린이를 겉에서 보면 사춘기이지만 성장은 제3의 7년기(14~21세)에 이르지 못한 채, 그 신체구조 전체는 7세부터 14세까지의 작용이 계속되고 있는 것입니다. 여러 가지 단계에서의 발육부전을 생각할 수 있습니다. 이것은 극단의 경우이지만, 여러분이 극단의 예를 안 후에 수많은 예를 접하는 것이 치료교육상 중요합니다.

내일, 치료와 병리의 문제를 다루게 되므로 오늘은 개개의 사례를 보았습니다. 이상異常에 대한 치료교육적 관점은 내일 이야기하겠습니다.

사례 5 - 도벽이 있는 12세 소년

(슈타이너 박사는 여기서 이 시간 처음에 소개했던 어린이에 대해서 말한다.)

조금 전의 소년을 보고 '어째서 이 아이가 문제일까?' 하고 생각한 사람도 많았을 것입니다. 겉보기엔 그가 그저 기분 좋게 대해주는 소년으로만 보입니다. 그는 다른 어린이들과 같이 그림을 배우고 있고, 또 몇 시간 그와 이야기해도 느낌이 좋고, 기분 좋은 대답을 합니다. 그와 만나는 사람들은 그 같은 일을 경험하므로, 그에게서 이상한 점을 발견하지 못하고 필경 다음과 같이 말할 것입니다.

"이 인지학자들은 이상하다. 다른 어린이들의 모범이 될 만한 아이를 임상치료원에 보내서 치료하고 있다."

실은, 이 소년은 믿기 어려울 정도의 수법으로 도벽盜癖을 보이고 있습니다. 일방적으로 도벽만이 혼의 다른 모든 영위로부터 떨어져 나와 있는 듯이 말입니다. 본래, 모든 생활 현상에 작용을 미쳐야만 하는 의식이, 바로 훔치는 경우에 한해 배제되어 있는 것입니다. 도둑질을 매우 교묘하게 하면서도 그는 자신의 행위를 그다지 의식하고 있지 않습니다. 그는 베른 학교에 다닐 무렵, 그리고 다른 곳에서도 자백을 했습니다. 그는 굉장히 교활한 행동을 하기 때문에, 그에게 자백을 받는 것은 쉽지 않은 일이었습니다. 그러나 그의 행동이 이기적인 것은 아닙니다. 그는 아주 교묘한 방법으로 훔친 물건을 친구들에게 주어 버리거나, 친구들을 기쁘게 하기 위해서만 훔친 돈을 써버립니다. 그러한 일이 가능한 아이인 것입니다. 그 경우에, 무의식적으로 거짓말을 잘 합니다. 왜냐하면 그는 의식이 개개의 태도에까지는 미치지 못하므로 자기가 무엇을 하고 있는 것인지 분별하지 못하기 때문입니다. 왜 도둑질을 했는지 고백할 처지가 되면, 그는 상상도 할 수 없을 정도의 거짓말을 지어냅니다. 그가 어떻게 해서 물건을 발견했는지, 어떻게 그것이 그곳에 있었는지, 그것을 정말 교활한 방법으로, 긴 이야기로 만들어냅니다. 물건은 사실 마법에라도 걸린 것처럼 없어졌던 것입니다.

베크만 박사의 이야기에 의하면, 오랫동안 모두 그가 극히 정상인 소년이라고 생각하고 있었습니다. 그동안 그의 도둑질을 어느 누구도 눈치 채지 못했던 것입니다. 그런데 어느 날, 누군가의 가방에서 무엇인가 없어지고, 다른 가방에서도 무언가가 없어졌습니다. 말하자면, 주위의 사람들은 어느 날 자신의 소유물이 없어진 것을 알게 된 것입니다. 물품은 그저 사라졌습니다. 그리고 임상치료원에 떠도는 물품의 비물질화 현상에 관한 기묘한 이야기와, 이 소년이 모든 학교로부터 퇴학 통고를 받았던 사실, 이 두 가지 사실이 있을 뿐이었습니다. 그러나 어른이 했다고도 생각할 수 있습니다. 현재 이 병원에는 52명이 일하고 있으므로, 그 중에 누군가가 했을지도 모르지요. 갑자기 그러한 것을 생각한다는 일은 물론 싫은 일입니다. 심령학자라면 물품의 비물질화 현상이 일어났다고 설명하는 것으로서 만족할 수 있을 것입니다. 대상물의 비물질화 현상에 대해서는 어떠한 이론으로도 주장할 수가 있으니까요.

이 소년을 잘 관찰해 보십시오. 이 부분(칠판에 그려진 관자놀이 부분)에서 머리의 조직이 이렇게 압박되고, 이 부분(뒷부분)에 눌려 밖으로 나와 있습니다. 그 영적인 이유는, 아스트랄체의 기관 부분이 매우 강하게, 특히 좌측의 이 부분에서 발달하고 있다는 것입니다. 그 이외는 겉으로 보아 특별히 다른 점은 없습니다. 그럼 다음 어린이를 데려와 주십시오. 어떠한 처치가 가능한가에 대해서는 내일 이야기하겠습니다.

사례 6 – 금발인 유황질의(난폭한) 소녀

(다음의 소녀를 데리고 나온다.)

보십시오. 그녀가 얼마나 느낌이 좋고 아름다운가를. 멋진 금발입니다. 그러나 그녀에게 이런 일이 있었습니다. 아이들이 모여 사이좋게 놀고 있는데, 이 금발머리 소녀가 그저께 소개했던 소년에게 가위를 가져오라고 시켰습니다. 그 소년은 양순했으므로 말한 대로 가위를 가지고 왔습니다. 소녀는 가위로 자신의 머리털을 밑둥부터 잘라버렸습니다. 그녀는 속물이 아닙니다. 그녀의 아름다운 푸른 눈과 매우 멋진 금발을 주목하십시오. 이 아이가 상당히 유황질이라는 것, 태도에 있어서도 매우 유황질인 것을 직접 느낄 수 있습니다. 그녀는 사랑할 만한 소녀이지만, 내적으로 유황질이 매우 활동적이며 또한 아직 긴장하고 있습니다.

(소녀가 슈타이너 박사의 팔을 문다.)

이 아이는 옷을 물은 것뿐입니다. 이 아이가 태어났을 때, 체중은 약 1.8킬로그램도 안 되었습니다. 그러나 달을 다 채우고 태어나, 태아기의 이상은 없었습니다. 7개월 간 모유로 키워졌으며, 1년째는 걷기 시작했고, 제 시기에 말도 배웠습니다. 발육은 정상이었습니다. 생후 1년 반만에 야뇨증은 없어졌지만, 지금도 낮에는 오줌을 지리곤 합니다. 이것으로 알 수 있는 것은 이 아이의 생명체에는 약한 부분이 있다는 것입니다. 단지 그 약함은 아스트랄체가 분리해 있을 때가 아니고, 신체에 관계하고 있을 때에 나타납니다. 그녀는 세 살 반에 고열을 수반한 두통을 앓고, 곧 그 후에 홍역에 걸렸습니다. 병에 걸리기 쉬운 체질이었던 것입니다. 그때부터 자주 흥분하게 되었습니다. 이 아이의 어머니도 같은 시기에 유행성감기에 걸려, 그때부터 쉽게 흥분하곤 했습니다. 그와 같이 어머니와 딸 사이에는 병행현상이 보여집니다. 내적으로 긴장하고 있고, 본래 지체계는 잘 발달해 있음에도 불구하고, 늘 식욕이 없습니다.

주지하는 대로, 지체계의 성분은 양분에 의해 만들어지는 것이 아니고, 우주로부터 호흡과 감각활동의 에워가는 길을 돌아 만들어집니다. 양분의 섭취를 방해하고 있는 식욕부진은, 틀림없이 머리의 활동에 원인이 있는 것입니다. 그녀는 발랄하고 상상력이 풍부합니다. 가만히 있지 못하는 것은 마음속에서도 마찬가지입니다. 상상력이 머리가 아니고 지체에서 유래한다는 것을 그녀는 손에 잡힐 듯이 확실하게 보여주고 있습니다. 두부조직은 상당히 약하고 지체조직은 특별히 강합니다. 상상력은 지체로부터 생기는 것입니다.

그녀는 종종 불안한 꿈을 꿉니다. 여기서는 다루고 있지 않지만 확실히 알아두어야 할 것은 어린이가 어떠한 꿈을 꾸는가, 잠에서 깨어나기 직전에 꾸는가, 그렇지 않으면 잠든 직후에 꾸는가 하는 것입니다. 여기서 보여지는 꿈은, 잠든 직후에 꾼 꿈입니다. 그러나 어린이에게 꿈에 대해서 여러 가지로 이야기하게 한다면 매우 흥미 로운 일을 알게 될 것입니다. 잠에서 깨어날 때의 꿈을 기억한다면 그것 역시 흥미로운 사실을 알려 줄 것입니다. 그것들을 말하게 하지 않으면 안 됩니다.

이상이 오늘 여러분에게 소개드리고 싶었던 사례입니다. 내일 아침 8시 반부터 시작되는 강의에서는 어떻게 치료할 것인가, 그 방법에 대해서 말씀드리겠습니다.

HEILPADAGOGISCHER KURS

제9강

치료교육의 실제Ⅳ

_ 사례 5의 계속
_ 초감각적 세계에서는 도덕적 판단은 의미가 없다
_ 의지의 장애에서 도벽이 시작된다
_ 신뢰의 힘, 도둑질을 할 여지가 없는 가정환경
_ 뇌하수체와 벌꿀(蜂蜜)의 약
_ 사례 4의 계속 - 수두증의 치료
_ 신경·감각계의 과민이 수두증으로 된다
_ 편마암의 내복약과 케시 온욕법
_ 아연의 작용력과 하수체 연고
_ 심리요법의 원칙 - 난폭한 소녀
_ 언령言靈의 힘과 명상

사례 5의 계속

여러분, 어제는 몇 명의 어린이를 소개했습니다. 어린이의 치료에 대해서는 우선 사례에 근거하여 이야기할 필요가 있습니다. 이상異常은 모든 경우에 생기며, 어떠한 경우를 보아도 거기에는 다른 것에 없는 특징을 갖고 있기 때문입니다. 하나의 사례로부터 다른 경우에 도움이 될 만한 처치를 발견해내는 것으로 우리들은 조금씩 전진해갈 수 있습니다.

어제의 예를 기억해주십시오. 도벽을 가진 12세 소년의 일입니다. 영적靈的으로 보면 이러한 도벽자는, 아스트랄체의 장애에 의해 사회생활상 필요한 판단을 갖지 못하고 있습니다. 여기서 여러분이 잘 생각해야 할 것은, 도덕에 관한 일체의 사항, 일체의 도덕 충동은 지상의 생활에서만 의미를 갖는다는 것입니다. 현대의 피상적인 사고방식으로 오해가 없기를 바랍니다. 여러분이 초감각적 세계에 새로운 역할을 가지고 참입參入했을 때에는, 지상의 원칙은 의미를 잃고 지상의 의미로서의 도덕판단은 존재하지 않게 됩니다. 왜냐하면, 그곳에서는 도덕적인 것이 당연한 것으로 되어 있기 때문입니다.

초감각적 세계에서는 도덕적 판단은 의미가 없다

도덕판단이라고 하는 것은, 선이냐 악이냐 선택의 여지가 존재할 때만 생깁니다. 한편 영계에 있어서는, 선도 악도 성격상의 특질인 것입니다. 선한 존재가 있고 악한 존재가 있습니다. 사자라는 동물을 생각할 때 그것이 사자다움을 가져야만 하는가 갖지 않아야만 하는가를 논할 수 없는 것처럼, 지상에서 떠났을 때에는 선이냐 악이냐를 논하는 것은 의미가 없습니다. 마찬가지로 긍정하는 것인가 부정하는 것인가도 한 사람 한 사람의 주관적인 내부에서, 그리고 도덕적 환경 속에 사는 인간 상호 간에만 문제가 되는 것입니다.

도벽과 같은 병의 경우도, 환자 본인이 자신의 아스트랄체를 충분히 발달시키지 않았다는 것에 지나지 않습니다. 즉, 그 아스트랄체는 도덕 판단을 위한 감각을 발달시킬 수 없을 정도로 억압되어 있던 것입니다. 그러므로 이 소년에게는 흥미를 끄는 무엇인가가 있었을 때, 그것을 자기 것으로 해야만 되는 이유를 어디에서든 발견할 수 있었던 것입니다. 왜냐하면, 그는 '그것을 소유하고 있는 것은 나다.'라는 개념의 의미, 그리고 그것이 누군가의 것이라는 사실, 그러한 것에 의미가 있다고 생각하지 않기 때문입니다. 그러한 판단을 할 수 있을 정도로, 그의 아스트랄체가 지상의 세계와 결합되어 있지 못한 것입니다.

이것과 똑같은 현상이 색맹의 경우입니다. 색맹이 파랑이나 빨강을 지각하지 못해, 파랑도 빨강도 존재하지 않는 세계를 보고 있는 경우와 같습니다. 그러므로 여러분이 어떤 색을 녹색이라고 볼 때, 적색 맹인은 그것을 파랑으로 보고, 청색 맹인은 그것을 빨강으로 봅니다. 청색 맹인을 위해서는 숲을 빨갛게 그리지 않으면 안 됩니다. 색맹과 색에 대해서 논의하는 것이 의미가 없는 것처럼, 영계에서는 누구의 소유물인가를 논의하는 것은 의미가 없습니다.

의지의 장애에서 도벽이 시작된다

이 소년은 소유라는 개념에 대해, 사람들의 사고방식을 이해할 만큼 물질계에 어떠한 역할을 가지고 참가하고 있지 않습니다. 그에게 있어서는 특히 '발견'의 개념, '무언가가 그를 놀라게 한다.', '무엇인가가 그의 흥미를 끈다.'고 하는 개념이 중요한 것입니다.

그러나 그의 개념의 형성능력은 그 이상은 나오지 않습니다. 그의 아스트랄체는 의지의 영역으로까지 들어가지는 않고, 많든 적든간에 지적인 영역 내에 머물러 있습니다. 말하자면 의지의 제 기관이 어떤 면에서는 위축되고 있는 것입니다. 그 결과 이 소년은, 지적인 영역에 있어서 선善인 사항을 의지의 영역에서도 적용시켜 버립니다. 지적인 영역에서 잘못이 생기면 어린이는 우둔하게 되며, 의지의 영역에서 잘못이 생기면 도벽을 가지게 됩니다.

그런데 이와 같은 이상異常을 극복하는 것은 대단히 곤란한 일입니다. 왜냐하면, 정확하게 그것에 대처해야 할 연령의 어린이에게는 아직 그 징후를 발견할 수 없기 때문입니다. 그러한 아이는, 주위 사람들의 행위를 그저 모방할 뿐입니다.

그러므로 어린이에게 도벽盜癖의 소질이 있는지 어떤지는 그 행동이나 태도로는 판단할 수 없습니다. 도벽이 나타나는 것은 새 이가 난 후부터이기 때문입니다. 그러나 새 이가 나더라도, 어린이는 아직 그 혼의 모든 것을 지상에 내려놓은 것이 아니기 때문에 '선한 것은 좋다.', '나쁜 것은 싫다.'라고 하는 판단 이상의 도덕적 힘은 아직 발달되어 있지 않습니다.

신뢰의 힘, 도둑질을 할 여지가 없는 가정환경

그런 까닭에 교육자에게 필요한 것은, 선善에 대한 감각을 어린이에게 불러일으키는 것과, 교육자 자신이 어린이의 모범이 되어야 하는 것입니다. 그러므로 발도르프학교 교육은, 이 연령층의 어린이들이 당연히 교사를 권위있는 존재로서 우러러볼 수 있도록 배려하고 있습니다. 그리고 교사는 어린이들에게 선에 공감을 가지고 악에 대해서는 반감을 가질 수 있도록, 말하는 것을 중요시하고 있습니다.

어쨌든 선생이 권위자로서 서 있는 것이 중요한 것입니다. 건강한 어린이에게도 이 일이 필요하다고 한다면, 지금 우리들이 문제로 하고 있는 어린이에게는 이 일이 더욱 필요한 것입니다.

가장 효과적인 교육 수단은 신뢰입니다. 어린이가 교사에 대해서 갖는 신뢰입니다. 이러한 어린이들에 대해서는, 이 점을 특히 분명하게 이해시켜야 합니다. 이것이 전제되어 있어야만 합니다.

당연한 말이지만, 이 강연에서 우리들에게 가장 중요한 것은, 어린이의 발달을 잘 관찰하는 것입니다. 초기부터 상당한 학습 의욕을 가지고 그 학습 성과에 특별히 커다란 기쁨을 갖게 된 어린이, 말하자면 이미 치아교체기 이전부터 몸에 걸친 것에 어떤 종류의 쾌감을 갖고 있는 어린이의 발달은, 틀린 방향으로 가려한다고 생각해야 합니다. 나중에 도벽을 가진 어린이는, 예를 들면 새 언어를 몸에 익혀서는 그것을 혀로 홀짝홀짝 맛보는 것 같은 방법으로, 에고이즘이 섬세한 유아기에 발달된 어린이입니다. 이러한 예는 드물다고 생각할지 모르지만 얼마든지 있습니다.

우리들은 세상에서 일어나는 일들이 어떠한 결과를 생기게 하는가에 대해서, 일정한 관찰력을 갖지 않으면 안 됩니다. 의사도 교사도 세간에 일어나는 일에 민감한 것이, 원칙을 잘 판별하고 있는 일보다도 훨씬 더 중요합니다. 그러므로 여러분은 뷔르휀 검사와 같으면 안 됩니다. 우리들은 다음과 같이 말할 수 있어야만 합니다. '어린이는 성장기의 생활 환경에 좌우되는 것이 상당히 많다.'고.

부디 다음과 같은 경우를 생각해 보십시오. 몸에 무언가를 걸칠 때마다 혀로 홀짝홀짝 해대는 아이가 있다고 합시다. 지적인 분야에서 이 소유의 기쁨은 치아교체기에는 눈에 띄는 허영심으로 변합니다. 다른 사항도 같습니다. 치아교체기에 마치 본연의 요구인 것처럼, 특히 '치장한다'는 욕망이 생겨나는 때에는 주의를 요합니다. 이러한 사항에 주의를 기울이지 않으면 안 됩니다.

다음 두 가지의 경우가 나타날 것입니다. 어느 작은 마을에 일을 내팽개치고, 되는 대로의 생활습관을 가진 한 어린이가 있습니다. 민병대가 조국방위를 위해 필요하다고 생각하지만, 거기엔 어떤 열광도 갖지 않고 단순한 흥미밖에 없는 가정환경에서 성장했다고 합시다. 7세부터 14세까지 그 어린이 주변의 어른들이, 인류의 일원으로서 하지 않으면 안 되는 사항에 대해서도 그러한 생각을 가지고 있다고 합시다. 그 속에서 어린이가 성장해 갑니다. 그러한 어린이가 사랑을 가지고 우러러볼 수 있는 교사가 없을 때에는 지적인 소질이 의지의 작용 속으로 미끄러져 들어와 도벽이 생기는 것일지도 모릅니다.

다음은 민병대를 번거롭게 여기지 않는 환경에서 성장한 아이의 경우를 생각해 보십시오. 민병대라는 것은 단지 하나의 극단적인 예에 불과하지만, 군국주의를 필요악으로 생각하는 것이 아니라, 그것에 강한 기쁨을 느끼고 그것을 따라 살려고 하는 일종의 프로이센주의 환경 속에서 아이가 성장한다고 합시다. 어린이는 가정을 떠나 고등학교와 대학에 진학합니다. 그 아이는 앞의 아이에게서 볼 수 없었던 특징이 나타납니다. 그러한 아이가 자연연구가가 되고, 현미경으로 관찰하기 위하여 모든 것을 문제삼아 프레파라트(현미경용의 생물 표본)를 만드는 작업을 통해서 도벽의 소질을 발휘하게 됩니다.

이렇게 해서 변칙적이면서도 정당한 방법으로 이 충동을 만족시키는 것입니다. 거기서는 잠재적인 도벽이 온통 자신을 연소시킵니다. 그 아이는 도둑질을 할 여지가 없는 환경 속에 있습니다. 또는 도벽이 생겼다고 해도 도둑질에 해당되지 않는 대상을 훔치려고 할 것입니다. 그 아이는 생리학 강사가 되고, 당대에 가장 유명한 생리학자가 됩니다. 그리고 그 후의 도벽은, 강연 속에서 분위기에 맞지 않는 전쟁을 찬미하는 정도로 나타날 뿐입니다. 그는 강연 속에서 작전, 전투, 그 밖의 것을 언급합니다. 그러나 특별한 경우에는 이 경향이 허영심으로까지 변질되어 버리기도 합니다. 자신의 언어 표현을 다른 사람이 쓰는 것을 용서할 수 없다고 생각하는 사람도 있을 것입니다. 천재적인 학생이라도 시험시간에 같은 것을 생각하고 있으면 낙제할 것이 뻔합니다. 하물며 그 학생이 같은 언어의 표현만을 혀로 홀짝홀짝하고 있다면 더욱 형편없는 일이 됩니다. 이러한 사항을 통찰하는 것이 바른 조처를 발견하기 위한 감각을 기르는 것입니다. 그를 위해서는 인생을 잘 알고, 인생의 다양한 음영에 대한 감각을 습득할 필요가 있습니다. 그렇게 되면, 오른쪽으로 가면 좋을까, 왼쪽으로 가면 좋을까를 느끼게 될 것입니다.

뇌하수체와 벌꿀(蜂蜜)의 약

이미 말한 것처럼 심리학 분야에서 좋은 치료 수단의 하나는, 상상력이 풍부하고 어린이의 특징을 잘 살린 이야기를 만들어 어린이에게 들려주는 것입니다. 예를 들면, '여러 가지 일을 할 수 있는 사람이 있었는데, 그 사람은 구멍을 파고 그 속에 스스로 빠져 버렸다.'라는 식의 이야기입니다. 드라마틱한 요소를 가진 이야기를 내적인 열심을 가지고 질리지 않게 이야기할 수 있다면, 커다란 효과를 올릴 수 있습니다. 그것에 덧붙여서, 이 소년에게는 뇌하수체와 꿀(蜂蜜)을 주사해야 합니다. 왜냐하면, 보는 바와 같이 이 아이의 측두엽側頭葉은 위축되어 있으므로, 그것에 대항하는 성장력을 촉진시켜서 이 비뚤어짐을 고칠 수 있게 배려할 필요가 있기 때문입니다.

특히 유효한 것은 치료 오이리트미를 꾸준히 하는 것입니다. 모음을 모두 양발로 만들게 합니다. 그리고 지적인 것을 의지에서 배제하고, 오로지 모음 속에 있는 언령言靈의 힘을 의지 속으로 흘려 보냅니다.

단지 이 아이와 같은 경우, 이러한 처치를 싫어한다면 교사로서의 권위를 가지고 대화하는 것이 중요합니다. 단지, 너무 빠르게 진행시키지는 마십시오. 어린이의 지성 속에 듣기 싫은 것도 들려줄 필요가 있지만, 그것을 너무나도 일찍 시도하면 모든 것을 죽여버리는 결과가 됩니다. 우선 재미있는 이야기를 고안해서 말하고 점차로 그 방향으로 가져가는 것입니다. 이러한 경우에는, 좋은 결과가 얻어질 것인가 어떤가를 생각하는 것은 대단히 곤란합니다. 왜냐하면 결과를 염려해야만 하는 것은 아니기 때문입니다. 그렇지만 도벽이 있는 아이에게 이러한 이야기를 너무나 일찍부터 시작하면, 그 아이는 자취를 감출 것입니다. 그러나 이야기는 얼마든지 반복할 수가 있습니다. 인내를 잃지만 않는다면 좋습니다. 증상이 심한 경우에는, 종종 아주 나중에 가서야 성과가 나타나기도 합니다.

사례 4의 계속 – 수두증의 치료

어제, 아직 한 살이 채 안 된 중증의 아이는 수두증이었습니다. 이 아이의 치료는 처음에는 정말 곤란했습니다. 왜냐하면, 신경·감각계가 극도로 과민해 머리가 커버렸기 때문입니다. 신경·감각계는 이상을 빨리 느낍니다. 신경·감각계가 특별히 느끼기 쉬우면 그것은 머리가 커지는 현상으로 나타납니다. 그러나 절대치가 아니라 상대치라는 것을 잊어서는 안 됩니다.

체격이 나면서부터 작은 사람과 크게 태어난 사람의 머리 크기가 같다고 한다면, 작은 체구의 사람에게는 상대적으로 커다란 머리가 됩니다. 이상한 경우가 아니더라도, 이 일에 주의할 필요가 있습니다. 물론 이 아이의 경우는 이상입니다. 이 아이에게서는 극도의 신경과민이 보입니다. 그것은 제가 어제 태아에 관해서, 또한 아버지와 어머니의 공동작용으로 야기된 것입니다.

신경·감각계의 과민이 수두증으로 된다

어느 정도 정상적이 되기 위해선, 과연 무엇을 할 수가 있을까요? 이 아이가 생활하고 있는 대부분의 시간에, 신경·감각계가 자극을 덜 받게 하는 것입니다. 그러므로 우리들은 이 아이를 어두운 방에, 캄캄한 어둠 속에 가만히 둡니다. 그래서 이 아이는 조용한 어둠 속에서 어떠한 인상도 받지 않습니다. 처음에 나는, 그로써 생기는 효과의 가능성을 과대평가하고 있었습니다. 그러나 아직 이 아이는 빛에 대해서 과민하지 않았던 것입니다. 빛을 극히 조금밖에 느끼지 못하므로, 빛을 멀리하는 것이 의미가 없었던 것입니다. 어쨌든 이러한 아이에게는 조용하고 어두운 곳에서 생활하게 하여, 가능한 한 자극을 피해 적은 인상만 받게 배려하는 것이 중요합니다. 그렇게 하면 버둥버둥하며 난폭해지려는 의지의 충동이 내부로부터 불러 일으켜져, 그것이 감각·신경계에 대항해서 작용하게 되는 것입니다. 이것이 먼저 생각해야 할 최초의 처치입니다.

편마암의 내복약과 케시 온욕법

그 후에 감각·신경계에 직접 작용하려는 시도를 합니다. 그런데 이 아이의 경우, 석영石英이 직접 사용되지 않고 내복용으로 편마암片麻岩의 분말이 사용되었습니다.[1]

말하자면 석영의 작용력을 보다 분산시켜 작용시키는 것입니다. 쇼

---

1 광물은 분말로 만들어 이것에 유당을 첨가한다. 분량은 분말 1에 대해서 유당 10이 D_1, 이것에 10배의 유당을 첨가한 것이 D_2, 그렇게해서 D_1~D_2까지 미친다.

크를 주지 않기 위해 석영을 직접 사용하지 않았던 것입니다. 석영의 작용력은 매우 격렬한 방사성을 가진 창과 같습니다. 한편, 석영의 작용력이 편마암 속에서 분산되고 있을 때에는 부드럽게 작용하며, 생체 내로 확산해서 비교적 쉬운 방법으로 신체의 저변부까지 작용합니다. 분말의 편마암은 그러한 목적에 맞을 것입니다.

어린이는 그 자체가 신경·감각계라고 말할 수 있으므로, 신경의 흥분을 의지의 영역에 있어서도 가라앉히려고 시도해야 합니다. 그 때문에 야생의 케시를 넣은 온욕요법溫浴療法[2]을 시킵니다. 지금과 같은 문제에서는 여러 가지의 치료를 병행해야 합니다. 물론 사람마다 개인차가 있으며, 우선 주사치료[3] 중에 체온이 저하했다는 것을 알려드립니다. 이어서 바로 후에 머리의 크기가 커졌으며, 아이는 하루종일 자고, 밤에는 울곤 했습니다. 저녁에 케시입욕을 시키니 변비 증상이 나타났습니다. 그래서 케시온욕법을 낮에 행하느냐, 밤에 행하느냐에 따라 차이가 있다는 것을 알았습니다. 아침과 저녁에는 아스트랄체와 육체와의 관계가 전혀 다른 것입니다.

그런데 여기서 중요한 것은, 뇌에 대한 소화계의 작용을 정상으로 하는 것입니다. 이 아이의 경우 모유가 보통 아이들과는 다른 작용을 하는 일이 있습니다. 모유는 소화계에서 감각·신경계까지 작용하는 것이 보통이므로, 3월 초부터 모유를 중지하고 다른 방법으로 양분을 섭취하도록 했습니다. 즉, 꽃꿀(花蜜) 쥬스를 주었습니다. 특정 식물의

---

2 야생화인 케시 꽃잎의 차를 사용한다.

3 아연에 의한 주사치료에는 D_6~D_8을 쓴다.

화선花線의 내용물입니다. 그렇게 함으로써 자아가 의지의 영역에서 강해지게 됩니다. 화관에서 강하게 만들어내는 것을 양분으로 줌으로써, 어린이의 내적 개성이 작용해서 이 개성을 끌어내고, 활동할 수 있도록 하는 것입니다. 이것은 어느 정도 성공했습니다. 단지, 이와 같은 치료를 시도할 때에는 항상 적당한 기회를 잡아야 합니다. 이르는 곳마다 반응이 나타나지만, 서투른 판단은 그것을 오해하게 합니다. 이 아이는 며칠 동안 꽃꿀을 먹었습니다. 그랬더니 변은 굳어지고, 설사를 하게끔 되었습니다. 꽃꿀쥬스 먹이는 것을 중지했더니 설사는 멎었습니다. 그리고 6월 11일 한밤중 내내, 아기는 소리쳐 울고, 신음소리가 심하고, 꽤 많은 양의 배뇨를 했습니다. 숨이 막히고, 왼발에 경련이 일고, 왼쪽 어깨가 긴장하고, 천문泉門은 완전히 긴장하여 자극에 대한 반응이 높아졌습니다. 뜨거운 케시탕에서 온습욕을 하자 아기는 잠을 자기 시작하여 이튿날은 좋아졌습니다. 식욕도 통변도 정상으로 되었습니다. 치료의 과정에서 이러한 위기가 오는 것은 피할 수 없습니다.

생명체는 하지 않으면 안 되는 것을 한 번은 밖으로 내보내는 것입니다. 그러한 때, 베크만 박사가 한 긴급처치가 중요합니다. 뜨거운 온습포를 한 후에 위기는 특정한 방식으로 지나갔습니다. 그때 중요한 것은 주위에서 당황하지 않는 것입니다. 이 경우, 어떤 긴급처치를 하는가에 따라 모든 것이 결정됩니다. 나 역시 그때는 좋은 경험을 했습니다. 다른 사람에게서 어린이의 상태가 악화될 뿐이라고 들었는데, 베크만 박사는 그것에 대해서 아무 말도 하지 않았습니다. 그러한 위기가 지나갔을 때 나는 비로소 안심했습니다. 이러한 때에 필요한 기본적인 마음가짐은 이런 것입니다. 사태를 통찰할 수 없는 사람은 증상을 보고 나쁜 징후라고 말할지도 모릅니다. 그러나 무슨 일이 일어날지 알 수 없을 때 중요한 것은, 오직 의무를 다하는 것입니다. 그리고 의무를 다 했을 때는, 모든 것이 당연히 그러해야 할 상태가 되는 것입니다.

항상 중요한 것은 위기에 주의를 기울이는 것이지만, 이 경우에는 위기가 불가피하다는 것도 알고 있어야 합니다. 그러한 때에 당황해서 보여주는 동정심이나 동정심 비슷한 감정은 결코 도움이 되지 않습니다. 단지 사태를 객관적으로 받아들여 해야 할 일을 하는 것뿐입니다.

아연의 작용력과 하수체 연고

치료에 대한 이야기를 좀 더 진전시켜 봅시다. 이미 본 바와 같이, 여기서는 심리적·교육적 방법으로는 그다지 많은 것을 기대할 수 없습니다. 물론, 심리적으로 중요한 요법이 있습니다. 말하자면, 안정과 가능한 한 어둠을 유지시키는 일입니다.

그러나 지금 문제가 되는 것은 생체가 액체·유동체의 방향으로 향해 있을 때에, 그 방향을 억누르는 분해의 원리를 만들어내는 것입니다. 물은 분해되지 않고 반드시 유동하고, 넓게 퍼집니다. 분해하는 힘을 불러 일으켜 그것을 강화하는 것이 필요합니다. 그리고 그렇게 할 수 있는 것은 아연의 작용력입니다. 아연은 분해력을 불러일으키는 유효한 수단입니다. 그러므로 분해력 대신에 형성력이 만연하는 병의 치료에는 늘 아연치료가 필요합니다. 이러한 거대 태아의 경우 근본현상으로써, 분해력을 억누르는 형성력이 지배하고 있습니다. 아연은 특히 주사를 함으로써 뛰어난 효과를 올릴 수 있습니다. 아연의 효과는 수천년 동안 알려져 왔습니다. 인간은 아연의 치료 효과를 수 천년 주목해왔습니다만, 그 지식은 점차 잊혀졌습니다. 오늘날은 완전히 다른 측면에서 그 효과가 알려지게 되었습니다.

지구 전체에 있어서 가장 강력한 분해력은 라듐이 존재하는 곳에 있습니다. 라듐에서 변환과정을 거쳐서 헬륨이 생기는 과정에 그것이 생깁니다. 일정한 조건하에서는, 한층 변화를 계속할 수도 있으며, 그곳에는 내적인 관련이 있습니다. 외적인 우주에 있어 가장 강력한 분해작용은, 아연 속에서 그 분해작용이 집중해서 존재하는 물질을 만들어 내고 있습니다. 그러므로 생체 내에 아연을 넣으면, 그것에 의해 동시에 우주의 분해력이 체내에 편입됩니다. 이 점이 중요합니다. 이 작용력을 주사에 의해 혈액순환 중에 삽입하는 것입니다.

여러분의 혈액순환 속에는, 우주 구조 전체의 모형이 그대로 존재합니다. 태양이 우주를 1회전하는 25,920년을, 우리들은 혈액순환 속에, 맥박 속에 가지고 있습니다.[1] 우리들은 우주의 분해력을 살아 있는 몸속에 직접 넣습니다. 우주의 주기는 몸의 주기와 일치하는데, 내부의 세계를 통찰할 때에 이러한 사실이 도움이 됩니다.

이 아이의 치료법으로 하수체의 연고[2]를 발에 발랐습니다. 비뚤어짐을 교정하는 하수체의 힘을 응용한 것입니다. 그렇게 하면 치료를 하

---

1 25,920년은 플라톤 년年의 일을 말한다. 즉, 춘분 때 동쪽에서 떠오른 태양의 황도의 위치가 매년 어긋나지만, 그 차이가 황도 12궁을 모두 돌아 다시 원래의 제 위치로 돌아올 때까지의 시간.

2 소의 하수체 0.1%의 연고.

기 쉽게 됩니다. 약의 효력을 강하게 하기 위해서 자극을 생체에 주어야만 하는 것은 당연합니다.

그리고 이 아이가 최초의 위기를 극복했으므로 모두 대단히 기뻐했습니다. 그것은 11개월에서 12개월째에 걸친 일이었습니다. 필시 이 아이는 몇 번이고 이러한 위기를 이겨내야 할 것입니다. 그리고 그때마다 점점 좋아질 것입니다. 물론 치료과정에 더욱 좋지 않은 경우도 생깁니다. 그러나 어쨌든 죽음에로가 아닌, 생生에로의 회복이지 않으면 안 됩니다. 기관은 상당히 미묘한 회복과정을 거칩니다.

또 한가지 주의할 것은, 이러한 아이에게는 침鍼이나 물치료를 적당히 해서는 안 됩니다. 왜냐하면, 그것에 의해 증상이 한층 촉진되어 증폭되기 때문입니다. 그러나 물론, 머리가 작게 되지 않으면 다른 치료법을 아무리 비판하더라도 아무 소용없습니다.

이 사례는 제게 있어서도 매우 흥미 깊은 것입니다. 나는 이 아이의 일을 생각하거나 볼 때마다 지금의 이 아이만이 아닌, 이 아이가 30세가 되었을 때의 일도 생각하곤 합니다. 그때는 두부頭部는 아마도 3배 반, 신체는 6배로 커져 있을 것입니다.

그러한 인물을 나는, 여섯 살 무렵에 본 일이 있었습니다. 나는 그와 친했습니다. 언제나 기차 속에서 만났던 그는, 소나무 지팡이를 짚고 있었습니다. 왜냐하면, 몸만으로는 머리를 지탱할 수가 없었기 때문입니다. 선행근先行筋이 퇴화해 있는 데다가, 그는 거대한 머리의 소유자였습니다. 마치 30년 간, 계속 태아였던 것 같았습니다. 그는 믿기 어려울 정도로 머리가 좋았으므로, 그 점에서도 대단히 강한 인상을 내게 주었습니다. 나는 그와 이야기하는 것을 매우 좋아했습니다.

특히 7~8세경의 어린이는, 이러한 기형奇形에게서 특별히 깊은 인상을 받습니다. 그러나 한편 그는 뛰어나게 현명했기 때문에 여러 가지 일을 그에게서 배울 수 있었고, 그의 판단에는 항상 위대한 관용이 넘치고 있었습니다. 그의 현명함과 더불어 그의 관용도 넘쳐 났습니다. 그의 어투는 극히 보통으로, 돌려서 이야기하지는 않았지만, 언어를 마치 입술로 쥬스의 맛을 보기라도 하는 듯 구사했습니다. 그러면서 양 입술을 힘주어 문지르는 방법은 정말 독특했습니다.

그에게는 발명의 재능도 있어서, 작은 모형으로 만든 여러 가지 발명품은 사람들을 놀라게 했습니다. 그는 정말로 흥미로운 인물이었습니다. 이상 체질이 그의 일상이 되어버렸기 때문에, 그는 그 일에 그다지 신경 쓰지는 않았습니다. 그가 살고 있던 마을에는 그 이외에도, 이해하고 대해야 하는 사람들이 살고 있었습니다.

어느 마을에도, 한 사람이나 두 사람은 그러한 성장의 방식을 보이는 아이가 있고, 언제나 모두로부터 중요하게 다루어지고 있었습니다.

심리요법의 원칙 – 난폭한 소녀

그럼, 조금 난폭한 소녀에 대한 이야기로 옮겨갈까요? 이 아이는 태어났을 때 체중이 약 1.8킬로그램이었고, 달수를 다 채우고 태어났습니다. 그리고 7개월 간 모유로 길러졌습니다. 한 살부터 걷기 시작하였고, 제 시기에 말도 할 수 있게 되었습니다. 한 살 반에 야뇨증은 없어졌지만, 낮에는 오줌을 지립니다. 세 살 반에 고열과 두통을 수반하는 감기에 걸렸었고, 3주 후에는 홍역에 걸렸었습니다. 그 아이의 어머니도 같은 시기에 감기에 걸려 쉽게 흥분하게 되었습니다. 이 아이는 식욕이 그다지 없었고 불안한 꿈을 잘 꾸었습니다.

이것은 흔히 있는, 건강하고 정상적이면서 이상異常인 아이의 예입니다. 이러한 경우에 필요한 것은, 아스트랄체를 에테르체와 육체에 조화시키는 일입니다. 언제라도 외적처치로서, 비소온욕砒素溫浴을 시키고, 때때로 비소제를 내복시키는 일이 필요합니다.[1] 이것은 아스트랄체와 에테르체, 육체를 조화시킵니다. 비소를 보다 효과적으로 작용시키려면, 입욕 전후에 발에 서양 와사비나 겨자 진흙의 습포濕布[2]를 할 수도 있습니다. 그때, 와사비는 금방 갈은 것이어야 합니다. 간 지 몇 시간이나 지난 와사비는 효과가 없습니다.

심리요법에 대해서 말하자면, 이러한 아이에게 중요한 것은 흥분하기 쉬운 성질을 자제시키는 것입니다. 그 아이는 항상 흥분하고 있습니다. 나는 그녀가 이 땅의 환경에서 특히 좋은 영향을 받았다고는 생각할 수 없습니다. 이러한 성질의 아이에게는 억제하는 일 이 좋은 작용을 미칩니다. 그녀가 보거나 듣거나 해서 흥분할 때, 약을 사용해서라도 흥분을 가라앉히는 것이 좋습니다. 그러므로 이야기를 하면서, 어떠한 때에 그녀가 특히 흥분하는가를 잘 관찰합니다. 따라서 당황하지 말고, 내적으로 거북스러울 정도로 강제로 자제시킵니다. 그러면 조금 후에는 일종의 성격억제가 나타납니다. 이야기할 때에 흥분하는

1 어느 쪽의 경우에도 주로 레비코물을 사용한다.

2 발바닥의 부풀어 나온 곳에 수 분간 습포한다.

대신에, 지루한 태도를 보입니다. 그렇게 하면 그 상태가 잠깐 동안, 8일에서 14일 정도까지 계속됩니다. 그리고서 잠시 정상아를 대하듯이 자유롭게 행동하게 합니다. 그러면 다시 흥분이 시작될 것이므로, 다시 한 번 억제치료를 시도하는 것입니다. 이처럼 치료는 간격을 두고 행해야 합니다. 왜냐하면, 중단하지 않고 계속 치료를 할 경우 반동이 오기 때문입니다. 지나친 경우에는 가벼운 우울증이 신체에까지 미쳐, 어린이를 망가뜨려 놓을지도 모릅니다.

이상으로 심리요법에 대해서도 원칙적인 것을 말했습니다. 그 경우에 마음속에 일어나는 일을 징후를 통해서 관찰하는 힘이 있어야 합니다. 그리고 어린이의 마음속에 있는 에테르체, 아스트랄체, 자아조직 등의 작용이 이상이라고, 확실히 알고 있어야 합니다. 나는 '……등의'라고 말했습니다. 왜냐하면 우리들은 인간을 다음과 같이 구분하기 때문입니다.

1 육체
2 에테르체
3 아스트랄체
4 자아조직自我組織
5 영아靈我[3]

---

3 인도의 상카철학에서 마나스라고 불리워지는 고차의 인격 작용. 소아에 대한 대아의 의미이며, 슈타이너는《신지학》속에서 이 개념의 상세한 성격 규정을 하고 있다.

그러나 통상 다음과 같이 덧붙입니다.

'인간은 영아靈我를 아직 발달시키고 있지 않다. 이것이 우리들에게는 직접적으로 문제가 되지는 않는다. 책에는 쓰여 있지만, 현재의 인간은 자아조직까지만 도달해 있다. 따라서 영아에 마음을 깊이 쓸 필요는 없다.'

사랑하는 여러분, 그렇지는 않습니다. 인간은 확실히 자아조직에까지 도달해 있습니다만, 우리들이 문제 삼는 모든 인물이 자아에까지밖에 도달해 있지 않은 것은 아닙니다. 특히 성장하는 어린이의 경우에는 영아의 존재를 생각해야 합니다. 인류의 진화에 앞서 영아에까지 도달해 있는 존재의 일을 말입니다.

언령言靈의 힘과 명상

발도르프 교육과 같은 교육이 활발하게 이루어지고 있는 곳에서는, 사람들은 단지 눈앞에 있는 인간에게만 호소하는 것이 아니라, 인간보다도 한층 진보해서 영아에까지 이르고 있는 영적 존재들에게도 작용해야 합니다. 특히 성장하고 있는 어린이의 경우, 그러한 영적 존재들, 특히 언령言靈이라고 불러야만 하는 존재들과 관련을 가져야 합니다. 언어가 다음 세대에 전하는 행위를, 인간만의 손에 맡긴다고 하면, 모든 인간은 무력하게 되어버립니다. 언어 속에는 인간 자신 속에 있어서와 마찬가지로, 영적 존재가 살고 있습니다. 인간이 작용을 거는 언어 속에는 영적 존재가 작용하고 있습니다. 이 존재는, 인간이 자아조직을 담당하고 있는 것처럼 그 생활 속에서 영아靈我를 담당하고 있습니다.

우리들이 말할 때, 그러한 존재가 우리들 속에 살아서 우리들에게 영감을 주고 있습니다.

우리들이 오이리트미 속에서, 어떻게 예술 언어의 가시화可視化를 시도하고 있는지를 생각해 보십시오. 우리들이 사용하는 언어는, 언어의 모든 것은 아닙니다. 그것의 극히 일부분입니다. 우리들은 오이리트미 속에서, 언령言靈의 작용을 눈에 보이는 언어로서 표현합니다. 이 영적 존재들의 영아는, 인간 의지의 직관충동을 통해서 인간에게 작용할 수 있습니다. 이 영아에 대해서, 우리들의 치료 오이리트미가 호소하여 작용하려고 하는 것입니다.

그러므로 본래 교육에 대해서 말할 때의 우리는, 영아를 발달시키고 있는 영들이 부르는 소리에 응답하고 있는 것입니다. 언어에 의해 말하는 모든 것 속에서 우리들은 영아와 마주 대하고 있는 것입니다. 그러므로 이상인 어린이들을 교육하려고 하는 사람은, 영아에 관한 만트라를 명상하는 일이 중요합니다. 그것은 뛰어난 명상 소재이며 언어령言語靈에의 기도[1]입니다. 이러한 영적 존재들이 정말로 있는 것입니다.

우리들이 학교에서 동작을 할 때, 그 동작이 우리들의 내적 체험을 적합한 방법으로 표현하고 있다면, 그것은 어린이들에게 대단히 큰 영향을 미칩니다. 그 동작은 안에서 영아를 담당하는 영적 존재들과 결합되어 있습니다. 물론 그것은 눈에 보이는 운동으로서는 아닙니다. 단지 객관적으로 어린이에게 작용을 거는 것입니다. 우리들이 유아의

1 예를 들면《요한복음서》제1장의 첫머리의 5절.

발작을 그대로 객관적으로 받아들이듯 말입니다.

모든 사람이 바지 포켓에 손을 찔러 넣고 어떤 동작도 하 하지 않게 되었다면, 그 일은 사람들이 신神들에게서 떠나고 싶어 하는 것이 됩니다. 영인靈人에 가장 가까운 신들로부터 말입니다. 인간은 자아조직을 형성했습니다. 그리고 신들은 영아를 형성했습니다. 그러나 이 신들의 일을 사람들은 무엇 하나 알려고 하지 않습니다. 그 결과, 언어가 타락해버렸습니다. 언어가 있어야만 하는 것으로 되지 않고, 타락하고 있다는 것은 서양문화에 있어서 크게 위험합니다.

성장해가고 있는 어린이, 특히 장애를 가진 어린이에게는 순수하게 그리고 명료하게 말하는 것이 상당히 중요합니다. 언어가 타락되는 것을 결코 아무렇지 않은 일처럼 생각해서는 안 됩니다. 장애가 있는 어린이에 대해서는, 어떤 때라도 명료하게 형성된 언어의 사용을 원칙으로 해야 합니다. 이것은 좋은 작용을 미칩니다. 어린이가 아직 말할 수 없는 때조차도, 조용히 하고 있어야만 하는 특수 치료중이 아니라면, 어린이의 주위에서 좋은 대화방식을 보이는 것은 대단히 좋은 일입니다.

7세부터 14세까지의 장애아에게는 가능한 한 좋은 이야기, 좋은 낭송을 많이 해주는 일이 중요합니다. 반복해서 좋은 언어를 장애아에게 제공하는 일은, 이상異常인 곳의 내적 본질內的本質이 바라는 일인 것입니다.

제10강

치료교육의 실제 V

_ 사례 7 – 지각 능력이 떨어지는 16세 소년
_ 두부계에서 대사·운동계로의 통로의 장애와 그 치료
_ 단시간에 장애의 본질을 보는 눈
_ 사례 8 – 간질이 있는 15세 소년
_ 간질성의 무관심에 대한 치료
_ 사례 9 – 아스트랄체 장애가 있는 15세 소녀
_ '영을 보는 능력이 없기 때문에' 라는 핑계
_ 작은 일에의 외경
_ 치료교육자를 위한 명상 1
_ 사례 10 – 선천성 색소결핍증의 자매
_ 출생천궁도에 의한 진단 – 풍토병

사례 7 – 지각 능력이 떨어지는 16세 소년

오늘은 처음에 다시 한 번, 라우엔슈타인 시설에서의 경험을 말하고자 합니다. 먼저 언급하고 싶은 아이는, 가장 연장자인 16세 소년의 일입니다. 이 아이의 장애는, 자아와 아스트랄체가 육체 속에서 충분히 작용할 수 없다는 것입니다. 그는 제법 나이가 든 후에 이곳에 맡겨졌습니다. 그 이전부터 이 아이를 치료할 수 있었다면 사정은 달라졌을 것입니다. 또한 발도르프 교육의 '새 이가 나면서부터 사춘기까지의 시기에는 권위 있는 교육을 한다.'는 원칙 하에서 교육을 받아, 그의 흥미를 끄는 사항을 선생이 알고, 한층 그의 흥미를 넓혀갈 수 있었다면 이야기는 달라졌을 것입니다. 게다가 적절하게 처방된 아연치료를 받았다면, 이 소년은 현재 다른 혼의 수준에 달했을 것입니다. 실제 이 아이는 여러 가지 일에 흥미를 보이고 있고 일정한 능력도 가지고 있습니다.

검사 결과, 어디에 문제가 있는지를 알았습니다. 비교적 간단한 계산문제로 검사를 하였습니다. 발도르프 교육 방법에 의한 뺄셈 문제입니다. '일정의 수를 얻기 위해서는 전체에서 얼마를 빼면 좋은가'라는 질문을 하였습니다. 보통의 계산과는 달라서, 피감수被減數와 감수를 주어 답을 산출하는 것이 아니고, 답을 주어 감수를 구하는 것입니다. 이것은 혼에 매우 깊이 작용해서, 보통의 방식보다는 혼의 성장에 훨씬 도움을 줍니다.

이 소년은 문제를 풀 수는 있었지만, 즉시 풀지는 못했습니다. 문제를 풀었을 때 그는 대단히 기쁜 듯 했습니다. 나는 그 아이에게 '한시간 반 동안에 풀어 주겠니?'하고 말했고, 그는 한시간 반 이내에 과제를 풀었으므로, 크게 기뻐했습니다. 이 일에서 알 수 있듯이 소년은 능력이 있는 아이입니다. 몸의 어떤 부분도 문제의 해결에 협력하고 있습니다. 단지 과제에 답하는데 긴 시간이 필요할 뿐입니다. 말하자면 그에게는 능력이 충분히 있음에도 불구하고, 에테르체와 육체가 장애가 되어 그 능력을 행사할 수 없는 것입니다.

이 아이의 관심의 상태가 머리 조직 속에 계속 머무른채, 다른 조직 속으로까지 내려갈 수가 없습니다.

이에 관한 매우 특징적인 예가 하나 있습니다. 이 아이는 자신의 소형 카메라로 우리들을 찍어 주었습니다. 모든 것을 매우 솜씨있게 열심히 찍었습니다. 그래서 나는 '다른 사람도 찍어 주겠니?'하고 부탁했습니다. 그러나 그렇게 하기 위해서는, 먼저 필림을 가져 와서 자신이 하려고 했던 것과는 다른 무언가에 관심을 기울이지 않으면 안 됩니다. 그는 그렇게 할 수가 없었습니다. 무언가에 관심을 가졌을 때는 보통사람과 다르지 않습니다. 그러나 그의 흥미를 대사·지체계로까지 끌어내리려고 하면, 그의 에테르체와 육체가 심하게 저항하는 것입니다. 이 나이쯤 되면 그것을 없애는 일이 이전보다 더 곤란해집니다. 필요한 치료교육을 반복해서 행하고, 흥미를 보이는 사항을 출발점으로 해서 그 흥미를 한층 다른 방향으로 넓혀가게 하는 것이 중요합니다.

이 아이의 경우도 확실하게 나타나 있는 건전한 본능을 우선 소중히 함으로서, 많은 치료 효과를 올릴 수가 있을 것입니다. 늘 의식해야 할 것은, 이상조직 속에서도 건전한 본능이 작용하고 있다고 하는 것입니다. 이 아이의 경우에도, 능숙하게 해야만 되는 일을 하고 싶어하게 되면 흥미의 범위가 점점 확대될 것입니다.

두부계에서 대사·운동계로의 통로의 장애와 그 치료

그가 머리조직에서부터 대사·운동조직으로 한층 더 나아갈 수 없었던 것은, 그곳에 지각능력이 작용하고 있지 않았기 때문입니다. 많은 건강인에게서 보여지는 극히 적은 지각능력조차 그에게는 작용하고 있지 않았던 것입니다. 그러므로 가일층 자신의 지체 능력을 발휘할 수 있는 기회를 만나면, 이 아이는 대단히 기뻐하는 것입니다. 그러므로 이러한 능력을 발휘할 수 있도록 해주지 않으면 안 됩니다. 그를 위해 특히 유효한 것은 수족을 사용하는 오이리트미 연습입니다. 그 경우에 필요한 것은 특히 손가락 발가락을 집중적으로 움직이도록 지도하고, 그로 인해 자기 자신에게 눈을 돌리게끔 하는 것입니다.

머리로 생각한 것에 신체가 따라가지 않는 유아에게 있어서 특히 중요한 것은 제일 먼저 머리를 발에 붙일 수 있도록 하는 것입니다. 이 아이의 경우에는 이미 너무 늦었지만, 이제부터라도 이러한 아이를 떠맡지 않으면 안 됩니다. 여러분도 직접 해보면, 그것이 꽤 어려운 일임을 알게 될 것입니다. 그러나 지금과 같은 경우의 어린이들이 자신의 발가락에 입맞춤을 할 수 있게 된다면, 그것은 대단히 좋은 일입니다. 거기다 엄지발가락과 두 번째 발가락 사이에 연필을 끼우고 하나하나의 자모를 쓸 수 있도록 하고, 자신의 발로 쓴 문자를 보고 기뻐하게끔 하면, 이 아이에게 큰 축복을 준 것입니다. 그것은 이 아이에게 굉장히 좋은 결과를 가져다 줄 것입니다.

발가락으로 문자를 쓴다는 것도 일종의 치료 오이리트미입니다. 이러한 방식으로, 치료 오이리트미는 대단히 도움이 될 수 있습니다. 이 나이에도 아연 치료가 아직 유효하게 작용하는지 어떤지는 실제 그 효과를 확인해 보아야 알 수 있습니다.

단시간에 장애의 본질을 보는 눈

이상에서도 알 수 있듯이 특별히 세심한 관찰이 필요합니다. 언뜻 보기에 쓸모없다고 생각될 수 있는 일들, 한 시간 반 동안 계산을 하는 것이나 필림을 새로 준비하는 것을 싫어하는 것, 그밖에 여러 가지의 세심한 사항을 끊임없이 계속 관찰해야 합니다. 그러면 장애아를 교육하는 데 있어 본질적으로 중요한 일, 즉 교육자가 담당 어린이에 대해 모든 것을 느끼고 이해하는 습관을 가져야 한다는 의미를 잘 알게 됩니다. 여러분은 이렇게 말할지도 모릅니다. '도대체, 장애아 교육은 얼마나 시간을 쏟아야 하는가. 항상 주의를 기울여야 한다면 명상 시간을 전혀 가질 수 없게 되고, 다른 일을 할 틈이 전혀 없게 된다'고. 그러나 그렇지는 않습니다.

이런 생각은 내적으로 극복되어야 합니다. 내적으로 극복하는 일이 이 분야 교육자들의 비교秘敎가 되는 것입니다. 말하자면 하루종일 파수대에 서 있으라는 것이 아니고, 특유의 징후에 대한 감각을 습득하는 일이 중요하다는 것입니다. 모든 것을 바르게만 본다면, 많은 어린이를 관찰해 온 사람은 비교적 짧은 시간에, 5분이나 10분 사이에 어린이의 본질을 통찰할 수 있습니다. 시간이 얼마나 걸렸는가가 아닌,

얼마만큼 강하게 어린이와 내적인 관계를 가지는가가 문제인 것입니다. 하나 하나의 사항과 내적으로 결합되면, 진정 정신적인 직무에 있어서는 많은 시간을 절약할 수 있습니다.

사례 8 – 간질이 있는 15세 소년

그런데 다른 전형을 보이는 경우는, 15세의 간질병 소년입니다. 이 아이의 경우에 꼭 들어맞는 증상을, 여러분은 여기에 있는 어린이 가운데서도 볼 수 있는데, 여기 아이보다 이 아이가 나이가 많습니다. 여러분의 어린이는 사춘기를 맞으려고 하는 어려움을 안고 있었습니다.

이 아이는 단종된 것은 아니었습니까? 그 결과는 생명체 전체에 미치고 있습니다. 이 소년은 단종斷種이라는, 성적발달을 인공적으로 저지당한 반동으로 매우 격합니다.[1] 결국 사춘기로의 이행이 대단히 곤란한 것입니다. 사춘기를 맞이한다는 것은 생명체 전체의 과정입니다. 그러나 이 소년에게 있어 이 수술은, 성적성숙을 방해하는 이상의 의미를 아직 갖고 있지 않습니다. 그러므로 보통의 사춘기 소년들을 대하듯이 하면 됩니다. 즉, 지금 살고 있는 현실 세계에 관심을 기울이게 해주는 것입니다. 특히 중요한 것은 발도르프학교 교육을 행하는 일입니다. 그를 내적으로 흥분시킨 채 놔두는 것이 아니고, 관심을 밖으로 향하게 하여 끊임없이 일과 연관시키는 것입니다. 밖의 세계에 흥미를 가질 수 있도록 해주는 것입니다. 이 소년의 학습 능력이 어느 정도인

---

1 당시는 부모의 동의 하에 종종 이러한 수술이 이루어졌지만, 오늘날에는 수정관을 컷트하는 것으로 그치는 경우가 보통이다.

지, 혹시 여러분은 알고 있습니까?

S씨의 보고 - 이 소년은 아직 읽기·쓰기를 할 수 없으며, 작년에는 학습성과를 전혀 올리지 못했습니다. F부인이 몬테소리 교구상자를 이용해서 읽기·쓰기를 가르치기 시작했지만, 소년은 전혀 진보할 수 없었습니다. 이처럼 학습에 관해서는 아직 제로 상태입니다.

간질성의 무관심에 대한 치료

밖으로부터의 인상에는 무관심한 것 같습니다. 우리들은 이 아이를 위해 매우 어린 아이를 대하듯이 발도르프학교 교육을 행할 필요가 있습니다. 그림 그리는 일부터 시작해서, 그를 내적으로 괴롭히고 있는 것을 색채로 표현하도록 하는 것입니다. 우선 그림을 그리게 합니다. 그리고 그가 그것에 의해 무엇을 경험했는가를 관찰합니다. 그것을 출발점으로 그의 소질 속에 있는 것을 한층 더 길러가는 것입니다.

그러나 이 소년의 경우, 꼭 필요한 것은 약에 의한 치료입니다. 우리들은 아직 그의 약물치료에 대해서는 이야기하지 않았지요? 그에게는 해조海藻와 베라돈나[1]를 주사해야 합니다. 이것이 치료를 효과적으로 해줄 것입니다. 해조의 주사에 대해서는 여러분이 각각의 케이스에 응해서 처치할 수 있도록 깊이 이해해 두는 것이 중요합니다. 왜 이러한 경우에 해조를 주사하는 것일까요?

1 해조海藻는 D_5, D_{10}, D_{15}, D_{20}, D_{30}이 흔히 사용된다.

해조류에는 강력하게 발달한 뿌리도 꽃도 없습니다. 본래의 꽃과 뿌리는 서로 붙어 있습니다. 가장 중요한 부분은 잎이며, 이것으로부터 다른 모든 부분이 생겨납니다. 잎이 중심이기 때문에 대지와의 강한 연결이 없습니다. 그러나 한편, 외부의 우주와도 강한 관련 없이, 지표의 물과 공기가 접하는 곳에만 오직 관계합니다. 해조와 버섯은 공기와 물과의 상호작용에 깊이 결합하고 있습니다. 이 두 식물의 특징은, 물이나 공기 속에 분산되어 존재하는 극히 적은 유황에 강하게 끌리고 있습니다. 따라서 이들 식물은 율동적인 생체활동 속에서, 아스트랄체와 에테르체를 조화시키는 것에 특별히 도움을 주고 있습니다. 바로 이 일이 이 소년에게는 결여되어 있는 것입니다.

그런데, 자아조직이 아스트랄체에 대해서 강한 요구를 가지고 있어 아스트랄체가 에테르체 속으로 들어가지 못하면 그것에 의한 장해가 생깁니다. 그 경우는 오히려 버섯 쪽이 유효하게 작용합니다. 버섯보다도 보통의 식물에 더 가까운 해조는, 육체와 에테르체가 아스트랄체를 받아들이지 않는 것에 의한 부조화를 조정하는 데에 도움이 됩니다. 이를테면 에테르체가 강력하게 저항하고 있는 경우입니다. 자아조직의 아스트랄체에 대한 요구가 강한 경우가 아니고, 에테르체의 저항이 강한 경우에 도움이 됩니다.

사례 9 – 아스트랄체 장애가 있는 15세 소녀

또 한 소녀가 있었습니다. 이 소녀에 대해서 내가 말했던 것을 정리해서 말해주겠습니까?

S씨의 보고 - 나는 입술이 위로 젖혀진 그 소녀를 한 번밖에 본적이 없습니다. 그러나, 그때 선생님(슈타이너)께서는 3세부터 4세에 걸쳐서 소녀의 아스트랄체에 무언가 특별한 일이 일어났을 것이다, 소녀는 심한 가려움증으로 전신을 마구 긁어댔을 것이다라고 말씀하셨습니다. 후에 그 아이의 어머니가 우리에게 고열이 난 후 가려움증(痒感)이 있었다고 말해주었습니다. 치료법으로서 가르쳐 받은 것은, 니코친 관장灌腸입니다. 만약 그것으로 불충분할 때에는 니코친 주사[1]를 하도록 하는 것이었습니다. 그녀는 15세입니다.

그렇습니다. 이 소녀의 아스트랄체 조직은, 생명체 전체에 충분히 작용하고 있지 않습니다. 소녀의 존재 전체가 그것을 보여주고 있습니다. 특히 아스트랄체의 조직은 먹고 마실 때의 단맛, 좋은 느낌, 즐거움의 유혹에 저항하여 자아를 유지하기에 너무나도 약한 것입니다. 안면 하반부에 아스트랄체가 충분히 작용하고 있지 않을 때에는 입술이 말려 올라갑니다. 강한 미각의 기쁨을 입 언저리에서 먼저 맛보려고 하기 때문입니다. 이러한 일에는 긴 전력前歷이 있습니다. 긴 과정 끝에 이와 같은 현상이 생기는 것입니다. 나는 이 아이가 세 살인가 네 살 무렵에 발달에 이상이 나타났을 것이라고 말했습니다.

1 담배 D_6이 흔히 사용된다.

'영을 보는 능력이 없기 때문에' 라는 핑계

이러한 일을 알아채기 위해서는 애정을 가지고, 이러한 사항에 깊이 통할 수 있도록 노력해야 합니다. '이러한 사항을 지각하려면 우선 영을 보는 능력이 있어야 한다.'는 핑계를 대서는 안 됩니다. 그렇게 내적으로 나태한 태도를 교육자가 갖는다는 것은 용서할 수 없는 일입니다. 여러분이 영학靈學 연구에 필요한 견영능력見靈能力을 습득하는 것보다 더 중요한 것은, 인간 속에서 생겨나는 것 특히 이상異常상태에서 발달해가는 것들에 깊은 애정을 가지는 것입니다. 또한 귀의歸依하는 마음으로 그것들을 접하고, 그렇게 함으로서 문제점을 발견해내는 직관력을 자신 속에 창조해내는 것입니다. 그때 여러분은 스스로 바른 것을 말할 수 있게 됩니다. 물론 그를 위해서는 비교상秘教上의 용기가 필요합니다. 이 용기는 우리들의 허영심이 없어진 뒤에 우리 속에 생기게 됩니다.

지금 말씀드린 직관력은 비교적 쉽게 습득되는 것이지만, 그다지 인식되어 있지 않습니다. 그것은 대단히 기묘한 일이라고 생각합니다. 인지학자라면 내적 직관에 주의할 기회가 많이 있을 것입니다. 인지학자라면 자신이 믿는 것보다는 훨씬 많은 직관력을 갖고 있지만 그것에 주의하지는 않습니다. 왜냐하면 그러한 것을 알아차린 순간에 극복하기 힘든 허영심 앞에 세워지기 때문입니다. 직관력을 자각함에 따라서 모든 종류의 허영심이 솟아오릅니다. 어제, 현대라고 하는 시대에 대해서 말한 사항, 그리고 이제까지 반복해서 말해 온 사항 속에 현대인의 허영심에는 어쩔 수 없는 큰 경향이 있는 것입니다.

이것은 여러분 자신에 대해서 말하고 있는 것입니다. 청년운동[1]의 경험을 가지고 무엇인가 커다란 과제에 몸을 바치려고 하는 사람들이 특히 생각해 주었으면 하는 일입니다. 여러분들은 지금, 인류의 재생을 위해 일하려고 하고 있습니다. 그러한 여러분에게 내가 다음과 같이 말하는 것은 오늘날의 청년운동에 대한 오해나 몰이해가 아닌, 진정한 이해를 목표로 하고 있기 때문입니다. 오늘날의 청년운동은 하나의 필연이며, 상당히 중요한 사회현상입니다. 또한 이해있는 연장자에게는 최고의 관심을 불러일으키는 일입니다. 그러므로 청년운동에 반대하려는 생각은 결코 없습니다.

윗세대가 오늘날의 청년운동에 대한 이해가 결여되어 있고, 이 운동의 의미를 적당히 마음대로 생각하려고, 그것에 충분히 관계하려고 하지 않는 까닭에 많은 일들이 좌절되어 버렸습니다. 그러나 그것에 대해 비판할 생각은 없습니다. 그렇지만 청년운동은 특정의 구체적인 과제를 떠맡으려는 것이므로, 청년 그 자체에 대해서 잘 생각해 볼 필요가 있다고 생각합니다. 그리고 이러한 사항에 경험을 가지고 있는 사람은 청년운동의 성과에 있어 매우 유해한 사항, 즉 어떤 종류의 허영심에 주의를 기울여야 할 것입니다. 허영심은 청년운동의 지반 위에, 가는 곳마다 존재하고 있습니다. 그것은 버릇없는 일의 결과는 아닙니다. 오히려 허영심이 생기지 않으면 안 되는 이유가 있는 것입니다.

---

1 20세기 초 독일의 청년들에 의한 문화부흥을 위한 정신 운동. 시민 생활의 인습화에 반대하는 채식주의, 금주주의, 신체활동, 자연의학활동 등이 교육개혁 운동과 결부되어 큰 영향력을 갖도록 되었지만, 1933년 이후 나치스의 탄압에 의해 해산되었다.

운동에 대한 의지가 내적 능력을 발휘시킬 때에, 그 의지가 아리만 Ahriman[2]의 영향을 받아 허영심을 눈뜨게 합니다. 나는 지금까지 미래에 대한 희망을 가진 여러 연령층의 사람들을 보아 왔습니다. 특히 가까운 곳에서 관찰할 기회도 있었습니다. 그러나 암흑의 시대[3]에 이어지는 새 시대의 도래와 함께 허영심이 특히 강하게 나타나고, 그것에 의해 지금 젊은이들에게 필요한 특질이 발달할 수 없게 되는 것입니다. 이것은 청년에게만 해당되는 것은 아니지만, 지금은 청년의 경우에 대해서만 말하겠습니다. 그리고 그 결과, 위대한 사명에 대해 추상적으로 말하는 것만으로, 그것에 필요한 세부적인 것을 떠맡으려 하지 않게 되어버립니다.

작은 일에의 외경

앞으로 우리에게 필요한 것은, 지금까지 극히 시민적인 생활범위 속에서, 어떤 종류의 직관으로부터 말해져 온 '작은 일에의 외경'입니다. 청년은 특히 이것을 습득하여야 합니다. 청년은 너무나도 추상적인 것에 안주하고 있습니다. 그렇게 되면 금방 허영심의 자녀가 되어 버리는 것입니다.

여러분은 잘 생각해야만 합니다. 어떤 곤란이 있는지, 그리고 어떻

---

2 슈타이너는 인간의 정신(魂)에 있어서의 악의 현현 상태의 양면성으로서, 인간 행동의 배후에 움직이고 있는 두 종류의 힘을 통찰했다. 그는 이것을 루시퍼Luzifer와 아리만Ahriman이라고 명명했다. 인간 마음의 따뜻함을 빼앗고, 여유와 너그러움을 없애며, 기계적인 움직임과 냉담한 사고방식, 그리고 생명감이 느껴지지 않는 생활환경을 만들어내는 힘을 아리만이라고 했다. — 역자 주

3 신지학의 전승에 의하면, 인류사는 1 금의 시대, 2 은의 시대, 3 청동의 시대, 4 암흑의 시대로 이어지고, 현대는 바로 제5의 새로운 빛의 시대를 맞이한 때라고 한다.

게 하면 그 곤란을 여러분의 비교적秘教的인 노력으로 극복할 수 있을지를 말입니다. 직관에 의해 무언가를 인식하려는 사람에게는 대답이 한정된 범위 내에 존재하는 것은 아닙니다. 속인이 장애아에 대해서 말하는 이야기는 대개 맞지 않지만, 그러한 때 중요한 것은 눈앞에 있는 사실을 직시하는 것입니다. 그리고 용기를 가지고 지속해서 '나는 할 수 있다.'는 의식을 가져야 합니다.

여러분이 허영심을 갖지 않고 자기 희생적인 태도로, 반항심을 극복해서, 이 일을 단지 느끼는 것만이 아니라 반복해서 자신에게 들려준다면, 자신이 얼마만큼 많은 일을 성취할 수 있을까를 경험할 것입니다. 그러므로 무엇이 가능한가를 논리적으로 생각할 것이 아니라, 끊임없이 용기를 가지고 구하는 자세가 중요합니다. 말하자면, 의식을 진화시키기 위해, 끔찍한 오물이나 진흙 쓰레기를 뒤집어쓴 것을, 아무렇지도 않게 혼으로부터 꺼내 버리는 것입니다.

치료교육자를 위한 명상 1

일반적으로 인간은 진지한 태도로 어떤 진실을 자신 속에서 살리려는 노력이 없었기 때문에, 교육분야에서 커다란 성과를 올릴 수가 없었습니다. 그 진실이라고 하는 것은 명상에 관계되는 진실입니다. 매일 밤, 다음과 같은 언어를 의식하면서 마음속으로 떠올려 보십시오. '내 속에 신神이 있다.' 또는 '내 속에 신령神靈이 있다.' 그리고 매일 아침 '나는 신 속에 있다.'고 하는 말을 마음속에 떠올려, 그것을 하루하루 빛나게 하는 것입니다. 그러나 이것을 이론적으로 생각하고 궁리하는 것은 아닙니다. 대부분의 사람들은 명상을 무엇인가를 이론적으로 생각하고 궁리하는 것으로 여깁니다.

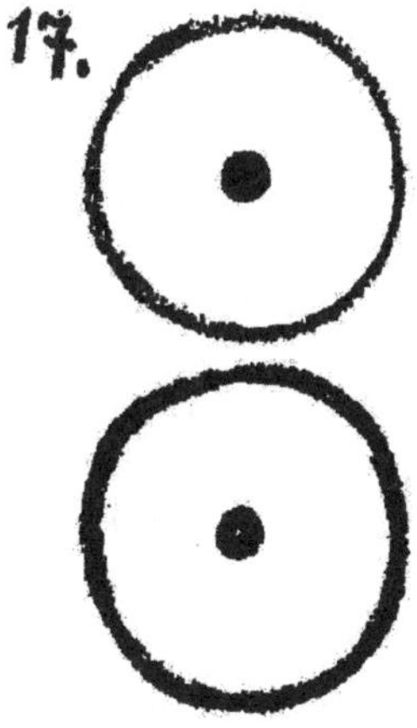

▲ 그림 17

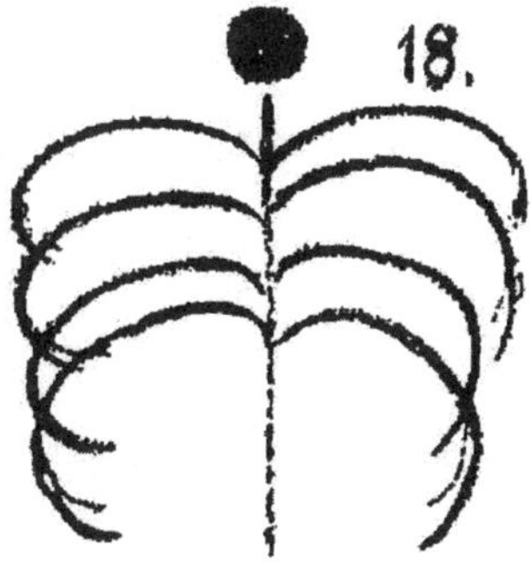

▲ 그림 18

위의 두 언어가 감정이 되고, 의지충동으로 될 정도로 마음속에 살려본다는 의미를 잘 생각해 보십시오. '내 속에 신이 있다.'고 하는 이미지를 마음속에 떠올리고, 다음날 아침 '나는 신속에 있다.'고 하는 이미지를 마음속에 떠올리도록 시도해 보십시오. 이 위의 그림과 아래의 그림은(그림 17) 같은 것입니다. 단순하게 이것은 원이고, 이것은 점이라고만 생각하십시오.

밤에는 밖으로 나가지 않습니다. 아침이 되어야 밖으로 나갑니다. 아침에는 이것이 원이고, 이것이 점이 된다고 생각하십시오. 원이 점이고, 점이 원인 것을 완전히 내적으로 이해해 주십시오.

그때 처음으로, 여러분은 인간에 결합되는 일이 가능한 것입니다. 제가 대사·지체肢體인간과 두부頭部인간의 그림을 그렸던 것을 기억해 보십시오. 그 그림은 지금 단순한 방법으로 보여준 명상상瞑想像의 실현을 나타냅니다. '실현'이라고 하는 것은 두부頭部의 자아의 점이 지체인간 속에서 원으로 되기 때문입니다. 원이라고 해도 물론 인간의 모습을 하고 있지만. 어쨌든 이러한 방법으로 인간을 내적으로 이해하려고 할 때 처음으로 인간 전체를 이해할 수 있게 됩니다. 그러나 우선 첫째로, 이 두 개의 상, 이 두 가지의 언어가 같은 것이며 결코 서로 구별될 수 없는 것을 알아야 합니다. 밖에서 보았을 때에만 그것들은 다릅니다.

여기에 황색의 원이 있고 여기에도 원이 있습니다. 여기에는 파란 점이 있고 여기에도 점이 있습니다. 왜일까요? 왜냐하면, 이것은 머리의 도식화이며, 이것은 몸의 도식화이기 때문입니다. 그렇지만 점이 몸 속에서 자신을 작용시키면, 그것이 등골(척수)이 됩니다. 같은 점이 머리 속으로 들어가면 머리조직의 중심이 됩니다(그림 18). 형태학의 내적인 역동성이 이렇게 해서 가시적인 것으로 됩니다. 명상을 여기서부터 출발할 때, 여러분은 해부학과 생리학의 견해를 익힐 수가 있는 것입니다. 그때 여러분은 위턱과 아래턱이 지체라는 것, 머리가 생체 전체이며 현상에 안주하여 노력하지 않는다는 것, 또 하나의 생명체 전체이고 그 위축된 지체가 턱이 되어 있는 것, 이러한 것을 내적으로 직감하게 됩니다. 나아가서 여러분은 이齒와 발가락이 대극적인 위치라는 것도 직감할 것입니다. 턱의 앞쪽 끝에서는, 위축된 발과 손을 인식할 것입니다.

그러나 이 경우 명상에 적합한 기분이란 어떤 것일까요? '나는 내적으로 따뜻한 둥지에서 잠들고 싶다. 그렇게 하면 더더욱 따뜻한 상태에 있을 수 있다.' 명상은 이러한 기분을 갖게 하지는 않습니다. '현실 속으로 비집고 들어가, 현실을 파악하고 싶다.'고 하는 기분이 아니면 안 됩니다. 작은 일에의 외경, 아니 더욱 세세한 것에의 외경이어야만 합니다. 사소한 일에의 관심을 잊어서는 안 됩니다.

여러분은 토성기土星期[1], 태양기, 월기月期와 같은 정도로, 귓불이나 짤린 손톱이나 머리털에도 흥미를 가져야 할 것입니다. 파고 들어가 보면, 인간의 머리털 속에는 다른 일체의 만물이 존재하고 있는 것입니다. 명상생활에 있어서 필요한 '극복'을 명심하는 것만으로 밖에 보이는 것을 안에 창조할 수가 있는 것이지만, 무언가 허영심이 남아 있는 동안은 '극복'은 결코 불가능합니다. 허영심은 마음 구석구석에서부터 나타납니다. 그러므로 여러분이 진정한 교육자, 특히 치료교육자가 되려고 한다면 세부細部에의 외경畏敬을 더욱 더 겸허한 태도로 육성하고, 그곳에서 출발하여 가일층 세부에의 외경을 다른 청년운동 속에도 살리도록 하는 것이 중요한 것입니다.

그때서야 비로소 일반사회에도 증명할 수 있는 사항을 실현할 가능성이 생깁니다. 나는 우리들의 인지학운동 내부의 활동에서 보여지는 최대의 오류가 이 일과 관계가 있다고 생각합니다. 그 일은 이 경우에

1 신지학, 인지학의 기본적인 우주진화론에서는 물질계의 진화를 의식의 발달사로서 파악하여 토성기(土星紀, 가장 어둡고 가장 큰 확대 범위를 가진 트랜스 의식), 태양기(太陽紀, 식물적 의식), 월기(月紀, 동물적 의식), 지구기(地球紀, 인간적 의식), 나아가서는 목성기木星紀, 금성기金星紀, 빌칸기 등 7단계로 생각하고 있다.

도 들어맞습니다. 이 소녀에 대해서 나는 3세에서 4세에 걸쳐서 일종의 이상이 나타난 것이 틀림없다고 말했습니다. 여러분은 아이의 어머니에게 묻고, 그녀는 여러분을 위해 그것을 확인했습니다. 그 후에 여러분은 과연 무엇을 했습니까?

(침묵)

부디, 비교적秘教的인 태도로 진지하게 받아들여 정직하게 말씀해 보십시오. 여러분 세 사람은 무엇을 하였습니까?

(침묵)

만약 여러분이 바른 일을 했다면 여러분은 이렇게 말했을 것입니다. '우리들은 너무 놀라서 천장에 구멍이 뚫릴 정도로 뛰어 올랐습니다.' 라고 그랬다면 오늘도, 이 같은 반응이 여러분의 입에서 이야기로 눈부시게 나왔을 것입니다.

중요한 것은 진실을 체험했을 때의 열광입니다. 지금 필요한 것은 바로 이것입니다. 수년 동안, 인지학운동[2] 속에서 우리들이 심하게 고통스럽게 느끼는 것은 노인도 젊은이도 확고하게 자기발로 계속 서 있다는 것입니다. 사람들이 얼마나 자신의 발로 튼튼하게 서 있는가를 생각해 보십시오. 니체는 본질적으로 그렇지는 않았습니다. 가령 그가 그것 때문에 병에 걸린다고 해도 말입니다. 그는 짜라투스트라를 역할자로 묘사했습니다. 여러분도 역할자가 되어야만 합니다. 짜라투스트

2 1923년 크리스마스에 스위스의 괴테아눔에서 열렸던 '크리스마스 회의'에서 '일반 인지학협회'가 설립되고, 슈타이너가 그 대표이사가 된 후 예술, 과학, 교육, 농학, 의학, 그밖의 사회운동이 정력적으로 전개되어, 오늘에 이르고 있다.

라의 의미에 있어서 말입니다. 부디 진실을 마음 밑바닥에서부터 기뻐하면서 사십시오. 진실을 체험하는 것 이상으로 마음을 설레게 해주는 것은 없습니다. 이것은 비교秘教에 있어, 점잖은 얼굴을 하고 돌아다니는 것보다도 훨씬 더 중요하고 본질적인 것입니다. 진정한 내적 체험, 이것이 다른 일체의 사명감에 앞서 있어야 합니다.

소녀는 3세와 4세 사이에 오컬트 열에 걸렸습니다. 의학에 있어서도 오컬트 열(潛熱)이라고 말합니다. 이것은 옛날에 사용하던 의학용어 중의 하나입니다. 열이 무엇 때문에 나는지를 의사도 알 수 없을 때, 그 열을 '오컬트 열'이라고 부릅니다. 이 '오컬트 열'이 생긴 것입니다. 3세에서 4세 사이에 특별한 약점이 아스트랄체에 생겼기 때문에 육체와 에테르체가 반작용을 일으키고, 그것이 강력하게 발달해서 아스트랄체에 따르지 않게 된 것입니다. 그러므로 이 아이의 경우에 특별히 중요한 것은, 3세 때의 아스트랄체는 현저한 위축과 경직이 생길 수 있다는 것입니다. 우리들은 그것을 정상으로 되돌리기 위해서 바르게 수정해야 합니다. 그것은 교육을 통해서, 생생한 흥미를 갖게 해줌으로써 가능하게 됩니다.

그러면 이 아이의 학교생활은 어떻게 되었을까요?

S씨 – 이 소녀는 우리들의 시설에는 없었습니다. 치료를 위해 왔다갈 뿐이었습니다. 양호학교에는 16세까지 있었습니다. 거기서 읽기 쓰기를 배워 현재 계산은 천 단위까지 할 수 있습니다. 소녀에 대해 그 밖의 일은 모릅니다. 이상과 같이 극히 개괄적인 것밖에 말씀드릴 수 없습니다.

- 담배의 관장이 처방되었습니다.

치료 오이리트미도 중요합니다. 왜 일까요? 그것은 어린이의 아스트랄체가 위축된 결과, 생체의 상부가 기형화되기 쉽게 되어 있어서입니다. 이 아이는 상당히 조잡한 모양을 하고 있습니다. 저작기咀嚼器(씹는 기관)와 관계 있는 모든 기관이 기형화하고 있기 때문입니다. 이 경우에는 이곳 임상치료원에서 상당히 공들여 시도해온 니코친액이 반기형화 작용에 좋은 결과를 낳을 것입니다. 처음에는 천천히 시도해야 합니다. 처음에는 먹는 약을 주고, 그 결과를 주의 깊게 관찰합니다. 그리고 저작기가 생체의 정상적인 활동의 지배하에 작용하도록 되는가를 볼 수 있는 눈을 가져야 합니다. 그녀의 씹는 기관은 혼이 작용하는 영향 밖에 있습니다. 그들 기관은 단지 거기에 존재할 뿐입니다.

알맞게 희석한 니코친액을 복용함으로서 치료에 임할 수 있습니다. 우리들은 소수 제6위부터 제15위까지의 곳에서 시작할 수가 있습니다. 효과가 너무 약한 듯 하면, 희석도가 높은 니코친액을 혈액에 주사하고, 혈액순환을 통해서 직접 아스트랄체에 영향을 주도록 합니다. 그렇게 하면 내복內服에 의해 얻을 수 없는 것을 얻을 수 있습니다.

거기다 아스트랄체의 작용력을 자아조직 속으로 너무 강력하게 작용시키지 않도록 하면, 더욱 좋은 결과를 얻을 것입니다. 그 작용을 자아조직 바로 앞에서 멈춥니다. 빈번하게는 아니더라도 주 1회 정도, 소량의 유황을 섞은 유황탕에 입욕시키는 것도 효과가 있습니다.

사례 10 – 선천성 색소결핍증의 자매

우리들은 내일도 다른 사례를 다룰 것입니다. 특히 여러분 측에서 연구되어 있는 선천성 색소결핍증의 흥미 있는 사례를 선정하는 것은, 저로서도 만족스런 일입니다. 우리는 그러한 어린이 두 명을 치료했습니다. 언니가 15세이고, 여동생은 아직 어린 아이였습니다. 당신은 이 아이들의 출생천궁도出生天宮圖를 만들었던가요?

(슈타이너가 뷔레데 박사[1]에게 묻자, 그녀는 그 천궁도를 내어준다.)

이 출생천궁도를 보면, 이쪽이 언니 것이고, 이쪽이 동생의 것입니다. 천왕성은 어디에 위치하고 있습니까? 특별한 별의 위치星位는 발견했습니까?

뷔레데 박사 – 네, 언니의 경우 천왕성과 해왕성이 부딪치고 있습니다.

여러분, 이 어린이들은 어디에 있어도 눈에 띄는 두 가지 특징을 보이고 있습니다. 매우 밝은 색의 금발과 양 눈을 변형시킨 시력의 약화입니다. 이 두 가지의 현상은 원현상原現象입니다. 선천성 색소결핍증의 경우는, 겉으로 보기에도 철분의 섭취가 어려운 체질이라는 것을 금방 알 수 있습니다. 반대로 유황분은 상당히 쉽게 섭취할 수 있습니다. 생명체는 철분에 대해서 반항합니다. 특히 몸 주변에 양분을 공급할 때 몸이 철분에 반항합니다.

1 뷔레데 박사(1879~1943)는 천문학자로 일반 인지학협회 이사.

철분의 공급은 주변으로 흐르기 전에 멈추어 버립니다. 한편 유황분은 주변에까지 골고루 미칩니다. 그러므로 머리털의 색을 짙게 하고 머리털의 형성력을 조성하는 듯한 유황 오오라가 보이는 것입니다. 그리고 태아기 때 밖으로부터 생체에 가해지는 비교적 독립된 안구의 형성과정이 보여지는 유황 오오라[2]는, 눈의 에테르체에서 눈의 아스트랄체까지 작용하여 눈을 형성합니다. 이러한 어린이의 경우, 안구가 눈구멍으로부터 당겨져 나와 있으며, 이것은 에테르체가 무시되어 눈의 아스트랄체의 작용이 강력히 요구되고 있는 것을 알 수 있습니다.

그런데, 여기서 매우 중요한 질문이 하나 생깁니다. 인간은 한편으로 대지의 힘을 통해 형성되어 있지만, 다른 한편으로는 우주 전체와의 관련하에 서 있습니다. 인간 존재는 이 두 가지의 작용에 의존하고 있습니다. 이 두 가지의 작용은 개인적·카르마적인 과정 속에서도, 유전의 흐름 속에서도 존재하고 있습니다. 유전의 흐름에 대해서인데, 이 두 사람의 경우 부모에게서 색소결핍증의 증상이 발견되지 않습니다. 부모는 완전히 건강한 사람들이었던 것입니다. 그러나 아이의 할머니가 색소결핍증이었다고 합니다.

K박사 - 그것은 이 아이 어머니 자매의 한 사람입니다.

숙모이군요. 말하자면 가계家系의 유전요인 속에, 색소결핍증의 경향이 확실하게 나타나 있는 것입니다. 당신은 오늘, 자레강 지대나 이

2 생체 내의 유황의 작용력에 대한 영학적 표현.

에나시에서도 그와 같은 어린이들이 있다고 말했지요?

K박사 - 두 명의 어린이와 32세의 기혼 남성 한 명입니다. 이 세 사람의 경우, 가계에 색소결핍증이 나타나는 것은 한 사람뿐입니다.

출생천궁도에 의한 진단 – 풍토병

이러한 증상은 어떤 의미에서는 풍토병처럼 지역과 연결되어 있습니다. 토지가 유전과 치밀하게 교차하고 있기 때문입니다. 일정한 사정하에서 산발적으로, 색소결핍증이 어떤 지역에는 나타나고 다른 곳에는 나타나지 않습니다. 그러므로 색소결핍증이 어떤 지역에 어떻게 해서 나타나는가를 생각해야 합니다.

외부로 향하는 유황화가 인간의 오오라를 통해, 인체의 주변에서 미세한 유황 경색梗塞[1]을 일으키는 것을 알 수 있습니다. 그래서 우리들이 유황을 포함한 토지가 어디에 있는가를 조사했더니, 자레강 계곡 일대가 황철광을 포함하고 있었습니다. 유황이 철과 화합하여 존재하고 있었습니다. 그러므로 아름다운 황철광을 생산하는 이 자레강 지대에서 철과 유황이 어떠한 상태로 있는가를 연구할 수가 있습니다. 아름답고, 표면이 곱고, 황금색으로 빛나는 황철광의 방형이 자레강 지대에 나타나고 있습니다(그림 19). 그 지역 가까이의 토지에는 석고가 함유되어 있습니다.

1 유황의 생체 내에서의 작용력이 막혀서 통하지 않는 것.

아시다시피, 석고는 20%의 수분을 내포한 유산석회입니다. 그러므로 석고 속에서도 유황을 조사할 수 있습니다. 이 일은 대기 속에 작용하고 있는 모든 것에게도 빛을 던져주고 있습니다. 그러나 우리들은 먼저, 대지 속에서 유황과 철을 흡수하고 있는 것을 모두 조사하지 않으면 안 됩니다. 철분을 풍부하게 포함한 토지도 있습니다. 그래서 '대지와 인간 사이에 어떠한 상호관계가 만들어지는가, 대지는 철을 강력히 끌어당기는데 인간은 왜 그렇게 할 수 없는 것인가.'라는 의문이 생깁니다.

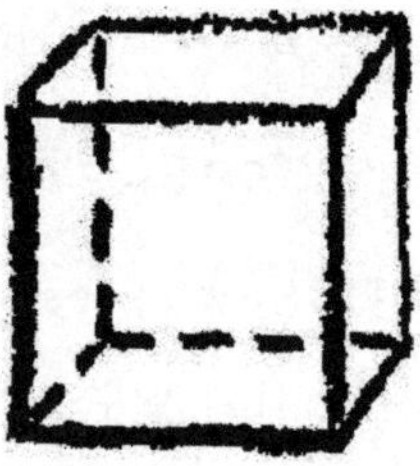

19.

▲ 그림 19

인간이 철분을 거절하고 유황을 받아들이기에 적합하려면 어떠한 성위星位가 있어야 하는 걸까요? 먼저 우주로 눈을 향해 이 아이의 출생시의 천궁도天宮圖를 연구해야만 합니다. 이러한 선천성 색소결핍증의 경우, 특별히 나타나는 성위와 거의 생기지 않는 성위는 어떤 것인가를 조사합니다. 주기가 짧은 유성이 아닌, 토성이나 천왕성과 같은 긴 주기의 유성의 성위를 조사해야 합니다. 그러므로 어떠한 물음의 방법이 여기서 필요하게 되는가를 이해하리라 생각합니다. 우선 바른 질문이 제기되고 그것에서부터 문제를 해결해가지 않으면 안 됩니다.

그럼, 여기서 작은 치료법에 대하여 언급하고 싶습니다. 그리고 이 시간에 말한 것을 이 경우에도 적용하고자 생각하지만, 그것은 내일 말하고 싶습니다.

오늘 아침, 내가 들은 바에 의하면, 여러분은 이 연속강의에 포함되어 있는 것 이외에도 무언가를 소망하고 있습니다. 그 이유는 강의 내용이 너무나도 '세부에의 외경' 쪽으로, 즉 여러분이 필요로 하고 있는 사항의 방향으로 너무 기울어져 있기 때문이라고 들었습니다. 그렇다면, 나는 가능한 한 여러분의 희망에 따르고 싶습니다. 그 때문에 내가 괴테아눔Goetheanum[2]의 공사현장에서 일하고 있는 사람들을 위한 강의에서 행해 온 새로운 방법을 여기에도 적용하려고 생각합니다. 나는 '무엇을 이야기하면 좋겠는가?'에 대해서 먼저 묻고, 그것에 맞추어 강의를 해 왔습니다. 그러므로 말해야만 하는 테마를 수강자 자신에게서 받는 것입니다. 그러한 방식으로 해왔기 때문에, 그들에게서 자신들이 바라고 있는 내용의 이야기를 들을 수 없었다는 비난은 듣지 않았습니다.

---

2 1923년 크리스마스에 스위스의 괴테아눔에서 열렸던 '크리스마스 회의'에서 '일반 인지학협회'가 설립되고, 슈타이너가 그 대표이사가 된 후 예술, 과학, 교육, 농학, 의학, 그밖의 사회운동이 정력적으로 전개되어, 오늘에 이르고 있다.

HEILPADAGOGISCHER KURS

제11강

치료교육의 실제Ⅵ

_ 사례 11-기억력 감퇴의 10세 소녀
_ 기억력 감퇴의 치료-메기 습포와
치료 오이리트미
_ 사례 12-도벽이 있는 16세 소년과
음악 오이리트미 효과
_ 사례 13-몽상증이 있는 소년과 그 치료
_ 사례 10의 계속-출생천궁도
_ 사회운동하는 사람의 기본적인 사고방식
_ 치료교육자를 위한 명상 2
_ 카르마에 대한 사고방식-
교황 그레고리우스 7세와 생물학자 헤켈

사례 11 – 기억력 감퇴의 10세 소녀

어제 다루지 않았던 몇 가지의 사례를 말씀드리고자 합니다. 10세의 소녀가 있었습니다. 그녀는 기억력이 감퇴하고 있고, 현재 2학년입니다. 비인후鼻咽喉에 육류肉瘤가 있는데, 그것은 방광 부위에서 에테르체가 강도로 증식하고 있는 것과 관계가 있습니다. 이 증식의 결과가 두부頭部의 증상으로 나타난 것입니다. 이 소녀의 장애의 육체적 원인은 여기서 찾을 수가 있습니다. 그녀는 10세입니다. 바로 제가 항상 말하는 것처럼, 이러한 아이를 담당하는 교육자가 특히 주의해야 하는 발달 단계에 있는 것입니다.

이 연령이 되기까지의 모든 증상에 대해서 그녀는 아무것도 모릅니다. 방광 부근에 염증이 생기면 그것에 대응해서 상부 상체에도 증상이 생깁니다. 이 소녀의 에테르체는 아스트랄체와 정상적으로 협동하고 있지 않으므로, 육체에도 정상적인 방법으로 관계할 수 없게 되어 있습니다. 혼의 기능에 이상이 있을 때 늘 정묘한 조직에 그 원인이 있으므로, 육체만 검사하는 것은 아무 소용이 없습니다. 그 경우 당연한 일이지만, 하부조직보다도 먼저 상부조직의 이상을 인정하는 편이 용이합니다. 아스트랄체에 결함이 있어 에테르체가 정상적으로 기능하지 않을 경우, 좋은 자극을 주려고 해도 그것이 육체로까지 작용하지 않습니다. 그러므로 이 아이에게 주려는 인상은 매우 강렬해야 합니다.

생각해 보십시오. 건강인에게 있어 기억력은 육체와 에테르체에 의존하고 있습니다. 아스트랄체와 자아는 인상을 기억에 머물게 할 수 없습니다. 꿈은 아스트랄체와 자아의 일부분이 육체와 에테르체에 침적沈積 할 때에 처음으로 생깁니다. 자아와 아스트랄체는 잠든 후 깰 때까지의 일을 모두 잊고 있습니다. 기억에 남는 것은 침대에 옆으로 누워 있었다는 정도입니다. 그리고 침대에 옆으로 누워 있는 부분이 정상으로 기능하지 않으면 인상을 기억에 남길 수가 없습니다. 그러므로 중요한 것은 강렬한 인상을 주어서 상부조직이 하부조직 속에서, 다시 말하면 자아와 아스트랄체가 에테르체와 육체 속에서 강한 작용력을 갖도록 하는 것입니다.

기억력 감퇴의 치료 – 메기 습포와 치료 오이리트미

그런데, 소녀의 기억력을 단순한 민요의 멜로디에 의해 조사하는 시도는 해보았습니까?

K박사 - 외우게 하는 것은 비교적 쉬웠습니다.

그러면 현재의 기억력을 기초로 해서 작업을 가일층 진행시켜주기 바랍니다. 간단한 시詩를 낭송하게 하는 것도 좋은 방법입니다. 예를 들면 같은 3행의 싯구를 반복하게 해서 그 리듬이 강하게 새겨지도록 합니다. 그리고 리듬 없이도 인상을 가질 수 있을 때까지 반복합니다. 이러한 시도가 사춘기에 이르는 3~4년 안에 성공한다고 생각하지는 않습니다. 그러나 사춘기 때까지 이 시도를 계속합니다. 특히 리듬이 있는 인상을 먼저 준 다음 차츰 리듬이 없는 인상에까지 이르게 한다면, 교육상 일정한 성과를 올릴 수 있을 것입니다. 의료법은 이미 결정되었습니다. 메기Berberis vulgaris[1] 10퍼센트액의 습포와 L, M, S, U 음音에 의한 치료 오이리트미입니다.

이 치료법에는, 먼저 아스트랄체의 형성력과 적응력을 위해서 M음을 사용합니다. 이미 말한 바와 같이 M음은, 생명체 전체를 내쉬는 숨으로 변화시켜 그 속에서 아스트랄조직과 에테르조직이 만날 수 있도록 합니다. S음은 아스트랄체를 강한 생명활동으로 바꾸지만, 아스트랄체를 에테르체화 하려는 것은 아닙니다. 아스트랄체가 자신을 유지하기 위해서는 U음이 유효합니다. 이들 음은 이렇게 해서 직접 체험됩니다. 우리들은 그것들의 음의 체험을 여기서도 다루는 것입니다. 이 소녀가 메기 습포를 처방하는 것은 염증을 완화할 필요가 있기 때문입니다. 염증에는 이 습포가 유효합니다.

사례 12 – 도벽을 보이는 16세 소년과 음악 오이리트미 효과

도벽이 있는 아이의 전형을 보이는 16세의 소년이 있었습니다. 그는 매우 좋은 사례입니다. 그 증상은 매우 전형적이므로 전형적인 방법으로 치료해야 합니다. 말하자면 그에게 제공되는 인상印象이 무엇과 결합할 수 있는가에 주의할 필요가 있습니다. 어린이들은 자신들이 받은 교육에 따라 상당히 변화합니다.

이 아이는 원래 안정감이 없는 아이인데, 멍하니 있고 발달이 늦습

1 메기는 낙엽 소관목으로서 타원형의 홍색 열매를 맺는다. 이 과즙으로 하복부에 온습포를 한다.

니다. 16세나 되는데도 말을 못합니다. 특히 7세까지 습득해야만 했던 부분을 습득하지 못하고 있습니다. 그래서 이 아이에게 무엇이 결여되어 있는지를 쉽게 이해할 수 있습니다. 그는 모방원칙에 따른 생활을 할 수 없었습니다. 모방할 수 없었던 것입니다. 바꾸어 말하면, 자신의 모든 기관을 자아와 아스트랄체에 의해 작용시킬 수가 없었던 것입니다. 굉장히 귀여운 아이지만, 그 결과 육체가 구하는 안락을 극복하는 일이 매우 곤란한 것입니다. 이 아이의 치료에 우선 필요한 것은, 음악 오이리트미입니다. 이것에 의해 치료를 진전시킬 수 있을 것입니다. 지금 말하고 있는 것은 기본적인 것입니다. 바른 방식으로 음악 오이리트미를 하면, 이 아이의 아스트랄체는 자극을 받아 그 리듬이 에테르체에 침투하게 됩니다.

다음으로 리듬이 있는 싯구를 따라하게 하여 정말로 음音 속에 몰입할 수 있도록 합니다. 'Und es wallet und woget und brauset und ziocht(그리고 일렁이는 파도, 그리고 물결침, 그리고 술렁거림, 그리고 소근거림)' 이 싯구를 어울리는 방법으로 천천히 소리내어 읽습니다. 처음부터, 그리고 끝에서부터 소리내어 읽습니다. 이 경우 'siedet'가 아니고, 'woget'라고 소리내어 읽는 편이 치료 목적에 맞습니다. 언제나 천천히, 처음부터도, 끝에서부터도 소리내어 외웁니다. 그리고 가능하다면 모음을 강조하면서 그렇게 합니다. 예를 들면 A를 강조하고, 그리고 E와 I를 강조합니다. 그리고서 IEA, 다시 한 번 AEI, 그리고서 다시 IEA를 강조합니다. 어린이는 이렇게 하는 것을 재미있어 합니다. 이런 식으로 어린이를 점차 내적으로 눈뜨게 해줍니다. 이것은 모방의 원칙에 의해 반복됩니다. 어린이 한 사람 한 사람에게 따로따로, 여러분이 하는 것을 따라하게 해야 합니다. 일정한 짧은 시간 내에 선생이 소리내어 읽는 대로 반복시키는 것입니다.

또한 이 아이의 치료에 중요한 것은, 따로 따로 떨어지려고 하는 것, 생체의 움직임을 주변으로 쫓아보내는 것, 원심적으로 작용하는 것을 일제히 적용시키는 것입니다. 원심적인 작용을 행하는 것은 하수체下垂體의 일이지만, 이 아이의 경우는 구루병인 아이와는 달리 하수체를 사용하는 것은 아닙니다. 구루병의 아이에게는 생체의 움직임을 뿔뿔이 흩어지게 하는 방향으로 향하게 하기 위해 하수체를 사용하지만, 그것과 반대의 원리인 구심적인 작용을 이용하는 것입니다. 다시 말하면 하수체와 함께, 생체를 그 성분에 의해 형성하는 작용을 이용하는 것입니다. 그리고 그렇게 할 수 있는 것은, 식물 숯Carbo vegetabilis이나 동물 숯Carbo animalis입니다. 그러므로 식물 숯과 동물 숯을 상호 사용하는 것이 중요합니다.[1] 그리고 동시에 성장에 작용하는 뇌하수체 속의 조직원리를 이용합니다.

그런데 이러한 교육시설을 시작하는 데 있어서는 당연한 일이지만, 참가하는 모든 사람이 그곳에서 행해지고 있는 사항을 잘 관찰하는 것이 가장 중요합니다. 그리고 신뢰에 기초하여 사항을 처리해야 합니다. 생각해 보십시오. 이 아이의 경우, 가장 나쁜 것은 어린이에게 있는 것이 아니라, 갑자기 기적이 일어날 것이라고 기대하는 부모들입니다.

---

1 식물 숯으로서는 주로 백화白樺의 숯을, 동물 숯으로서는 동물의 뼈 혹은 피의 숯을 이용한다.

이 아이의 경우에는 머지 않은 시일 내에 좋아질 것입니다. 이 아이의 어머니는 어린이와 함께 있으려고 합니다.

(장내로부터의 목소리 - 어머니는 어린이를 보내고자 데리고 올 뿐입니다.)

아이의 어머니가 교육 현장에 입회하지 않는다면, 고마운 일입니다. 그러나 어떻든간에 그러한 경우가 생기더라도, 필요한 것을 잘 모르거나 알 수 없는 상태에 있는 부모들 입장에서는 당연한 일이지만, 때로는 무서울 정도로 몰이해적인 부모의 요구에 대해 인내심을 갖고 자신의 입장을 계속 지켜나가야만 합니다.

그런데 AEI - IEA와 같은 방법으로, 어린이를 서로 다른 상태에 두는 일이 중요합니다. 비교적 짧은 간격을 두고 온욕과 냉욕을 번갈아가며 시키는 것도 같은 효과를 불러일으킬 수 있습니다. 그것에 의해 생기 있게 있어야 하는 것을 생기 있게 할 수 있습니다. 장애가 나태한 상태로 나타나 있을 때에는, 이 교호욕交互浴이 매우 효과적입니다. 단지 너무 무리를 해서는 안 됩니다. 이러한 온냉욕요법을 시작한 후에 어린이가 흥분했다고 해도 불안해 할 필요는 없습니다. 그것은 일시적인 것입니다. 반응이 일어나도 머지않아 상태가 회복될 것입니다.

사례 13 – 몽상증이 있는 소년과 그 치료

여기서 다른 소년의 사례로 이야기를 옮기고 싶습니다. 이 소년은 모든 일을 장밋빛으로 보고 있습니다. 이 아이는 돈도 한 푼 가지고 있지 않습니다. 그의 가장 근본적인 증상은 외부세계와 관련을 지으려 하지 않는다는 것입니다. 그는 자신 속에 갇혀 있습니다. 이 증상에 대해서는 구체적으로 설명하지 않으면 안 됩니다.

그가 외부세계에 들어갈 수 없으므로 자아조직은 끊임없이 내부로부터 오는 아스트랄체와 부딪칩니다. 그리고 내적인 서투름, 더 정확히 말한다면 내적인 제멋대로의 행동을 만들어냅니다. 그가 아스트랄체에 부딪칠 때마다 섬세한 감수성을 발달시킵니다. 그리고 그 결과 섬세한 인간의 특징을 보입니다. 이것은 색채를 볼 때의 태도에서도 나타납니다. 이 아이는 자신의 아스트랄체에 눈 뜬 상태에서 관계할 수 있으므로, 색채를 비전으로서 보는 것입니다.

이러한 아이를 교육하는 데는 그의 내부에서 점차 자라나고 있는 사항을 관찰할 수 있어야 합니다. 즉 이상理想에 대한 희미한 동경을, 그럼에도 불구하고 그때마다 주위와 타협할 수 없기 때문에 생기는 불안과 도피를 말입니다. 이 소년의 경우에 필요한 것은, 자연스런 신뢰를 그에 대해 갖는 일입니다. 발도르프학교의 교수법에 따라 교육한다면, 그처럼 교육할 수 있습니다. 그 방법 외에 그를 대하는 다른 방법은 없습니다. 이것은 이 소년의 필체입니다(그림 20). 여기서 이 소년이 현재의 필체에서, 아름답게 정리된 필체로 발전시켜갈 수 있도록 주의 깊게 지켜 볼 필요가 있습니다. 그리하면 그의 내면의 상태가 변화해 가는 것을 알아챌 수 있을 것입니다. 그가 호언장담을 할 때에는, 직접 여러분에 대해서 그가 가지고 있는 신뢰를 바탕으로, 그 호언장담의 모순을 지적해주기 바랍니다.

▲ 그림 20

사례 10의 계속 – 출생천궁도

어제는 선천성 색소결핍증의 예를 들어, 그곳에서 작용하는 우주로부터의 영향에 대해서도 말했습니다. 그런데, 여기에 천문학의 전문가가 오셨으므로, 색소결핍증 환자들에게서 보여지는 공통의 특징이 출생천궁도出生天宮圖 속에서 인식되어지는지 어떤지를 여쭈어보고 싶습니다.

뷔레데 박사에게 – 유성 속에서 특히 천왕성과 해왕성은 강한 성위星位를 보여주고 있습니까?

뷔레데 박사 – 그렇습니다. 많은 성상星相이 있지만, 출생천궁도에 대해서는 그 이상 무엇도 말할 수 없습니다.

내가 당신에게 일부러 이러한 일을 물어보는 것은, 당신이 출생천궁도에 대해서 여러 가지를 생각하고 있기 때문입니다. 우선 두 가지 것에 대답해주기 바랍니다. 이것은 새로운 분야이므로, 이 문제에서는 완전히 자기발견적인 태도로 임하는 것이 가장 좋습니다. 관찰해야만 하는 사항은 여러 가지 있지만, 다음의 점을 먼저 생각해야만 합니다.

에테르체의 원리에 따라 인간 전체의 구성을 보면 인간은 육체, 에테르체, 감각체와 감각혼, 오성혼悟性魂(고대 그리스인이 말하는 역동혼〔力動魂〕), 의식혼, 그 위에 영아, 생명령, 영인靈人에 이릅니다.[1] 그것들은 비교적 서로 독립한 상태에서 인간을 구성하고 있습니다. 그러나 그 구성 방법은 한 사람 한 사람 모두 다릅니다. 어떤 사람은 에테르체 쪽으로 힘이 모여 있는 대신, 육체의 힘은 조금 약합니다. 다른 사람은 의식 혼의 방향으로 힘이 모여 있습니다. 서로 관련된 이 모든 것 속에서 인간 본래의 개성이 작용합니다. 개성은 반복되는 지상생활을 통하여 존재하고, 모든 인간 구성체의 상호관련의 모든 것을 자유의 원칙에 의해 개별적인 방법으로 통제합니다.

한편, 우주로부터 작용해 오는 것, 예를 들면 가장 강력한 태양의 작용은 육체에 작용합니다(그림 26). 가장 강력한 달의 작용은 에테르체에 작용하고, 수성의 작용은 감각체에, 금성의 작용은 감각혼에 각각 작용합니다. 또한 가장 강력한 화성의 작용은 오성혼에, 목성의 작용은 의식혼에, 토성은 영아에 대해 작용합니다.

오늘날 인간에게 아직 육성되지 않은 것에 대해서는 천왕성과 해왕성이 작용하고 있습니다. 이 둘은 후에 태양계에 덧붙여진 방랑성放浪星으로, 정상의 상황에서는 출생시에 그다지 큰 영향을 주지는 않습니다.

이미 여러분은 인지학 강연을 통해서 달의 영향이 얼마만큼 강하게

---

1 슈타이너는 인간의 혼을 외적 환경을 지각하는 감각혼, 자기 동일성을 확인하는 오성혼, 보다 좋은 방향을 추구하는 의식혼으로 나누어 그 상호관계 속에서 이해하고 있다. 그 혼이 아스트랄체에 작용하여 영아를, 에테르체에 작용하여 생명령을, 육체에 작용하여 영인을 창조할 때, 인간은 그 진화의 과정이 완성된다고 생각했다.

인간의 에테르체에 작용하는지를 알고 있습니다. 달은 유전의 모든 것에도 관련하고 있습니다. 달은 육체 모델에 부모로부터 받은 모든 유전의 힘을 새겨 넣습니다. 달의 영향은 태아기의 처음부터 어린이의 발육 전체를 규정합니다.

다음과 같은 성위星位를 생각해 보십시오. 달의 작용이 최대한 유전에 작용해서 대사계의 기능에 영향을 미치는 경우입니다. 다른 경우에는, 달의 영향을 바라지 않는 천왕성과 해왕성이 달의 작용력을 자신 속에 받아들입니다. 그밖에 여러 가지의 성위를 생각할 수 있습니다. 그러나 이 어린이들의 경우에는 지금 말한 성위인 것입니다. 그 출생 천궁도出生天宮圖를 보면 어디에 문제가 있는지 알 수 있습니다.

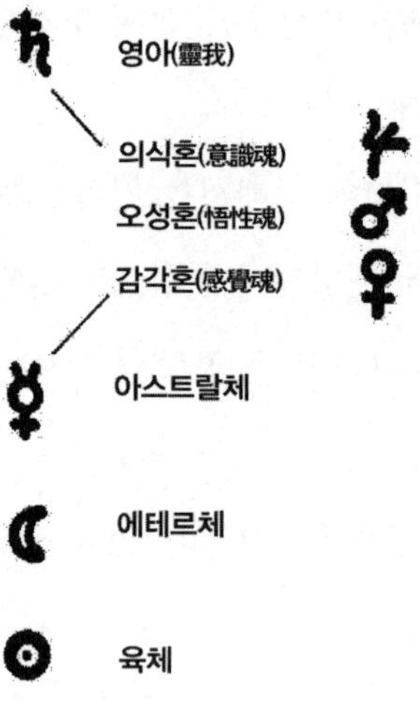

▲ 그림 26

• 영인(靈人)	—	해왕성
• 생명인(生命靈)	—	천왕성
• 영아(靈我)	—	토성
• 의식혼(意識魂)	—	목성
• 오성혼(悟性魂)	—	화성
• 감각혼(感覺魂)	—	금성
• 아스트랄체	—	수성
• 에테르체	—	달(月)
• 육체	—	태양

▲ 우주와의 작용

일례를 들면, 여러분이 보면 금방 아는 것이지만 천왕성은 금성, 화성과 함께 이 궁宮에 위치하고 있습니다. 이 경우, 이 세 개의 별 이외의 것까지 생각할 필요는 없습니다. 이 부분에서 화성과 금성과 천왕성을 발견할 수 있습니다. 화성은, 1909년에 태어난 아이의 경우 달과 완전히 부딪치고 있습니다. 금성과 천왕성의 지각에 위치하는 화성이 달과 격렬하게 대립하고 있는 것입니다. 이것이 달이고 이것이 화성입니다. 화성은 곁에 천왕성과 금성을 수반하고 있습니다(그림 21, 22).

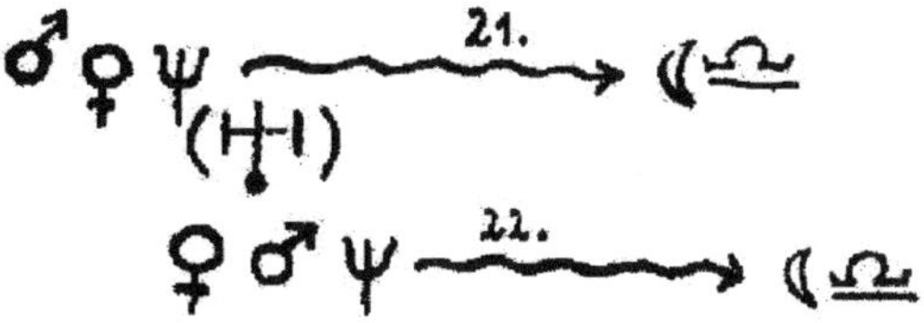

▲ 그림 21, 그림 22

다음과 같은 점에 주의해주기 바랍니다. 달은 천평좌에 있습니다. 따라서 황도 12궁에서부터의 작용을 가장 조금밖에 받지 못하고 동요하며, 엉거주춤한 자세가 되어 있습니다. 게다가 루시퍼Luzifer의 영향을 받고 있는 화성이 대립한 위치에 있어, 그 영향력이 한층 약해지고 있습니다. 그런데 어린쪽 아이의 출생천궁도를 보면, 금성과 천왕성과 화성이 여기서도 같은 궁에 서로 접근해서 위치하고 있습니다. 천공의 이 범위 내에서 이렇게 서로 접근하고 있습니다. 전의 아이의 경우는 이 세 개의 별은 달과 부딪치는 관계에 있고, 한편 달은 천평좌에 위치하고 있었습니다. 이 아이의 경우에도, 화성과 금성과 천왕성은 완전히 같게끔 접근하고 있습니다. 화성을 보면, 달에 대해서 완전히는 아니지만 거의 부딪치는 위치에 있습니다. 그러므로 이 어린이는 달에 대해서 약간의 대립을 보이고 있습니다. 상당히 특징적인 것은 달이 동일하게 천평좌에 있어, 천왕성과 금성을 수반하는 화성과 거의 부딪치는 위치에 있는 것입니다. 여기서도 천평좌인데, 이것은 거의 드문 일입니다. 여기서는 결코 정상이라고는 말할 수 없는 것이 보여지고 있습니다. 이곳에서도 천평좌에 달이 위치하고 여기서도 그러합니다.

뷔레데 박사-주목해야 할 것은 달과 해왕성도, 이 두 사람의 경우에는 같은 관계의 위치에 있습니다.

그 점은 개개의 경우에 응해서 해석하지 않으면 안 됩니다. 일반적으로 출생천궁도는 개별적으로 해석해야 합니다. 이와 같은 유사점이 놀랄 만한 일은 아닙니다. 이 두 사람은 자매이기 때문에, 언니 쪽이 동생의 경우보다 더욱 강한 대립을 보이는 것도 놀랄 만한 일은 아닙니다. 동생은 언니의 영향도 받고 있기 때문입니다. 그러나 이 경우, 이 성위星位를 미리 예견할 수 있도록 해석하는 것이 중요합니다. 성위가 보여주고 있는 것은 '철鐵'의 담당자인 화성이, 달이라고 하는 '생식 원칙'으로부터 자유롭다는 것, 그리고 금성 원칙에 의해 주어지는 '사랑'에 관한 모든 것도 '생식 원칙'으로부터 떨어져 있고, 유전이나 생장과 관련되어 있지 않은 것입니다. 그러므로 하복부에 작용해서, 성장력과 관련하고 있는 것을 두부조직 쪽으로 밀어내는 것입니다. 그 결과, 성장활동 중에 철분이 결여되고 그 대신에 철을 배제하는 작용을 가진 유황분이 과잉으로 존재하게 됩니다.

따라서 의지의 힘이 극단으로 강해지므로, 교육자는 가능한 한 전체적으로 불안정한 신경·감각계를 가능한 한 섬세하게 다룰 필요가 있습니다. 그러나 이 일은 별로 어려운 일이 아닙니다. 이러한 아이의 신경·감각계를 주의 깊게 다루는 데는 시력으로 읽는 것을 강요하지 말고, 수업을 읽는 일없이 행하는 것입니다. 이것에 반하여 미묘하게 변화하는 색채 인상에 익숙해지게 합니다. 특히 무지개색이 서로 천천히 이행하고 있는 모양을 어린이가 눈으로 좇을 수 있도록 합니다. 이상은 바로 이용할 수 있는 교육의 기준이 된다고 생각합니다.

신체조직의 치료는, 사춘기 이후가 되면 그다지 효과적이 아닙니다. 이 점은 여러분이 스스로 관찰할 수 있는 것입니다. 한 아이는 1909년, 다른 아이는 1921년생입니다. 그러므로 치료 효과의 차이를 잘 관찰할 수 있습니다. 중요한 것은 이러한 아이의 대사·지체계에 강력한 철분의 작용을 도입하는 것입니다. 그렇게 하기 위해서는 한결같이 다음의 방식이 필요하게 됩니다.

먼저 황철광의 분말을 무언가의 표면에 가능한 한 펴서 바릅니다. 그리고 표면에 철분의 작용이 머물 수 있도록 합니다. 예를 들면 유리의 표면이라면 좋지만, 이 경우에 유리는 사용할 수 없습니다. 그러므로 가능한 한 지방을 포함한 종이를 사용하십시오. 가장 좋은 것은 얇은 양피지입니다. 피부에 밀착할 수 있을 정도로 얇지 않으면 안 됩니다. 통상의 린넬·재생지로는 그다지 효과가 없습니다. 지면에 모미나 무의 수지樹脂와 같은 것을 바르고, 그 위에 황철광분으로 물들여서 그 것에 의해 철분이 체내에 작용할 수 있도록 합니다. 이것을 양다리와 양어깨에 붙이고, 그 위에 서양 와사비Cochleariaumschlag와 같은 흡수력이 강한 습포를 이마에 댑니다. 이것을 특히 새 이가 나는 7세경에 할 경우, 이 시기의 체내에는 아주 강력한 정반대의 두 가지의 흐름이 있으므로 이러한 아이의 불안정한 체질을 개선할 수 있는 것입니다.

이상이 필요한 처치입니다. 그러나 물론, 더 앞에까지 문제를 추구해 나가지 않으면 안 됩니다. 왜냐하면 오늘날까지 선천성 색소결핍증의 환자는 관찰의 대상이 될 뿐이었기 때문입니다. 환자는 '나는 조금 살이 쪄 있고, 머리털이 희고, 낮보다 밤에 더 잘 보인다.'라고 말하는 것밖에 할 수 없었던 것입니다. 선천성 색소결핍증의 환자를 의사 앞에 데려와도 의사는 어떻게 해야 좋을지를 모릅니다. 현대 의학은 이러한 문제에 그다지 관계하려 하지 않기 때문입니다. 그러나 여기서 문제 삼았던 것처럼, 모든 신체조직의 상호관계 속에서 확실하게 나타나 있는 불규칙성은 우주로부터의 영향이 강한 것입니다.

사회운동하는 사람의 기본적인 사고방식

그럼 부디, 의문점을 질문해주시기 바랍니다.

질문-우리들이 질문을 하게 된 것은, L박사가 일부러 베크만여사에게 질문을 가지고 가기로 되어 있었기 때문입니다. L박사는 이곳의 참여자의 분위기가 바르지 않다고 느꼈던 것입니다.

그러나 그와 같은 일에 시간을 허비하는 것은, 전혀 불필요합니다. 그것은 일부러 검토하기에는 너무나도 단순한 문제입니다. L박사는 내가 있는 곳에 와서, '라우엔슈타인으로부터 온 참가자들이야말로 인지학운동 속에서 가장 우선 순위의 것을 다루려고 하고 있다, 지금 시작된 이 사명과 그것을 행하려고 하는 사람들의 카르마의 관련을 생각하지 않으면 안된다.'고 했습니다.

(L은 머리를 흔들며 그것을 부정한다.)

L씨는 이렇게 말했습니다. '당신의 의견으로는, 무엇인가 정말로 기초적인 것이 시작되지 않으면 안 되는 것이군요.' 그에 대해 내가 정말 중요하게 한 말은, 이 강의에서 다루었던 사항을 진정 배우려고 하는 자세라는 것이었습니다. 만약 이 강연이 불만이고, 추상적인, 완전히 새로운 운동을 조직하는 것 같은 문제에 머물게 하고싶은 것이라면, 우리들이 이미 훨씬 이전부터 행해왔던 것의 연장선상에서 무엇인가를 하는 것이 됩니다. 그 경우 과대망상의 위험에 처해질 것입니다. 그래서 '질문하라'고 나는 말했던 것입니다.

문제는 다음에 있습니다. L씨는 나 있는 곳으로 와서, 이 근본적으로 새로운 사항이 세계로 퍼져나가지 않으면 안 된다고 말했습니다. 라우엔슈타인 그것이 세계의 중심에 서지 않으면 안 되고, 모든 것은 그를 위한 계기가 되어 왔다고 말입니다. 그러면 지금 가장 좋은 것은, 구체적인 질문을 우리들이 내는 것입니다. 다른 것을 생각할 필요는 전혀 없습니다.

S씨의 질문 - 라우엔슈타인 시설은 토류바[1]가 장애아의 교육을 창시한 사실과 어떠한 관련을 가지고 있습니까?

그 인물이 이러한 어린이들의 문제를 최초로 취급했다고 말해지고 있지만, 그런 식으로 말하는 것은 극단으로 치닫는 것입니다. 장애아 교육에서는, 이미 오래 전부터 성공을 거두어온 하노바의 장애교육 시설이 있지만, 그곳의 교육이 이 인물의 영향을 받고 있다고는 생각할 수 없습니다. 장애아 교육의 실천은 아득한 옛날로 거슬러 올라갑니다. 지금까지 이러한 어린이의 본성에 대한 깊은 통찰을 가능하게 하는 입장은 항상 결여되어 왔습니다. 여러분, 인지학적으로 고찰하지 않을 때에는 가장 근본적인 문제까지 살펴볼 수 없습니다. 지금, 바로 인간이 인지학 그것에의 가장 깊은 통찰을 제공하고 있는 것입니다.

괴테의 메타모르포제(형태변화)의 이론을 고찰할 때, 그 정도로 뛰어난 인물이었던 괴테가 어떻게 이 이론을 정립했는가를 생각해 보십시오. 그것은 하나의 완전한 추상물이 되었던 것입니다. 그것은 이르는 곳마다 미래의 가능성을 내포하고 있지만, 시작인 채로의 상태를 계속 유지하지 않을 수 없었습니다. 왜냐하면, 잎이 꽃 속에서 살고 있는 것이나 꽃잎이 변화해서 수술이 되는 것 등, 다시 말해 정말로 초보적인 형태변화만을 문제로 삼았기 때문입니다. 동물이나 인간의 경우에는, 척추뼈가 머리뼈에까지 변화했다고 하는 것을 그저 머뭇머뭇하면

---

1 요하네스 토류바(1855~1921), 이에나의 교육가.

서 말하는 것에 머물고 있습니다. 어느 분야에서도 초보 단계에서 한 발자국도 나아가지 못했습니다. 나는 그 사실에 대단히 놀랐고 다음과 같이 생각했습니다.

'뇌의 모든 것은 단지 하나의 뇌신경마디가 변화해서 된 것이라는 것을, 과연 괴테는 이해하고 있었던 것일까?' 나는 1880년대에, 이 문제를 생각하다가 지쳐 있었습니다. 그가 이것을 이해하고 있었다는 것을 나는 영시靈視할 수 있었습니다. 오히려 괴테는 자신이 이해한 것을 자제해서 말하지 않으려 했다는 것을 알았습니다. 내가 바이마르에 왔을 때, 나는 연필로 씌여진 작은 노트 속에서 '뇌腦는 형태를 바꾼 주요 신경마디이다.'라고 하는 메모를 발견했습니다. 이 하나의 문장은 90년대가 되어, 나의 노력으로 인쇄되어 출판되었습니다. 90년대에는 완전히 새로운 저술가로서의 괴테가 소개되어, 말하자면 괴테는 19세기에 있어서 가장 큰 성과를 올린 저술가의 한 사람으로 되었던 것입니다.

치료교육자를 위한 명상 2

여러분, 부디 생각해 보십시오. 며칠 전에 거대한 태아로서 여기서 소개된 어린이가 있었지요. 정상인 한 살짜리 어린이의 형태가 그와 같이 변화했던 것입니다. 이것도 하나의 형태변화라고 생각할 수 있지만, 괴테의 형태변화론부터 이 형태변화론에 이르기까지, 얼마나 긴 도정을 더듬어 찾았던 것입니까. 저 아이의 형태는 지체遲滯하여 태아 상태로 멈춰져 있는 것입니다.

여러분, 내가 어제 여러분께 드린 '명상'을 반복해서 행한다면, 형태변화에 대한 통찰력을 여러분 자신이 가질 수 있게 될 것입니다. '여기에 원이 있고, 여기에 점이 있다. 그곳에서의 원은 점이고, 그곳에서의 점은 원이다.'(그림 23)

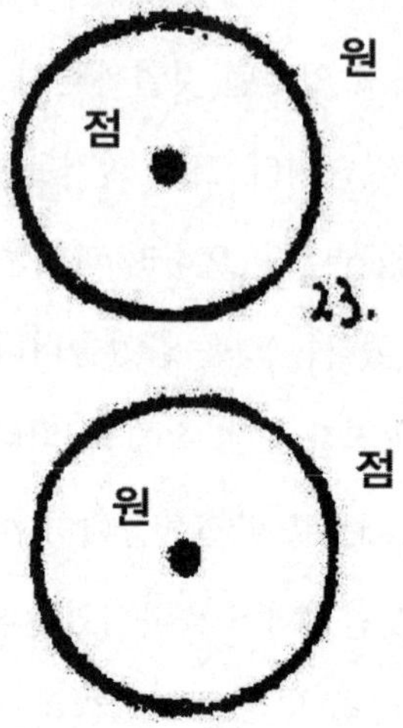

▲ 그림 23

부디 반복해서 이 '명상' 속에서 점을 원 속에 넣어서, 그 점을 원에까지 확대시키십시오. 그리고 동시에, 지체·대사계가 두부계로부터 성립되는 것을 느껴 보십시오. '점은 점이고, 원은 원이다.'라고 말할 때 그곳에 머리를 느낄 수 있도록 해보십시오.

'점은 원이고, 원은 점이다.'라고 말할 때는, 머리에서부터 대사계로 미끄러져 내려온 자신을 느끼십시오. 그리하면 여러분은, 완성된 형태변화론을 그 명상 속에서 획득할 수 있을 것입니다. '인지학이 만들어 내는 이 사고방법에 의해서야말로 어린이들의 장애의 본질을 처음으로 통찰할 수 있게 된다.'는 것을, 나는 이 연속강연 속에서 표현하고자 시도했던 것입니다.

카르마에 대한 사고방식 –

교황 그레고리우스 7세와 생물학자 에른스트 헤켈

치료교육의 일을 할 때, 카르마를 다음과 같은 식으로 생각하는 것은 좋은 일은 아닙니다.

'거기에 천사가 작용해서 S를 현재의 상황에 두었다, 다른 천사가 P를, 또 다른 천사는 L을, 그와 같이해서 이 지상에 보내졌다. 그 위에 또한 조금 독특한 K여사를 다른 천사가 이 세상에 보내고, 특별히 마음이 친절한 천사가 또한 B양을 이 세상에 보냈다. 우리들은 다섯 천사에 의해 이와 같은 만남이 이루어졌다.'

일을 하려고 할 때에는, 이러한 카르마의 관점으로 보는 것은 옳지 않습니다. 바른 관점은 미래를 향해 작용하는 카르마를 구하는 열의에서 생깁니다. 그 경우, 다음과 같은 물음을 가질 수가 있습니다. 이에나

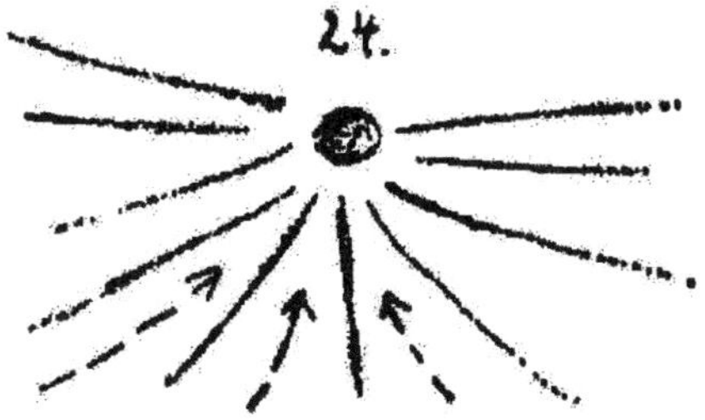

▲ 그림 24

가 달린 집에 옮겨와 살 때, 우리들은 그 가구를 모두 밖에 내버리거나 하지는 않습니다. 가능하면 다음과 같이 생각할 것입니다. '이미 그 안에 있는 가구를 어떻게 이용할 수 있을 것인가.' 이렇게 묻는 것이 여러분에게 있어서는 중요한 것입니다.

그런데 여러분도 주지하시는 바와 같이, 이에나에는 주목할 만한 상황이 존재하고 있습니다. 현재와 정말 흡사한 청춘의 특질인 종교적·영적인 경향으로부터, 또는 영적인 것을 방법적으로 제시하려고 하는 생활 경향으로부터, 일찌기 독일계의 수도원장 힐데브란트가 로마에 부임하여 교황 그레고리우스 7세[1]가 되었습니다. 이 인물은 로마로부터 강한 영향력을 독일에 행사했습니다. 자신이 활동해왔던 토지를 향해서 말입니다. 우리는 로마에서부터 유럽에 흐르는 강력한 로마충동을, 로마적인 것으로 바꿀 수 있었던 크류니파의 충동을 통해서, 가지고 있습니다. 이것을 한 번 연구해 보십시오. 주목해야만 하는 것은, 이 동일인물이 다음의 전생기轉生期에 이에나의 토지에 수육受肉되어, 에른스트 헤켈[2]이 되어 활약한 것입니다. 이 일은 한 사람의 인간 속에서, 해체 원칙이 규칙적인 방법으로 형성 원칙에 작용하고 있는 것과 같은 일입니다. 즉 이에나의 토지에서는, 확실하게 로마적 조류에 대항하는 흐름이

---

1 그레고리우스 7세(재위 1073~1085년). 크류니 수도원의 개혁운동의 영향을 받아, 교회의 부정 숙정에 진력했다. 하인리히 4세와의 사이에 사임권 투쟁을 벌여, 황제를 파문(카놋사의 굴욕)했다.

2 Ernst Heinrich Haeckel(1834~1919) 독일의 생물학자, 철학자. 그의 자연철학 사상은 유물론적 일원론이었고, 당시의 생물학계·사상계에도 많은 영향을 끼쳤다. 1866년 제창한 '생물의 개체발생은 그 계통발생을 되풀이한다.'는 유명한 생물발생법칙도 이 사상을 반영하고 있다. 같은 해에 환경과의 관계에서의 생물학을 생태학(生態學, ecology)이라고 명명하였다. 저서로는 《일반형태학》(1866) 《인류의 발생》(1874) 《종교와 과학의 매체로서의 일원론》(1892) 등 다수가 있다.

생기고 있는 것입니다. 양자의 합류지점은 여기에 있습니다(그림 24).

에른스트 헤켈이 60세의 탄생일에 동물학 연구소에서 기념 강연을 했을 때에는, 옛날의 힐데브란트가 눈앞에 그대로 나타난 듯한 인상을 청중에게 주었습니다. 헤켈은 힐데브란트와 정말로 같은 어법으로 이야기했습니다. 즉 낮고 감정이 깃들인 목소리로, 한 마디 한 마디를 골라가면서 말한 것입니다. 그 이야기 방식은 이야기하는 기회가 많았음에도 불구하고, 언제나 이야기하는 것을 자신없어 했습니다. 그리고 기묘한 일로는, 수도원장 힐데브란트는 교회의 대표자로서 항상 엄격한 교황의 얼굴을 하고 있었지만, 한편으로 그는 곁에 있는 사람들이 무의식중에 미소짓게 되는 이야기를 하는 것을 좋아했습니다. 그리고 헤켈도 또한 식탁에서, 지금까지 인생에서 경험했던 우스꽝스런 일들을 잘 이야기해 주었는데, 그것을 듣는 것은 대단히 멋진 일이었습니다. 그를 둘러싼 분위기는, 요리와 요리의 막간에 사람들의 입을 가볍게 하기도 하고, 뜻밖에 웃음소리를 울려 퍼지게 했던 것입니다.

당시 그는 60세였음에도, 어린애처럼 웃고 주위의 모두를 집중시켜 버리곤 했습니다. 나는 지금도 잘 기억하고 있는데, 오스카 헬트비히[3]가 해산달이 가까운 상태에서 이야기를 참아가면서 여간해서 출산하지 못하고 있는데도, 그 곁에서는 헤켈이 익살맞은 이야기를 계속해 그 대비가 실로 재미있었던 것입니다.

내가 비교적秘敎的 기초확립을 위해서 말한 것을 좀 더 상세히 알려

3 1849~1922, 해부학자.

면, 헤켈이 60세의 탄생일에 이에나의 동물학연구소에서 행했던 강연 내용을 입수하는 것이 좋습니다. 이 강연은 장문은 아니지만, 개인적인 상태로 말하고 있는 동시에 매우 객관적인 성격을 가지고 있습니다. 게르트나 교수[4]가 행한 강연을 이것과 비교해 보십시오. 게르트나는 헤켈이 세계사적인 인물인 것을 인정하려고 하지 않습니다. 그는 분명하게, 헤켈의 업적을 우리들이 무시할 수 있는 정도의 것이라고 말하고 있습니다. 그리고《자연창세기》의 저자로서의 헤켈을 언급하지 않고 그는 단호히 다음과 같이 말하고 있는 것입니다.

'이 점은 우리들이 무시해도 상관이 없다. 그러나 동료인 헤켈이 얼마만큼 많은 강연을 했는가를 나는 강조하고 싶다. 그는, 깜짝 놀랄지 모르지만, 헤켈이 행한 강연 횟수는 학회 전체의 그것을 합한 것보다 훨씬 웃돈다.'

게르트나는 속물 근성을 가진 자입니다. 이 남자가 끼어 들어와서 이러한 강연을 하는 것을 들으면, 마음 깊은 곳에서부터 매우 어처구니없는 감정이 올라옵니다. 헤켈의 이야기를 들을 때에는 신선한 인상을 받습니다. 그렇지만 그곳에 단두대가 운반되고, 동료인 게르트나가 와서 목을 치는 것입니다. 카톨릭 성직자였던 이 생물학자는 우울한 듯이 먼 곳을 봅니다. 왜냐하면 다양한 세계관을 가진 사람이 참가하고 있기 때문이지요. 그러나 그 중에서도 헤켈은 젊은이처럼 생기가 있었습니다. 이 날의 학생들의 마음도 생기발랄해 있었는데, 그곳

4 1848~1934, 위생학의 대가, 이에나대학 교수.

에는 상당히 많은 수의 학생들이 있었습니다. 그리고 그들은 깜짝 놀랄 정도로 상상력이 풍부했습니다. 이 날에 불렀던 노래를 모두 수록한 소책자가 있으니 한 번 보기 바랍니다. 그 중에 이상한 방식으로, 시조새가 교회탑의 꼭대기에 앉아서 부리를 갈고 있는 것이 노래로 되어 있습니다. 그 경우, 헤켈의 생기발랄한 생활방식을 마음에 그려보십시오. 이 이미지도 또한 명상하는 데에 어울린다고 생각합니다. 그 명상 속에서 유럽정신사에 있어서 이에나의 위치를 잘 알 수 있으리라 생각합니다.

우리들의 문제에 하나의 매듭을 짓기 위해, 내일은 9시부터 마지막 강연을 할 예정입니다.

HEILPADAGOGISCHER KURS

제12강

마지막 강의

_ 괴테가 식물 연구에서 직관한 기형의 의미
_ 교육의 본질은 극단의 치우침을 균형화하는 데 있다
_ 어떤 어린이에게도 교육은 치료이다
_ '좋은 미라'와 '나쁜 미라'
_ 모유에는 아스트랄체의 힘이 작용하고 있다
_ 인간의 성격과 동물의 성격과의 유사점
_ 명상에 의해 얻어지는 아스트랄 비전
_ 치료교육자의 교훈
_ 인지학운동이란 무엇인가
_ 다양한 분야와의 조화

괴테가 식물 연구에서 직관한 기형의 의미

오늘은 여러분들에게 여러 가지 문제에 대한 제안을 받고, 마지막으로 이 강의 전체를 정리하려고 합니다. 먼저 여러분의 마음에 계속 타오르고 있는 요구를 이야기해주기 바랍니다.

S씨 - 우리들은 더 이상 묻고 싶은 것은 없습니다.

우리는 소위 장애아를 위한 교육의 방법을 문제삼아, 그것을 통해서 발도르프학교 교육을 심화시키는 대화들을 계속해 왔습니다. 이상에서 치료를 필요로 하는 장애를 가진 어린이들은, 소위 정상아들과는 다른 형태로 교육이 이루어져야 한다는 것을 이해했다고 생각합니다. 그렇지만 일반적으로 오늘날의 교육은 장애를 지적할 뿐, 그 장애의 근저根底에 무엇이 있는가에 대해서는 생각이 미치지 못합니다. 그래서 교육상으로도 일반적인 견해와는 다른 방법을 찾아야 합니다.

오늘날의 교육자는 괴테가 식물의 성장을 관찰했을 때와 같은 기본적인 행동방식을 습득한 단계에까지는 이르지 않았습니다. 괴테는 식물의 기형을 관찰하는 것에 특별한 기쁨을 느끼고 있었습니다. 괴테가 쓴 것 중에 특히 흥미를 끄는 것은, 식물의 기형을 논한 문장입니다. 식물의 어떤 기관은 때로는 정상인 상태로부터 벗어나서 너무나 거대하게 되기도 하고, 이상한 곳이나 다른 기관에 나타나기도 합니다.

괴테는 식물이 그와 같은 이상을 나타낼 때, 거기에 '원식물原植物의 이념'을 발견해내는 최상의 실마리를 찾았습니다. 왜냐하면 식물 형태의 배후에 숨어 있는 '이념'이 그 기형을 통해서 확실하게 모습을 드러낸다는 것을 그는 알고 있었기 때문입니다. 그러므로 식물을 관찰하여 뿌리와 잎, 줄기, 꽃술, 또는 과실에 이상이 생겨났을 때, 그 이상한 상태를 통해서 원식물을 깨달으려고 하는 것입니다. 물론 여러 식물의 경우를 비교 고찰하지 않으면 안 되지만 말입니다.

교육의 본질은 극단의 치우침을 균형화하는 데 있다

그런 의미에서 살아 있는 모든 것들에, 따라서 영적생물인 인간의 경우에도 기본적으로는 위와 같은 사실이 적용될 수 있습니다. 인체에 숨어 있는 이상성異常性은 인간 본래의 영성을 밖으로 열어 보이는 것입니다. 우리는 이것을 점점 이해하게 되면서 옛날 사람들이 교육과 치료를 같게 생각했던 이유를 알게 됩니다. 그들에게 있어 치료란, 아리만Ahriman과 루시퍼Luzifer 중에 어느 한쪽으로 기울어져 있는 것을, 선善한 영의 작용을 통해서 그 중간자적인 위치에 두는 것이었습니다. 아리만적인 것과 루시퍼적인 것과의 균형을 유지하는 것이 치료였던 것입니다. 그리고 교육을 통해서도 인간은 일생동안 균형을 유지하게끔 촉구되었던 것입니다.

어떤 어린이에게도 교육은 치료다

옛날 사람들은 어떤 어린이이라도 병적이라고 말할 수 있는 장애가 있다고 생각했었습니다. 그 장애는 치료를 필요로 하는 것이었기 때문에, 치료와 교육과는 고대의 언어에 있어서는 같은 의미를 가지고 있었습니다. 교육은 소위 건강한 사람을 위한 치료인 것이고, 치료는 소위 장애를 가진 사람을 위한 특수케이스에 지나지 않습니다.

이 기본적인 사실을 직시할 때, 우리들은 이 방향에 따른 고찰을 더욱 진전시켜야 합니다. 본래 내인성內因性의 병은 모두 영적인 것과 관계가 있지만, 그러나 결국은 어떤 병도 내부의 이상성異常性이 밖으로 드러난 것입니다. 골절조차도, 내적인 것의 외적인 반응입니다. 외과의사는 이러한 관점을 진지하게 받아들일 필요가 있지 않을까요? 이러한 사항을 진지하게 받아들이는 사람은 절실한 방법으로 '어린이를 치료할 때 마음과 몸 전체를 어떻게 다루어야 좋은 것인가?'라고 묻지 않을 수 없게 됩니다.

어린이의 마음과 몸은 서로 깊게 연결되어 있으므로, 어린이에게 약을 줄 때 그것이 어린이의 신체에만 작용한다고 생각해서는 안 됩니다. 어떤 약물도 어른의 경우와는 비교가 되지 않을 정도로, 마음에 본질적인 작용을 미칩니다.

'좋은 미라'와 '나쁜 미라'

모유의 작용은 고대인의 어법을 따르자면 '좋은 미라'의 작용입니다. 체내에서 배출되는 것에는 '좋은 미라'와 '나쁜 미라'가 있다고 합니다. 실제, 어머니의 본성은 모유 속에 모두 살아 있습니다. 그 모성의 힘은 체내에서 활동 장소를 바꿨다는 것뿐입니다. 그 힘은 어린이가 태어나기까지는 주로 대사·지체계 속에서 작용하지만, 탄생 후에는 주로 호흡·율동계 속에서 작용하고 그리고 모유를 생기게 합니다. 결국 모유의 힘은 체내에서 일단 고차의 것으로 바뀐 모성의 힘입니다. 그 힘은 체내에서 일단 고차적 작용이 되면서 임신중에 작용하던 자아 내용을 잃습니다. 그러나 아직 아스트랄체의 힘은 보유하고 있습니다.

모유의 힘이 체내에서 일단계 고차의 것이 되어 두부頭部에서 작용하게 되면, 아스트랄체의 힘을 상실하고 육체와 에테르체의 작용만이 남습니다. 그리하면 어머니의 나쁜 영향이 나타납니다. 어머니의 힘은 높은 단계에 이르면 유해한 영향을 일으키고, 그녀 자신 속에 여러 가지 이상한 증상이 나타나게 됩니다.

모유에는 아스트랄체의 힘이 작용하고 있다

그와 같이 모유에는 영적인 작용인 아스트랄체의 힘이 작용하고 있으므로, 우리들이 얼마나 큰 책임을 인수받게 되는지를 잘 생각해야 합니다. 어떤 식물 속에도 영적인 힘이 작용하고 있다는 것을 오늘날의 사람들은 의식하고 있지 않습니다. 식물은 그 뿌리로부터 줄기나 잎이 생기고, 그 위에 꽃이나 열매가 생기면서 점점 더 영적으로 되고, 영적으로 작용합니다.

식물의 뿌리는 영적인 작용이 가장 적습니다. 뿌리는 환경 전체에 대해서 물질적, 에테르체적인 관계를 강하게 가지고 있습니다. 그러나 꽃 부분에서는 마치 아스트랄계로 동경하듯 확장해 가려고 하는 식물의 영위가 나타납니다. 위로 자라날 때, 식물은 영화의 과정을 거치고 있는 것입니다. 그러면 우주와 관련하여 식물의 뿌리는 어떤 것일까요? 뿌리의 우주적 관련은 대지에 뿌리를 내리는 것입니다. 여러분, 우리들 인간이 머리를 위쪽의 대기와 빛을 향해 뻗고 있는 것처럼, 식물은 뿌리를 대지 속으로 뻗고 있습니다. 식물은 그 뿌리로 인간의 머리와 같이 지각활동을 영위하고, 그리고 위에서 양분을 섭취하여 소화활동을 합니다(그림 25).

▲ 그림 25

식물의 대사·지체계는 인간의 대사·지체계와 유사한 영적 내용을 포함하고 있습니다. 오컬트적인 관점에서 모유와 식물의 위쪽으로 퍼지고 있는 아스트랄체를 보면, 모유를 통해서 어머니에게서 흘러나오는 아스트랄체와 우주로부터 식물의 꽃으로 흘러나오는 아스트랄체 사이에 매우 큰 유사점을 관찰할 수 있을 것입니다.

이러한 말을 하는 것은 인간의 행동과 그 환경에 대해서 단순한 이론적 지식이 아닌, 그것에 관해서 바른 감정을 가지길 바라기 때문입니다. 이유식離乳食에서 주의하지 않으면 안 되는 것은, 어린이의 대사계를 위해서는 식물의 열매나 꽃을, 어린이의 머리를 위해서는 뿌리나 잎을 준다고 하는 것입니다. 이러한 사항에 대해서는, 우선 이론적으로 깊이 이해한 후에 실제로 활용할 수 있어야만 합니다. 그것도 영적인 관점에 서서 활용할 수 있어야 합니다.

인간의 성격과 동물의 성격과의 유사점

그런데, 여러분이 다양한 생활 분야에서 얻은 경험을 기초로 인간의 본질을 통찰하려고 해도 그것이 대단히 곤란하다는 것을 알게되리라 생각합니다. 본질적인 것에 눈을 돌리는 것은 매우 곤란한 일입니다. 현대 사회에서는 본질적인 것에 눈을 돌릴 기회가 거의 없습니다. 19세기 전반기가 되면 이미 본질적인 것에의 통찰을 잃어버리게 되지만, 현재 단지 용어로서 남아 있을 뿐인 어떤 사고방식은 아직 존재하고 있었습니다. 그것은 다음과 같은 것입니다.

인간 사회에는 실로 여러 가지의 병이 있지만, 현대는 그 모든 병에 이름을 붙여서 일종의 병의 지도를 작성할 수가 있습니다. 예를 들면, 그 지도의 한편에 신경계통의 병을, 반대측에 죽음을 가져오는 병을 정리해서 기입할 수 있을 것입니다. 그 위에 어떤 어린이의 병의 경향을 그 지도 속에 넣습니다. 그러한 지도를 파라핀 종이에 기입하고 거기에 그 아이의 이름을 써넣을 수 있다고 생각합니다.

19세기 전반기에는 그와 같이 병을 기입할 때 동물의 이름을 추가하여 써 넣었습니다. 당시는 동물에 의해 모든 종류의 병을 표현할 수 있다고 생각했던 것입니다. 실제, 어느 동물도 바르게 본다면 병을 의미하고 있습니다. 동물에게 있어 병이란, 말하자면 건강 그것과 다르지 않습니다. 이 동물이 인간 속에 들어와 기관의 대행을 하게끔 되면, 그 동물 기관의 움직임이 인간을 병에 걸리게 하는 것입니다. 그 당시에는 미신을 깊게 신봉하는 사람뿐만이 아니라 예를 들면, 헤겔도 그러한 사고방식을 가지고 있었습니다. 당대에는 그것이 정말로 납득할 만한 사고방식이었습니다.

생각해 보십시오. 누군가가 사자와 닮았다, 매와 닮았다, 소와 닮았다 등으로 말하면 그 사람의 성질을 잘 알 수 있습니다. 어떤 사람은 너무나도 영적인 방향으로 가버려서 땅에 발이 닿지 않습니다. 또한 다른 사람은 너무나도 유연한 에테르체를 가지고, 에테르체와 육체를 딱 맞게 일치시키고 있습니다. 그런 사람들 속에는 하등동물에서 보일 법한 조직이 암시되고 있습니다. 이것은 여러분이 반드시 습득해두어야 할 기본적인 견해입니다. 교육자인 여러분은 다음의 일을 자기교육을 위해 행하지 않으면 안 됩니다.

명상에 의해 얻어지는 아스트랄 비전

여러분은 특정한 명상을 통하여 그것을 행할 수가 있습니다. 교육자를 위해서 특히 힘이 되는 명상에 대해서는 이미 말씀드렸습니다. 여러분이 마음을 집중해서 명상을 할 때 '신체의 부재absentia corporis'라 할 수 있는 상태로, 아스트랄의 물결에 잠겨 앞쪽으로 나아가는 듯한 느낌을 가질 수 있게 됩니다. 그리고 여러분은, 자신의 물음에 대답해주는 존재들이 자신의 주위를 에워싸고 있는 것을 느끼게 될 것입니다. 이러한 느낌을 체험하는 데는 예를 들면, 《어떻게 해서 초감각적 세계의 인식을 획득하는가》(《초감각적 세계인식》으로 국내 번역 - 역자 주)에서, 명상의 전제조건으로 언급한 사항들을 이론적으로 아는 것뿐만 아니라 정확하게 실행하지 않으면 안 됩니다.

어떤 책에서는, 자기중심적인 태도로 존재하고 있는 인간의 자아는 명상에 장해가 된다고 말합니다. 자기중심적인 태도란 원래 어떠한 것인가, 부디 생각해 보십시오. 우리의 육체는 토성기土星紀에 유래하고, 네 번의 장대한 진화 과정을 거치면서 예술적이라고 말할 수 있는 방식으로 육성되어 왔습니다. 우리의 에테르체는 세 번에 걸쳐서, 이것 역시 예술적이라고 말할 수 있는 방식으로 개조되어 왔습니다. 우리들의 아스트랄체는 두 번 개조되었는데, 이 과정에 대해서는 지상의 인간의식으로는 파악할 수 없습니다. 자아만은 지상의 인간의식으로 파악될 수 있습니다. 그렇지만 그러한 자아도 본래의 자아의 단순한 외형에 지나지 않습니다. 왜냐하면 진정한 자아는 전세를 회고하는 것에 의해서만 보여지는 것이기 때문입니다.

현재의 자아는 계속 생성하고 있는 자아이며, 내세가 되어 처음으로 현실에 존재하는 것입니다. 현재의 자아는 아직 어린애입니다. 그리고 사항의 본질을 통찰하는 사람은, 자기중심적인 태도로 처세하는 사람 속에서 관능적인 여성의 비전을 보는 것입니다. 어린애에 대해서 마음속에 관능적인 기쁨을 느끼는 여자의 비전을 말입니다. 그렇지만 그러한 쾌감은 정당한 것입니다. 왜냐하면 그 여성에게 있어, 어린이는 타인이기 때문입니다. 그런데도 자기중심적인 태도를 영시靈視하면, 거기에 어린애를 친절하게 가슴에 안고 있는 모습이 보이는 것입니다. 그리고 오늘의 사회에는 가는 곳마다, 가슴속에 어린애를 친절하게 안고 있는 사람의 모습이 아스트랄적인 상으로서 보입니다.

치료교육자의 교훈

고대 이집트인들은 유명한 스카라베(갑충의 조각)를 만들어내고, 스카라베라고 하는 자아를 적어도 두부頭部에서 담당하고 있었습니다. 오늘날의 인간은 자아를 팔로 친절하게 안고 있는 것입니다. 우리들의 일상의 행위를 이 이미지와 비교하는 것 또한, 교육자에게는 극히 유익한 명상이 됩니다. 이 명상을 통해서도 '영의 물결 속을 유영遊泳한다'는 내가 말한 체험으로까지 인도됩니다. 그리하면 이 비전의 체험 속에서 물음에의 대답이 주어집니다. 물론 그를 위해서는 '내적 평정'을 유지하는 것이 필요합니다. 여기서 진보할 소질이 있는지 없는지는, 금방 알 수 있습니다. 그 사람이 방해를 받았을 때, 한탄하는지 안 하는지를 보면 되는 것입니다. 영적으로 진보하는 사람은 자신의 진보가 방해받더라도 결코 한탄하거나 하지 않습니다. 왜냐하면, 정말은 누구로부터도 방해받지 않기 때문입니다. 누군가가 결정적인 행동으로 나서는 직전에 효력 있는 명상을 하고, 또한 결정적인 행동이 나온 후에 그 행동을 모두 잊고 그러한 명상에 몰두한다는 것은 대단히 중요합니다. 원래 명상에서는, 누구의 힘도 빌리지 않고 하나의 세계로부터 빠져 나와, 다른 세계에 참입(參入)하는 힘을 갖는다는 것이 대단히 중요하기 때문입니다. 이 일이 본래 내적인 힘을 환기시킬 수 있는 시작인 것입니다.

어떻든 간에, 어린이에게 냉담한 태도로 향하는 것과 애정을 가지고 향하는 것 사이에는 어떠한 차이가 있는 것일까요? 부디 여러분은 그것을 관찰해주기 바랍니다. 진정한 애정을 가지고 어린이에게 향할 때에는, 특히 장애가 있는 아이의 경우에는 교육의 효과가 즉시 나타납니다. 그러므로 기술적인 능력이 진정한 애정보다도 중요하다는 사고방식을 할 수는 없을 것입니다.

인지학운동이란 무엇인가

인지학운동을 행하려고 할 때 심정의 발로가 부족하면 어떤 일도 달성할 수 없습니다. 내가 말하는 사항을 식물의 뿌리와 같은 것으로 생각하십시오. 심정의 식물이 뿌리 그곳에서부터 성장해 가는 뿌리인 것입니다. 정말로 필요한 것은, 본질적·인지학적인 것을 하나의 현실적인 존재로 느끼고 이해하는 것입니다. 여러분이 이 강연을 통해 알게 된 사항도 그저 학습했다는 것에 그치고, 심정의 육성으로 향하지 않는다면 인지학운동에 있어서는 어떠한 도움도 되지 않을 것입니다. 1923년의 크리스마스 회의에 의해 생겨난 인지학협회의 근저에도, 이것이 존재하고 있습니다. 이것이 저 회의의 당연한, 그리고 현재 점점 당연한 일로 되어가고 있는 어떤 전제인 것입니다.

괴테아눔Goetheanum의 모든 활동을 부디 진지하게 받아들여 마음에 담아주기 바랍니다. 미래의 괴테아눔에서 일어나는 활동도, 이 의미에서 작용하는 것이어야 합니다. 그 이외의 것은 없습니다. 왜냐하면 오늘날까지 말해 온 치료교육의 관점에서도 여러분 자신이 느껴 깨달을 수 있도록, 인지학협회는 하나의 유기체가 되지 않으면 안 되기 때문입니다. 그리고 이 유기체에서는 책임감이 마치 생명을 유지하는 혈액의 작용처럼 되어야 합니다. 바르게 느껴 안 사항은, 그것만으로도 서로 바르게 작용합니다. 인체가 통일체로서 생존하기 위해서는 심장도 신장도 같이 서로 작용해야만 합니다. 마찬가지로, 여러분이 노력하고 있는 사회활동이나 문화운동에 있어서도 각자가 책임을 가지고 육성해가고 있는 예술, 과학, 교육의 모든 부문은 서로 협력하지 않으면 안 됩니다. 사회활동을 하는 사람은, 그 활동 속에서 괴테아눔 자유대학의 활동과 관계를 갖지 않으면 안 됩니다. 그런 의미에서 인지학을 진지하게 받아들여야만 합니다.

여러분이 장애가 있는 어린이들을 위해 일하고자 한다면, 인지학운동으로서의 교육의 흐름에 눈을 돌리지 않으면 안 됩니다. 그리고 그 흐름을 여러분 자신의 활동과 합류시켜야만 합니다. 여러분은 같은 교육의 흐름 속에서, 장애를 가진 사람들을 치료해서 사회에 내보내기 위해 일하는 것이어야 합니다. 나아가서 또한 인간의 이상성에 관해서, 의학 부문이 교육을 심화시키는 데 협력할 수 있다는 것을 잘 이해해야 합니다.

여러분이 바른 방법으로 자신을 심화시키려고 한다면 '이것은 자신의 일에 도움이 될 것 같다, 저것도 자신의 일에 도움이 될 것 같다'고

하는 태도가 아닌, 끊임없이 실제적인 관련을 만들어가면서 서로 도울 수 있도록 일하는 것이 필요합니다. 이 살아 있는 관련을 끊어서는 안 됩니다. 각각의 분야에서의 활동이 자기 중심적이 되어서는 안 됩니다. 사회 전체 속에 자기를 넣고 싶다고 하는 바램만이 생겨나야 하는 것입니다. 그러한 바램을 통해서 치료 오이리트미가 치료교육에 첨가되고, 오이리트미 전체가 치료교육과 관련을 갖게 되는 것입니다.

다양한 분야와의 조화

이 일에서도 알 수 있는 것처럼, 각각의 활동 분야가 서로 살아 있는 관련을 추구하지 않으면 안 됩니다. 그러므로 치료 오이리트미를 행하는 사람도, 어느 정도까지 오이리트미의 기초를 습득하여야 합니다. 치료 오이리트미는 예술적 완성을 추구하는 것은 아니지만, 그럼에도 언어 오이리트미와 음악 오이리트미의 일반 지식에서부터 길러져야 합니다. 이렇게 해서, 여러 분야에서의 사람과 사람과의 관계가 육성되는 것입니다. 치료 오이리트미의 연구를 할 때에는 의사에게 의견을 구하는 것도 중요합니다. 그래서 나는, 의사와의 협력없이는 치료 오이리트미를 행하지 않는다는 조건을 달았습니다. 이상은 인지학상의 활동이 모두 얼마만큼 서로 생생하게 결합되어 있는가를 보여주고 있습니다.

또 한가지 중요한 것이 있습니다. 미래에 인지학협회에 대해서 책임을 느끼고 있는가, 느끼고 있지 않는가를 결정적으로 질문 받게 될 것입니다. 여러분에게 믿으라고는 말하지 않습니다. 그러나 지금까지 생겼던 여러 가지 일들에서 아시리라 생각되지만, 크리스마스 회의가 시작되었을 때 책임감을 가져야 하는 필요성이 참가자의 마음에 새겨졌습니다. 왜냐하면 책임을 지는 사람들이 선택되었을 때, 거기에 있던 사람들의 질문에 관해서 아마도 무자비하다고 느낄 정도의 배타적 태도를 취하지 않을 수 없었기 때문입니다. 그러한 태도를 통해서 괴테아눔의 이사가 선발된 것입니다. 그러므로 인지학협회 내에서 행해지는 사항에 관해서는, 이 이사를 신뢰해야만 합니다. 문제가 생길 때마다 그를 신뢰하고 받아들어야 합니다. 이 일이 미래의 인지학운동의 내부에서 이해되는 것일까요, 아니면 이해되지 않는 것일까요?

이 일을 특히 여러분의 경우와 같은 창설단계에 있어서는, 일종의 초석을 다지는 일입니다. 만약 우리들 가운데서 지위에 대한 비판을 멈추지 않으면, 가령 오컬트적인 일에 관해서 신뢰의 원칙이 교의에 의해서가 아닌 활동에 있어서 존재할 수 없다면, 그때는 인지학운동을 존속시키는 필요한 사항이 생길 수 없게 되어버릴 것입니다. 왜냐하면, 비판은 지식의 내용으로서가 아닌, 활동의 내용에 관한 것이 보통이기 때문입니다. 책임을 가진 자에게 숨은 형태라도 반항이 있어서는 안 됩니다. 그러한 반항이 있을 때에는 자유대학의 멤버는 필요한 조정을 해야만 합니다. 그리고 필요한 이해를 얻을 수 없는 때에는, 자유대학 그 자체가 존립할 수 없게 될 것입니다.

크리스마스회의 이전에는, 이사는 비교적秘教的으로 활동하는 의향을 갖지 않았으므로 그 사고나 감정을 나에게 의존했었습니다. 그리고 누구라도 바라는 대로 협회에 요구할 수가 있었습니다. 이것이 크리스마스회의까지의 원현상原現象이었습니다. 인지학운동에 관해서 사고

또는 감정이 요구하는 사항이 생겼을 때, 사람들은 마치 구두를 주문한 구두방에 오는 것처럼 내가 있는 곳으로 왔습니다. 그 일을 의식하지 못할 뿐만 아니라, 그 반대라고 믿고 있으면 있는 만큼 사람들은 그렇게 했던 것입니다. 그러나 협회의 의지는 괴테아눔 이사의 책임 하에 공표하도록 되었습니다. 이 일을 의식하게 되었을 때만이, 상황이 전체적으로 개선되는 것입니다. 그리고 강제적인 것이 아닌, 정말로 이해와 애정을 가지고 그 의지와 하나가 되려고 하는 기분이 생기는 것입니다.

그러나 사람들의 사고방식은 정말로 기묘합니다. 너무나도 언어에 구애를 받습니다. 어제도 그 일이 그로데스크한 형태로 보여졌습니다. 행동하려는 것마다 언어에 관계되어, 언어에 의해 과장되고, 언어에 불이 당겨져서 나타났던 것입니다. 예를 들면 소문에 의하면, 내가 브레스라우에서 자유인지학협회의 이사에 대해서, '다른 사람들은 다 빠져버리고 남은 것은 머리가 모자란 이사뿐'이라고 했다고 하는 것입니다. 그리고 이 언어만으로 사람들은 당장 '몸뚱이뿐인 이사다. 머리를 찾아내야 한다.'는 판단을 내렸습니다. 그렇지만 여러분, 사실은 사람들이 언어에 달라붙어 있었던 것뿐입니다. 사람의 입에서 '머리가 모자란 몸뚱이에 지나지 않는다.'고 하는 언어가 한번 나와버리면, 사람들은 이 언어에만 매달렸습니다. 그리고 진실이 어디에 있는가를 전혀 보려하지 않습니다. 중요한 것은 사실을 근거로 해서 판단하는 것입니다.

지금 말한 것은, 인지학운동을 바르게 전개하는 데 있어 특별히 중요한 것입니다. 그러므로 여러분이 라우엔슈타인에서 사람들이 커다란 기대를 걸고 있는 일을 시작할 때에도, 인지학의 다른 모든 운동과 일치해서 활동하는 것이 바람직합니다. 여러분은 한편으로는 다른 인지학운동이 이와 같은 소중한 일을 지지하고, 육성되리라는 것을 잘 알고 있습니다. 이 일은 크리스마스 회의에 어울리는 방식으로 지지되어 육성되고 있습니다. 그러나 한편, 여러분의 활동도 또한 인지학운동을 고양시키는 데에 도움이 되고 있는 것입니다.

여러분, 우리는 이 일을 여러분 모두의 마음에 호소하고 싶었던 것입니다. 부디 마음으로부터 이 언어를, 나의 선물로 받아들여 주십시오. 그리고 그것이 이후에도 충동이 되어 작용할 수 있기를.

정신운동에 있어서는, 그 운동이 한 사람 한 사람의 실제 생활을 풍요로운 것으로 할 수 있어야 합니다. 그렇게 할 수 있을 때만이 사람들은 그 정신운동을 생생하게 실감하는 것입니다.

여러분, 부디 이 강의가 여러분의 의지의 힘이 되고, 방향타가 되고, 그리고 좋은 성과로 되시기를.

후 기

루돌프 슈타이너(1861~1925)를 생각할 때, 그가 19세기 말에서 20세기 초두에 걸친 유럽 문화의 빛의 부분과 그림자의 부분을 얼마나 깊이 체험했었던가를 다시 한 번 경탄하게 만든다. 그는 그 깊은 시대 인식을 거쳐서, 커다란 전환기를 살아가는 현재의 우리에게 내적 욕구에 응답할 수 있는 인식의 방법을 제시하고 있다. 그 방법은 새로운 공동체 형성에의 전망 하에 인간 의식의 변혁을 강하게 구하고 있다. 그리고 이 일은, 그가 현대의 사회문제 속의 가장 긴급한 문제라고 생각하고 있었던 교육 문제에 대한 그의 태도 속에 가장 현저하게 나타나고 있다.

교육을 논할 때의 그는 항상, 새로운 시대를 살아가는 인간 본연의 자세와 그것에 대응하는 사회생활의 형성에 눈을 돌리고 있다. 특히 도시 생활자에 있어서의 공동체의 이상적인 상태를 교육과의 관련 속에서 추구하고, 1919년 제1차 세계대전이 끝난 다음해부터 자유 발도르프학교(슈타이너학교)와 그것을 중심으로 한 사회교육운동을 정력적으로 전개하였다.

그러나 이 운동은 그 발상의 지나친 새로움으로 인하여, 일반 사회로부터 거의 계속해서 무시당해왔다. 그러나, 꼭 반세기가 지난 60년대 마지막 무렵부터, 전세계에 퍼진 대학투쟁에 의해 교육의 황폐함이 밝혀진 시점에서 갑작스레 세간의 주목을 모으게 되었다. 그리고 현재 슈타이너의 교육사상은 단순한 개개의 교수법만이 아닌, 그 가장 본질적인 부분에 대해 사회로부터 열심히 요청되고 있다.

지금 다시 한 번 슈타이너의 교육사상의 본질을 생각해 보면, 그는 특히 괴테와 에른스트 헤켈과 니체의 영향 하에, '유기적 발전'의 사상과 '구조분석'의 방법을 병용해서 인간의 본질을 해명하려고 했다는 것을 알게 된다. 다시 말하면, 계통발생의 관점과 개체발생의 관점과의 새로운 통일의 입장에 섬과 동시에, 한 사람 한 사람의 인간 내부에는 주관적인 혼魂의 작용뿐만 아니라, 물질적인 자연계와 형이상학적인 영계가 각각 객관적인 법칙을 가지고 작용하고 있다는 것이다. 또한, 이것을 받는 인간존재는 단일한 본연의 상태가 아닌, 육체·에테르체·아스트랄체·자아의 네 가지 본성으로 성립되어 있다고 하는 것을 구조적으로 밝히고 있다.

1919년 8월 31일, 자유 발도르프학교의 창설을 앞에 두고 부모를 위한 설명회가 열렸는데, 그때 슈타이너는 대략 다음과 같은 인사를 한 바 있다.

"16세기에 시작해서 오늘날 그 정점에 달하고 있는 유럽의 근대문명은, 지금 커다란 전환기를 맞고 있다. 앞으로의 시대상황을 생각할 때 지금까지와는 다른 모양의 교양과 문화의 이상을 갖는 일이 필요하다. 우리들은 미래에 오늘의 그것과는 전혀 다른 형태의 사회형성을 기대하고 있다. 그리고 그것을 정당하게 기대하고 있는 것이다. 우리 아이를 위하여, 와야만 하는 세대를 위하여, 아버님들, 어머님들은 사랑을 담아 다음과 같이 생각하고 계실 것이다. '우리들의 사랑하는 어린이들은 현재와는 다른 모양으로 형성된 새로운 질서 속으로, 어떻게 내보낼 것인가. 새로운 상황에서 어린이들은 어떻게 살아 갈 것인가.'

오늘날의 많은 교육자들은 '새로운 인간형성'이라는 말을 공통언어처럼 사용하고 있지만, '새로운 인간'이라고 하는 말이 무엇을 의미하고 있는가를 애매한 상태로 쓰고 있다. 도대체 인간이란 무엇인 것일까? 먼저 새로운 인간학이 세워진 뒤에야 처음으로 새로운 인간형성의 교육도 시작된다. 종래의 인간학은 현 사회의 거울상일 뿐이었다.

우리들은 인간 사고의 본성을 연구한다. 그것에 의해 어린이 속에 바른 인식의 힘이 형성되도록 말이다. 우리들은 인간적 감정의 진정한 기초를 연구한다. 그것에 의해 바른 사회적 공동생활 속에서, 어린이가 인류 평등하에 진정한 인간적 감정에 기초한 권리를 구할 수 있도록 말이다. 그리고 우리들은 인간 의지의 본질을 연구한다. 그것에 의해 어린이의 인간 의지가 미래의 경제 생활에 바르게 작용할 수 있도록 말이다.

우리들은 인간의 신체와 혼과 영을 연구한다. 그것에 의해 우리들의 교사가 어린이의 신체와 혼과 영을 정말로 육성할 수 있도록…….”

본서의 내용을 이루는 치료교육 강의는 슈타이너의 그와 같은 다년간의 사색과 실천을 근거로 해서, 최만년의 1924년 6월 25일부터 7월 7일에 걸쳐서, 젊은 치료교육가들의 요망에 응해 도르나하에서 행해졌다. 첫머리에서 슈타이너는 인간의 신체와 혼과 영, 혹은 사고와 감정과 의지의 구조적 관련에 대해서 극히 투철한 논술을 전개하고, 그곳에서부터 생기는 여러 가지 장애의 본연의 상태를 추구하고 있다.

특히 괴테로부터 '메타모르포제(형태의 변화와 발전)'의 사상을 배운 슈타이너는 모든 생명활동의 기본에 '양극성'의 작용이 있는 것을 통찰하고, 인체의 사고가 들어 있는 두부頭部(신경·감각계)의 작용에 있어서의 '기억하는 것'과 '잊어버리는 것'의 양극성을 문제삼고 있다. 그리고 '기억하는 것'에 치우친 장애, 고정관념이나 망상에의 경향의 근저에는'철분과다'의 체질이, '잊어버리는 것'에 치우친 장애의 근저에는'유황과다'의 체질이 숨어 있다는 것, 또한, 인체의 감정이 들어 있는 흉부胸部(호흡·순환계)에 있어서 '깨어 있는 것'과 '잠자는 것'의 양극성의 경우에는, '간질형'과'히스테리형'의 장애가 대응하고 있고, 의지가 들어 있는 지체肢體(대사·운동계)에 있어서 '운동'과 '휴식'의 경우에는, '조급형躁型'과 '정박형精薄型'의 장애가 대응하고 있는 것을 상세하고도 구체적인 예를 들어 말하고 있다.

치료교육에 있어서 이상의 여섯 가지 장애의 본연의 상태가 이 책의 중심테마이지만, 필시 이 부분에는 슈타이너의 심리학·생리학·의학의 연구성과가 집중되어 표현되고 있다고 말할 수 있다. 따라서 후에 캠프힐 치료공동체촌운동을 창시한 칼 케니히 박사는, 이 책에 대해서 "치료교육자가 되고자 하는 사람에 있어서 교육에 관해 필요한 이론의 모든 것이 이 12회의 강의 속에 포함되어 있다."고 말했었다.

치료교육에 대해서 슈타이너는, 생애를 통해 오직 한 번만 포괄적으로 말하고 있다(이 책의 내용). 그러나, 그와 치료교육과의 관계는 상당히 젊은 시절부터 시작되고 있다. 23세부터 29세까지, 그는 장애를 가진 어린이와 깊은 관계를 가지고 있었다. 23세 무렵, 그는 빈 공과대학에서 열역학을 중심으로 하는 자연과학의 연구에 몰두하는 한편, 세기말의 빈의 난숙한 문화를 탐욕적으로 흡수하고 있었다. 집이 가난했기 때문에, 은사인 칼 유리우스 슈레아Karl Julius Schroer(1825~1900)의 소개로, 슈페히트 가에 들어가 살면서 가정교사로 근무하게 되었다. 그가 교육을 맡았던 것은 슈페히트 가의 네 명의 아들들로서, 장남인 리하르트는 후에 작곡가 구스타프 마라의 훌륭한 평전을 저술하고 문필가로서 이름을 남겼다. 다른 세 명도 각기 나름대로 우수한 아이들이었지만, 막내인 에른스트는, 11세의 나이로 심한 수두증水頭症을 앓고 있어 집안의 걱정거리였다. 당시 오스트리아에서는 매년 학년 말에 시험이 있고, 그것에 합격하기만 하면, 가정에서 교육을 받고 있어도 진급할 수가 있었다.

에른스트는 이미 5년 간 학교에 다니고 있었지만, 때로는 수주간 한 번도 입을 열지 않고, 같이 식사를 하지도 않고, 배가 고프면 부엌에 가서 쓰레기통에 버려진 밥을 주워 먹었다. 시험 때에도 아무것도 쓰지 않고, 그저 시험지에 커다란 구멍만 뚫어 제출했다. 슈페히트 가의 주치의이며 친구였던 요셉 브로이아는 프로이트와 함께 '정신분석'의 창시자로서 오늘날에도 유명하고, 당시에도 명의로서 평판이 높았던 인물이지만, 그도 이 아이에게만은 손을 든 상태였다. 이 아이는 모든 사람으로부터 버림받고 있었고, 가족들은 어떻게 해야 좋을지 몰랐었다.

젊은 슈타이너는 '이 아이를 돌보는 동안 처음 3년 간은 내게 모든 것을 맡겨주었으면 좋겠다. 책임을 가지고 치료에 임하고 싶다.'고 가족에게 요청하여 어머니의 승낙을 얻었다. 그의 교육 방침은, 첫째 박약아의 경우에는 신체의 의학적 치료부터 시작할 것, 둘째 잠든 것 같은 상태에 있는 혼이 점차로 신체 속에서 자신을 표현할 수 있도록 되기 위하여, 이 혼으로의 통로를 발견할 것이라는 두 가지 원칙을 세웠다. 슈타이너는 자신이 '경제적 방법'이라고 이름 붙인 교수법을 고안해, 15분에서 20분이라는 짧은 시간에 최대의 효율을 올릴 수 있도록, 그것도 가능한 한 즐겁게 배울 수 있도록, 두 시간에서 네 시간에 걸쳐 준비를 했다. 좋다고 생각한 것은 무엇이건 시도해보고, 음악을 수업에 끌어들여 음악의 힘으로 신체에 좋은 작용이 미치도록 배려했다. 슈타이너는 에른스트 속에 위대한 혼이 잠자고 있다고 믿고 있었지만, 그 발달 단계는 아직 두 살 반도 안 되었기 때문에, 철저하게 모방의 원리에 따라서 발달단계에 맞는 모든 놀이나 게임을 함께 하고 마음이 통하도록 했다. 이렇게 해서, 주로 건강하게 에너지〔氣〕를 사용하고, 주치의인 브로이아와도 시종 서로 연락하면서 2년이 경과했을 즈음에는, 에른스트는 김나지움의 수업에 참가할 수 있게 되었다. 그리고 김나지움에서의 마지막 2년 간은 자신의 힘만으로 배우고, 대학에 진학하여 의학을 공부해서, 오랫동안 의사로서 일했다. 그 후, 40세가 되어 제1차 대전에 군의로서 종군했으나 전염병에 걸려 폴란드에서 숨졌다.

슈타이너는 자서전인《내 생애의 발자취》속에서 이 시기의 일을 다음과 같이 기록하고 있다. '이 교육과제는 나의 면학에 풍부한 원천이 되었다. 가르치는 일을 통해서, 인간에 있어서의 영혼과 신체의 관련에의 통찰이 가능하게 되었다. 나는 생리학과 심리학을 철저하게 배웠다. 그리고 교육이나 수업이 진정한 인간 의식을 기초로 한, 하나의 예술이 되지 않으면 안 된다는 것을 알게 되었다.'

슈타이너의 생애에 있어서 이 시기의 일은, 장애를 가진 사람의 혼의 소질이 얼마나 뛰어난 것일 수 있는가를 이미 젊은 시기에 몸으로 체험한 계기였고, 그것이 후에 인지학운동의 커다란 버팀목이 되었던 것이다. 그는 종종 '치료교육은 교육 중의 교육이다.'고 말했었는데, '슈타이너 교육'의 핵심 부분에 장애를 가진 사람들과의 공동생활이 있고, 그것이 미래의 사회생활을 위한 하나의 스타일(型)을 보여주고 있는 것이다.

슈타이너는 정신의 이 두 가지의 본연의 상태를, 즉 정신 그것과 정신의 현상 형식과를 엄밀하게 구별하는 것으로부터 강의를 시작하고 있다. 하나는 육체에 '수육受肉'하는 본래의 '영과 혼'이고, 또 하나는 이 영과 혼이 육체를 통해서 자기를 표현할 때의 사고와 감정과 의지인 것이다.

슈타이너에 의하면, 지금부터 수백만 년 이전까지 거슬러 올라가는 태고시대에, 인간의 영혼은 처음으로 진화의 과정을 거쳐서 발전해온 신체 속에 내려올 수 있게 되었다. 그 이전은 인간의 영혼을 수용할 수 있을 정도까지 신체가 진화를 이루지 못했기 때문에, 인간의 영혼은 물질소재에 의해 만들어진 육체 속에 수육하고 싶어도, 육체 쪽에서 그것을 머물게 할 수 없는 상태가 계속되었다는 것이다. 간신히 수육할 수 있었다고 해도, 초기에는 결코 정상적인 수육의 프로세스를 거칠 수가 없었고, 한 번 수육한 영혼도 육체를 통해서 자기를 표현할 수 없는 채로, 다시 한 번 육체를 떠나 본래의 고향인 영계靈界로 되돌아갔다. 그러한 과정이 반복되는 가운데, 육체 그 자체도 일단 진화를 이루어 어떤 단계에 도달한 뒤에는 영혼을 수용할 수 있도록 되었다.

이 과정은 여러 민족의 신화에서도 여러 가지 방식으로 말해지고 있지만, 가장 잘 알려진 예로는 아담과 이브의 낙원추방에 관한 이야기일 것이다. 이 두 사람, 인류 조상의 영혼은 처음에 천국으로부터 떠나 지상세계에 수육하게 되어 있었지만, 그렇게 되면 인간은 육체를 통하지 않고는 자기를 의식할 수 없게 되어버린다. 말하자면, '수육의 괴로움'을, 즉 독일 낭만파가 말하는 '세계고世界苦'를 등에 지게 된다. 만약 인간의 영혼이 육체에 수육하지 않고 지낼 수 있다면, 인간은 늙는 일도, 병드는 일도, 죽는 일도 없고, 장애를 짊어질 일도 없다. 불타佛陀가 인간의 근원적인 고뇌라고 불렀던 생, 노, 병, 사(生老病死)는 지상의 어떤 인간도 피할 수 없는 기본적인 생활조건이 되고 있다. 그러나 인간은 그러한 조건하에서 참아가며 살아가야만 하는 존재인 것일까?

본서는 이러한 문제의식에서부터 출발하고 있다. 따라서 현대의 유물론적·비판주의적인 사고방식에서 본다면, 도저히 수용할 수 없는 개념이나 발상이 여러 군데 나온다. 그러나 이 책의 내용이 말해진 후부터 오늘날까지 70여 년 사이에 시대의 의식도 크게 변화해 왔다. 현재는 인간의 무의식의 깊은 곳에 가로놓여 있는 태고로부터의 기억층만이 아니고, 사후의 생활이나 윤회전생輪迴轉生이 화제가 되기도 하고,

자연과학의 분야에서도, 프리히초프 카프라의《타오자연학》이래, '목적'의 개념이 인과필연성 속에 편입되기도 하고, 불교나 도교의 홀리스틱holistic 세계관이 자연의 해석에 적용되기까지에 이르렀다. 그러한 관점에서 이 책을 읽으면, 인간의 본질에 대해서 상당히 커다란 전망이 주어진다.

또한, 본서 후반부의 여러 곳에서 언급되고 있는 슈타이너의 의학사상이 후에 슈타이너의 제자들에 의해 계승되어, 오늘날에는 치료의 여러 분야에서 커다란 실적을 올리고 있다는 것도 덧붙이고 싶다.

동경에서,

다카하시 이와오

| 슈타이너 연보 |

1861 2월 27일, 철도 전신기사인 요한 슈타이너와 프란체스카의 장남으로,
오스트리아의 크랄예베치에서 출생.

1870 하인리히 강글로부터 목탄 데생을 배우기 시작.

1872 빈 근교 노이슈타트의 실업학교 입학. (11세)

1875 칸트의 《순수이성비판》을 읽기 시작. (14세)

1879 빈 공과대학 가을학기 입학. 자연과학 전공.

1882 요제프 퀴르슈너가 감수한 《독일국민문학》에
《괴테 자연과학논문집》을 편찬하고, 서문과 해설문 첨부. (21세)

1886 《괴테 세계관의 인식론 요강》

1888 빈의 괴테협회에서 '새로운 미학의 아버지로서의 괴테'를 강연. 독일주보〉 편집.

1890 괴테전집 편찬을 위해 바이마르르의 '괴테·쉴러 문고'에 초빙됨.

1891 로슈토크 대학의 하인리히 폰 슈타인 교수에게
철학박사 논문 〈인식론의 근본문제〉를 제출.

1892 동同 철학박사 학위 논문을 《진리와 학문》으로 출판. (31세)

1894 《자유의 철학》

1895 《프리드리히 니체 – 반시대적 투사》

1897 《괴테의 세계관》 베를린으로 이주. '베를린 자유대학', '자유문학협회',
'자유연극협회', '졸다노 부르노 연맹'등을 무대로 저작가겸 강연가로서 활약.
〈문학잡지〉 간행.

1899 노동자 양성학교에서 역사, 변론을 강의 시작.
안나 오이니케와 결혼. (38세)

1900 《19세기의 세계관과 인생관》
프록크돌프 백작 가의 '신지학 문고'에서 강연활동 시작.
프리드리히 니체 추도강연.

1901 《근대정신생활의 출현에서 신비학과 그 현대세계관과의 관계》,
'신비적 사실로서의 기독교'라는 테마로 '신지학 문고'에서 강연(25회).

1902 《신비적 사실로서의 기독교와 고대의 비의秘儀》
신지학협회 독일지부 사무총장에 선임.

잡지 〈루시퍼 그노시스〉 간행. 유럽 강연활동 시작.(41세)

1904 《신지학 - 초감각적 세계의 인식과 인간 본질에 대한 고찰》

1905 《어떻게 초감각적 세계의 인식을 획득하는가?》

1906 파리 및 베를린 외 등지에서 대규모의 강연 활동.

1908 《아카샤 연대기로부터》 북유럽 강연 여행.

1910 《신비학 개요》, 신비극 〈전수傳授의 문〉 상연.

1911 《개인과 인류의 정신적 지도》
보로니아의 국제 철학회의에서 '신지학의 심리학적 기반과
인식론적 입장'을 강연. 신비극 〈영혼의 시련〉 상연.
부인 안나 슈타이너 오이니케 사망.

1912 《인간의 자기인식에의 길》
신비극 〈문지기〉 상연.
크리슈나무르티를 메시아로 선전하는 신지학협회 지도자
애니 베슨트와의 갈등으로 '신지학협회'로부터 제명·탈퇴.
오이리트미Eurythmie 탄생. (51세)

1913 《영계의 경역境域》 '인지학협회' 설립. 신비극 〈영혼의 각성〉 상연.
자유대학 괴테아눔Goetheanum 착공.

1914 《철학의 수수께끼》
건축강의 '새로운 건축양식에의 길'.
괴테아눔 내외부 모형, 색유리 제작 개시.
제1차 세계대전 발발. 마리 폰 지버스와 재혼. (53세)

1915 《전시중의 사상》
예술 강의 '신비학적 예지의 빛에 조명된 예술'
괴테아눔 '대·소 돔천장화' 제작 개시.

1916 《인간의 수수께끼》

1917 《영혼의 수수께끼》

1918 《'파우스트'와 '뱀과 백합'의 동화에 나타난 괴테의 정신양식》
괴테아눔 '색유리창' 완성.

1919 《독일 국민 및 문화세계로》, 《사회문제의 핵심》,
《사회문제로서의 교육문제》
사회유기체 삼원체 운동. 슈투트가르트에 자유 발도르프학교 설립.

1920 괴테아눔 정신과학자유대학 개교.
의사를 위한 제1차 강연 및 자연과학,
교육학에 관한 개관기념 강연회 실시.

1921 《사회유기체 삼층구조론》

1922 《우주론·종교 및 철학》
'그리스도자 공동체(종교개신운동)'의 출발. 함부르크교 개교.
12월 31일 밤, 괴테아눔 방화. (61세)

1923 네델란드의 딘학 학교, 영국의 킹스랑그리 학교 등 개교.
인지학협회와 괴테아눔의 재건을 위한 '크리스마스 회의' 개최.
'일반 인지학협회' 설립.

1924 새로운 인지학적 활동 활성화.
제2차 괴테아눔을 위한 모형 제작과 신건축의 착공.
'생물학적 역동적 농법'의 창시
치료교육 운동 개시(치료교육 강의).
언어형성과 연극을 위한 강연.
9월 말 병상에 누움